Deepening the Dialogue

American Jews and Israelis Envision
the Jewish Democratic State

Deepening the Dialogue

American Jews and Israelis
Envision the Jewish Democratic State

Rabbi Stanley M. Davids
& Rabbi John L. Rosove, *Editors*

Rabbi Noa Sattath & Rabbi Judith Schindler
Editorial Consultants

Rabbi Efrat Rotem & Rabbi Yoni Regev
Translators

CENTRAL CONFERENCE OF AMERICAN RABBIS

RJP, a division of CCAR Press
355 Lexington Avenue, New York, NY 10017
(212) 972-3636
www.ccarpress.org

LIBRARY OF CONGRESS CATALOGING-IN-PUBLICATION DATA
Names: Davids, Stanley M., editor. | Rosove, John L., editor. | Sattath, Noa, editor. | Schindler, Judith, editor. | Rotem, Efrat, 1978- translator. | Regev, Yoni, 1983- translator.
Title: Deepening the dialogue : American Jews and Israelis envision the Jewish democratic state / Stanley M. Davids, John L. Rosove, Noa Sattath, Judith Schindler, Efrat Rotem, Yoni Regev.
Description: New York : Central Conference of American Rabbis, 2020. | Summary: "This anthology presents a unique and comprehensive dialogue between North American Jews and Israelis about the present and future of the State of Israel"-- Provided by publisher.
Identifiers: LCCN 2019042179 (print) | LCCN 2019042180 (ebook) | ISBN 9780881233520 (trade paperback) | ISBN 9780881233537 (ebook)
Subjects: LCSH: Judaism and state--Israel. | Democracy--Israel. | Jews--United States--Attitudes toward Israel. | Public opinion--Israel. | Reform Judaism. | Israel--Politics and government.
Classification: LCC BM538.S7 D44 2020 (print) | LCC BM538.S7 (ebook) | DDC 320.95694--dc23
LC record available at https://lccn.loc.gov/2019042179
LC ebook record available at https://lccn.loc.gov/2019042180

Text design and composition by Scott-Martin Kosofsky at The Philidor Company, Rhinebeck, NY.

Printed in the United States of America
10 9 8 7 6 5 4 3 2 1

אם תרצו אין זו אגדה.

Nothing is more important to my father than our family.
But second to that supreme value is his commitment to
the State of Israel as a Jewish and democratic State,
a commitment that is fully shared by my mother
and by their children and grandchildren.

My children and I, with great love and pride, dedicate this page to
RABBI STANLEY M. DAVIDS
Father. Saba. Seeker. Doer. Learner. Teacher.
Passionate lover of Zion.

More than a book, DEEPENING THE DIALOGUE *is a challenge*
to help us see each other and hear each other, and then come together
in active partnerships of mutual understanding between
American Jewry and the people of Israel.
That is my father's dream.
And that is our shared task.

SHOSHANA DWECK
JAMES DWECK   JOSHUA DWECK   GABRIEL DWECK

יש יותר מדרך אחת להיות יהודי.

Dedicated to our children,
AVI *and* LIZ, BENJY *and* JULIE;
and grandchildren,
DAVID, LENA, *and* IZZY

with the intent that they develop
a love and pride in the Jewish state,
its democratic principles, and its Jewish core.

RABBI KAREN L. FOX and MICHAEL ROSEN

Israeli progressives yearn to hear American progressive voices calling for change. North American Jews need to replace the headlines and sound bites of those who seek to demonize Israel with different messages. The vision for *Deepening the Dialogue* is to build and sustain a stronger partnership between those North American and Israeli progressives who are committed to a Jewish and democratic state that embodies the ideals embedded in *M'gilat HaAtzma-ut*—the Scroll of Independence.

We need a new narrative—one that acknowledges Israel's moral challenges but also believes in the capacity of the Israeli people and its institutions to address these challenges as they craft a more just Israel. We need a new way—one that involves a more intentional, more engaged partnership between progressives in Israel and in North America.

We need not feel alone. We can work together in partnership.

—Rabbi Noa Sattath *&* Rabbi Judith Schindler

Contents

Acknowledgments

Rabbi Stanley M. Davids
United States

As he so often did, my esteemed teacher and mentor, Dr. David Hartman, ז״ל, gave me the words, the images, and the metaphors that best describe my journey to Zion. Born in 1939, I had two paths available to me: one that led from Auschwitz to Jerusalem and one that led from Sinai to Jerusalem.

I was ten years old when I became aware that many members of my immediate family were murdered in the Shoah. Almost at the same time, the State of Israel was proclaimed. My choice was brutally obvious: I could make my personal story a part of the unspeakable legacy of Auschwitz, fill my soul with grief and rage, and work to shape Israel into an instrument of retributive justice. Or I could choose to hold up Leviticus 19:34 ("The strangers who reside with you shall be to you as your citizens; you shall love each one as yourself, for you were strangers in the land of Egypt: I the Eternal am your God") and work to shape Israel into a country that demands of its citizens to remember all of our pain and all of our sorrow—and to use those memories to shape Israel into an exemplary model of justice, equality, and hope.

I chose the path of Sinai. My guides on that path have often been members of the distinguished faculties of the Shalom Hartman Institute and of the Hebrew Union College–Jewish Institute of Religion. And I thank them.

This book is an expression of the vision and passion of Rabbi Hara Person. She had faith in me to carry that vision and that passion forward. However, such a process called out for collaboration. How fortunate I am that Rabbi Noa Sattath and Rabbi Judith

Schindler agreed to join the editorial team from the very beginning and to provide both clarity of thought and the kind of creativity needed to navigate uncharted waters. Rabbi John L. Rosove joined me at a critical juncture as coeditor and collaborated with me in what has been a daunting editorial process. Whenever frustration and uncertainty were blocking my way, John received my first 3:00 a.m. e-mail. He always responded immediately.

Translators were needed to move the texts from drafts through first and second and third edits. My sincere gratitude goes to Rabbi Efrat Rotem and Rabbi Yoni Regev.

Additionally, we needed a professional team to guide us. I cannot sufficiently thank the editor of the CCAR Press (and now my friend), Rabbi Sonja K. Pilz, PhD. Wise in the ways of editing, she also understood how to deal with frazzled authors and a relentless set of deadlines. Sonja assembled a skillful and experienced team that never once failed us.

The privilege of studying Torah with a wonderful group of people at University Synagogue every Shabbat morning is enormously significant to me. I would like to acknowledge here the wonderful gift made by Lynne and Jacques Wertheimer, participants in our Hevra Torah, to make it possible for *Deepening the Dialogue* to be made widely available in Israel.

To my family, who bore the brunt of these last eighteen months dedicated to making this book: my apologies for long periods of being distracted, and my gratitude for your steadfast understanding and encouragement. Resa, my beloved wife and partner, shares my passion for Zionism. A true force of nature, a remarkable communal leader in her own right, she is my strength and inspiration. To our children, Rabbi Ronn Davids (and Nicole), Shoshana Dweck, and Aviva Levin (and Jason)—you regularly prove to me the power of that road from Sinai to Jerusalem. I love you all.

Most of all, this book is an invitation to our grandchildren Elizabeth (Beth) and Hannah Davids; James (JJ), Joshua, and Gabriel Dweck; and Zeke, Mya, and Cole Levin to join hands with us on our Zionist journey. We will walk that road with you forever. I promise.

Rabbi John L. Rosove
United States

I WAS SIX YEARS OLD when I first encountered the topics of Zionism and the State of Israel in 1956. My great-great-uncle Avram Shapira (then eighty-five years of age), the first *shomeir* of the *Yishuv* and part of the founding families of Petach Tikva, visited the Los Angeles branch of our family. The two family branches had separated in the Ukraine in the 1880s. The families had been entirely out of touch until my American aunt and uncle, Fay and Max W. Bay, traveled to Israel in 1953 and reconnected with our Israeli cousins. Uncle Avram reciprocated three years later by visiting us in Los Angeles.

At that same time, we also renewed our connection with other cousins, the Jerusalem Rivlins. As a first-year rabbinical student in 1973, I celebrated a number of Shabbatot in Rae Rivlin's home (her husband was Dr. Yosef Rivlin, professor of Islamic studies at the Hebrew University), and I remember well her warmhearted and politically engaged son, Israel's current president Ruvi Rivlin.

In 1970, at the University of California, Berkeley, I fell in love with a student group of left-wing Zionists calling themselves "the Radical Jewish Union," among whom were Ken Bob, the current president of Ameinu, and Bradley Burston, a columnist for *Haaretz*. Through them and because of my experience at the Brandeis Camp Institute led by Dr. Shlomo Bardin, I met Leonard (Leibel) Fine, who inspired me to follow the path of progressive Zionism and social justice.

Many have influenced me since and become my friends. Among them are Rabbi Richard (Dick) Hirsch, Rabbi Ammi Hirsch, Anat Hoffman, Rabbi Uri Regev, Rabbi Gilad Kariv, Rabbi Meir Azari, Rabbi Maya and Menachem Lebovich, Rabbi Galit Cohen-Kedem, Yaron Kariv, Reuven Marco, Rabbi Eric Yoffie, Rabbi Rick Jacobs, Jeremy Ben-Ami, Rabbi Joshua Weinberg, Rabbi Bennett Miller, Rabbi Stanley Davids, Rabbi Lea Meuhlstein, my former ARZA Board, and the Executive Committee of ARZENU.

My heartfelt thanks go out to Rabbi Efrat Rotem and Rabbi Yoni Regev for their work translating from English to Hebrew and the other way round; to Rabbi Lisa Grant, PhD, for her guidance through the educational elements of our publication; and to Rabbi Noa Sattath and Rabbi Judith Schindler for their contributions of tireless questioning, careful guiding, and lovingly challenging our thoughts. I am grateful to them all for their leadership and inspiration, and especially to Rabbi Stanley M. Davids and Rabbi Sonja K. Pilz, PhD, whose editing of this historic work represents the very best of our Reform Jewish and Zionist movement.

The Founding Text: M'gilat HaAtzma-ut/ The Declaration of Independence

May 14, 1948

ERETZ-ISRAEL was the birthplace of the Jewish People. Here their spiritual, religious and political identity was shaped. Here they first attained to statehood, created cultural values of national and universal significance and gave to the world the eternal Book of Books.

After being forcibly exiled from their land, the people kept faith with it throughout their Dispersion and never ceased to pray and hope for their return to it and for the restoration in it of their political freedom.

Impelled by this historic and traditional attachment, Jews strove in every successive generation to re-establish themselves in their ancient homeland. In recent decades they returned in their masses. Pioneers, immigrants coming to Eretz-Israel in defiance of restrictive legislation, and defenders, they made deserts bloom, revived the Hebrew language, built villages and towns, and created a thriving community controlling its own economy and culture, loving peace but knowing how to defend itself, bringing the blessings of progress to all the country's inhabitants, and aspiring towards independent nationhood.

In the year 5657 (1897), at the summons of the spiritual father of the Jewish State, Theodor Herzl, the First Zionist Congress convened and proclaimed the right of the Jewish People to national rebirth in its own country.

This right was recognized in the Balfour Declaration of the 2nd

November, 1917, and re-affirmed in the Mandate of the League of Nations which, in particular, gave international sanction to the historic connection between the Jewish People and Eretz-Israel and to the right of the Jewish People to rebuild its National Home.

The catastrophe which recently befell the Jewish People—the massacre of millions of Jews in Europe—was another clear demonstration of the urgency of solving the problem of its homelessness by re-establishing in Eretz-Israel the Jewish State, which would open the gates of the homeland wide to every Jew and confer upon the Jewish People the status of a fully privileged member of the comity of nations.

Survivors of the Nazi holocaust in Europe, as well as Jews from other parts of the world, continued to migrate to Eretz-Israel, undaunted by difficulties, restrictions and dangers, and never ceased to assert their right to a life of dignity, freedom and honest toil in their national homeland.

In the Second World War, the Jewish community of this country contributed its full share to the struggle of the freedom- and peace-loving nations against the forces of Nazi wickedness and, by the blood of its soldiers and its war effort, gained the right to be reckoned among the peoples who founded the United Nations.

On the 29th November, 1947, the United Nations General Assembly passed a resolution calling for the establishment of a Jewish State in Eretz-Israel; the General Assembly required the inhabitants of Eretz-Israel to take such steps as were necessary on their part for the implementation of that resolution. This recognition by the United Nations of the right of the Jewish People to establish their State is irrevocable.

This right is the natural right of the Jewish People to be masters of their own fate, like all other nations, in their own sovereign State.

ACCORDINGLY WE, MEMBERS OF THE PEOPLE'S COUNCIL, REPRE-SENTATIVES OF THE JEWISH COMMUNITY OF ERETZ-ISRAEL AND OF THE ZIONIST MOVEMENT, ARE HERE ASSEMBLED ON THE DAY OF THE TERMINATION OF THE BRITISH MANDATE OVER ERETZ-

ISRAEL AND, BY VIRTUE OF OUR NATURAL AND HISTORIC RIGHT AND ON THE STRENGTH OF THE RESOLUTION OF THE UNITED NATIONS GENERAL ASSEMBLY, HEREBY DECLARE THE ESTABLISH-MENT OF A JEWISH STATE IN ERETZ-ISRAEL, TO BE KNOWN AS THE STATE OF ISRAEL.

WE DECLARE that, with effect from the moment of the termina-tion of the Mandate being tonight, the eve of Sabbath, the 6th Iyar, 5708 (15th May, 1948), until the establishment of the elected, regular authorities of the State in accordance with the Constitution which shall be adopted by the Elected Constituent Assembly not later than the 1st October 1948, the People's Council shall act as a Provisional Council of State, and its executive organ, the People's Administra-tion, shall be the Provisional Government of the Jewish State, to be called "Israel."

THE STATE OF ISRAEL will be open for Jewish immigration and for the Ingathering of the Exiles; it will foster the development of the country for the benefit of all its inhabitants; it will be based on freedom, justice, and peace as envisaged by the prophets of Israel; it will ensure complete equality of social and political rights to all its inhabitants irrespective of religion, race, or sex; it will guarantee freedom of religion, conscience, language, education, and culture; it will safeguard the Holy Places of all religions; and it will be faithful to the principles of the Charter of the United Nations.

THE STATE OF ISRAEL is prepared to cooperate with the agen-cies and representatives of the United Nations in implementing the resolution of the General Assembly of the 29th November, 1947, and will take steps to bring about the economic union of the whole of Eretz-Israel.

WE APPEAL to the United Nations to assist the Jewish People in the building-up of its State and to receive the State of Israel into the comity of nations.

WE APPEAL—in the very midst of the onslaught launched against us now for months—to the Arab inhabitants of the State of Israel to preserve peace and participate in the upbuilding of the State on the basis of full and equal citizenship and due representation in all its provisional and permanent institutions.

WE EXTEND our hand to all neighbouring states and their peoples in an offer of peace and good neighbourliness, and appeal to them to establish bonds of cooperation and mutual help with the sovereign Jewish People settled in its own land. The State of Israel is prepared to do its share in a common effort for the advancement of the entire Middle East.

WE APPEAL to the Jewish People throughout the Diaspora to rally round the Jews of Eretz-Israel in the tasks of immigration and upbuilding and to stand by them in the great struggle for the realization of the age-old dream—the redemption of Israel.

PLACING OUR TRUST IN THE "ROCK OF ISRAEL," WE AFFIX OUR SIGNATURES TO THIS PROCLAMATION AT THIS SESSION OF THE PROVISIONAL COUNCIL OF STATE, ON THE SOIL OF THE HOMELAND, IN THE CITY OF TEL-AVIV, ON THIS SABBATH EVE, THE 5TH DAY OF IYAR, 5708 (14TH MAY, 1948).

David Ben-Gurion, Daniel Auster, Mordekhai Bentov, Yitzchak Ben Zvi, Eliyahu Berligne, Fritz Bernstein, Rabbi Wolf Gold, Meir Grabovsky, Yitzchak Gruenbaum, Dr. Abraham Granovsky, Eliyahu Dobkin, Meir Wilner-Kovner, Zerach Wahrhaftig, Herzl Vardi, Rachel Cohen, Rabbi Kalman Kahana, Saadia Kobashi, Rabbi Yitzchak Meir Levin, Meir David Loewenstein, Zvi Luria, Golda Myerson, Nachum Nir, Zvi Segal, Rabbi Yehuda Leib Hacohen Fishman, David Zvi Pinkas, Aharon Zisling, Moshe Kolodny, Eliezer Kaplan, Abraham Katznelson, Felix Rosenblueth, David Remez, Berl Repetur, Mordekhai Shattner, Ben Zion Sternberg, Bekhor Shitreet, Moshe Shapira, Moshe Shertok[1]

NOTE
1. "Declaration of Establishment of State of Israel," May 14, 1948. https://www.archives.gov.il/en/chapter/the-declaration-of-independence/

Introduction

Rabbi Stanley M. Davids

הלב מאמין שיום אחד אנחנו נתגבר.
We believe in our hearts that one day we shall overcome.[1]

WHEN THE CCAR Press published *The Fragile Dialogue: New Voices of Liberal Zionism* in 2018, Rabbi Lawrence A. Englander and I knew that we had brought into being a book that could serve as a contemporary guide for the perplexed—for all who wanted to find their way into the Jewish American conversation about Israel but did not want to get burnt in the heat of ideological conflicts. First we assembled a group of diverse and thoughtful authors. In a second step, we sought to model how disagreements on matters of serious concern can be turned into building blocks for constructive dialogue.

What we did, we did well. *The Fragile Dialogue* has become part of many congregational conversations and has even found its way into religious schools and adult education curricula. That book was a necessary and important first step in what we knew would be an extended journey. Under the guidance of Rabbi Hara Person, we learned that in a next step, we had to deepen the conversation while at the same time opening that conversation up to our partners in Israel. *Deepening the Dialogue* is the product of our shared efforts to engage in a conversation on one of the central and most complicated questions of our time and to generate genuine partnership between the two greatest Jewish communities in the world.

The guiding question for our new editorial team was: "What are the core challenges confronting Israel as it struggles to be both a Jewish and a democratic state?"—a commitment that was embedded within the wording of *M'gilat HaAtzma-ut*, Israel's Declaration of Independence (DOI) from 1948. We invited contributors to compare Israel's social and political reality in 2019 with the transcendent values and visions expressed in the DOI.

The Centrality of *M'gilat HaAtzma-ut*

On October 24, 2018, when the Board of Governors of the Jewish Agency for Israel (JAFI) wished to celebrate the seventieth anniversary of the State of Israel, it passed a resolution that reaffirmed JAFI's commitment to the fundamental principles of Israel's Declaration of Independence, *M'gilat HaAtzma-ut* (מגילת העצמאות). The resolution asserted that "the Declaration of Independence contains a chapter detailing the principles of the State of Israel as a Jewish and democratic state" and, further, that "the Declaration of Independence is the founding document of the State of Israel. The Supreme Court has noted on more than one occasion that the determinations within it characterize and determine the character of the State as a Jewish and democratic state."[2]

Stated with such clarity, the central role of *M'gilat HaAtzma-ut* for our project became obvious to our editorial team. We therefore based the conversations in this book on analyses of key passages of the DOI, phrases such as "Jewish immigration," "benefit of all," "freedom, justice, and peace," "irrespective of religion, race, or sex," "freedom of religion, conscience, language," and granting "full and equal citizenship and due representation" to "the Arab inhabitants of the State of Israel." In their rich dialogue, Rabbi Eric Yoffie and Dr. Ruth Gavison ask whether contemporary concerns demand that the text of the DOI be expanded and amended to affirm with far greater clarity the protection of individual and minority rights in Israel.

Searching for a Shared Language

Pharaoh asked Moses: מִי וָמִי הַהֹלְכִים, "Who are the ones to go?"
(Exodus 10:8)

For the very first time, our intended audience was to be liberal and progressive Zionists both in Israel and America. We created active partnerships between Israelis and Jewish American contributors: individuals who are passionate academics, thought leaders, and social activists; those who hold positions of serious organizational responsibility, and those who are actively committed to the strengthening of Israel as a Jewish and democratic state. The chapters of this book testify to the forthright and honest relationships this book has already fostered. Finally and most importantly, we are seeking new ways to encourage and support our authors to continue working collaboratively in order to impact Israeli society in the current moment and into our shared future.

Our Israeli authors submitted their chapters in Hebrew. Our American authors submitted their chapters in English. *Deepening the Dialogue* publishes all chapters in both languages so that both sides of the conversation—both perspectives—will be accessible to all of our intended readers. Still, some questions have continued to challenge us throughout the making of this book.[3]

In an article in *The Guardian* on March 7, 2009, Catherine Jones acknowledged that words and phrases could take on very different meanings, making almost everything that we say at least potentially ambiguous, intentionally and unintentionally. In that sense, language can be both "revealing and not revealing." Jones asserted that the meanings we ascribe to our words are not always clear and obvious to others and that those meanings often are expressions of our own intellectual and personal histories, as well as of our subconscious.

We envisioned this book as an opportunity to assess Israel's successes (and failures) in being both a Jewish and democratic state and to generate diverse and substantive projects that can be of support for its efforts.

There is no agreed upon definition as to what a "Jewish" state should look like, and "democratic" is used differently across the globe. In early 2019, I conducted a focus group in Fullerton, California. I asked a diverse Jewish audience what would make a Jewish state "Jewish." The first answers were wide-ranging and familiar: shared calendar; shared values; shared historical memories; a commitment to creating a state that would be לְאוֹר גּוֹיִם (*l'or goyim*), "a light unto the nations" (Isaiah 42:6 and 49:6); a shared language; a shared library of core texts; and a commitment to the survival of the Jewish people across the world. Then other participants endorsed what could best be described as a halachic state, a state governed by Jewish law. Others were satisfied with a state that had a secure majority of Jewish citizens. And still others insisted that a Jewish state is one that is open to Jews seeking refuge from anywhere else in the world. The more we spoke, the starker our differences became. We kept stumbling over language. Everyone insisted upon using the first-person plural "we." It became apparent that there were at least three groups in the room that claimed the right to use "we": "we" American Jews; "we" Israeli Jews; "we" American-Israeli Jews.

This book contains a chapter written by two Israeli activists (one of whom is a Palestinian Israeli) whose lives are focused on creating full equality for Palestinian Israelis. This particular chapter centers on the *Nakba*, the Palestinian experience of the Israeli War of Independence as a "cataclysm" or "disaster." The term *Nakba* and the role the term itself and the events it represents play within the Palestinian narrative are only vaguely grasped by most Jewish Israelis. These Israelis understand the term to be a willful misrepresentation of the events that occurred during Israel's War of Independence in 1948. Radically different perspectives and a lack of common definitions are a profoundly troubling truth and a challenging barrier to developing an understanding of each other's narratives. How do we discuss liberal Zionist concepts of social justice when the words that one group uses to describe its worldview and national experience, its vulnerabilities and its sense of loss, are barely understood by others? At the very least, we have to learn to listen more carefully and to ask more and better questions. To this end, each of our chapters ends with a list of questions inviting our readers to deepen their readings of the texts and to broaden their own research.

On March 4, 2019, Dr. Jonah Hassenfeld published an essay exploring the reasons why American Jews and Israeli Jews view democracy differently.[4] Hassenfeld asserted that Americans (and thus American Jews) view their democracy as strongly protective of the civil rights of individuals, whereas Israelis view the rights of individuals as less central in what they assert to be a democratic country. Hassenfeld indicates that Ben-Gurion was far more concerned about crafting a strong and stable government than he was about protecting the civil rights of individuals. Based upon such a השקפה (hashkafah, "worldview"), it is understandable why a separation of religion and state was not a major priority for the first prime minister and why he did not think it was necessary to establish safeguards for Jewish religious pluralism in the nascent state. For Ben-Gurion, it was the Jewish people that counted—not the individual Jewish expression of each Jew.

Even those among us who consider themselves to be profoundly dedicated Zionists may not be fully aware of this statement by Ben-Gurion:

> We have rebelled against all controls and religions, all laws and judgments which the mighty sought to foist upon us. We kept to our dedication and our missions. By these will the State be judged, by the moral character it imparts to its citizens, by the human values determining its inner and outward relations, and by its fidelity, in thought and act, to the supreme behest: 'and thou shalt love thy neighbor as thyself.' Here is crystallized the eternal law of Judaism, and all the written ethics in the world can say no more. The State will be worthy of its name only if its systems, social and economic, political and legal, are based upon these imperishable words. They are more than a formal precept which can be construed as passive or negative: not to deprive, not to rob, not to oppress, not to hurt.[5]

Ben-Gurion was well aware of what would become, in succeeding decades, Israel's greatest challenge.

Hassenfeld believes that the fundamental difference in understanding the role of liberalism in a democratic state needs to be contextualized within the different origin stories of America and of Israel. At its founding, Israel and its Jewish citizens were reeling from the impact of the Shoah. At stake was the very survival of the Jewish people. The collective was of far greater concern than individuals. In contrast to that, America's origin story contains a strong emphasis on the rejection of the absolute power of monarchs. The founders of American democracy were committed to crafting a government that would protect the rights of the individual from the demands of central authority.

Those fundamental differences of political perspective are amplified by the fact that Israeli Jews constitute 80 percent of their country's population, whereas American Jews represent some 2 percent of the U.S. population. American Jews are a minority culture. This demographic reality shapes their understanding of and their need for a democratic system that focuses upon individual rights.

Two different origin stories; two different understandings of democracy. How does one adequately explain a society based upon collective security to members of a society committed to liberal, individual rights? Daniel Gordis asks the Jewish community in Israel and the Jewish community in America to affirm "that the two largest Jewish communities are profoundly different and (that they must therefore) cease imposing their own worldview on the other." For that reason, Gordis asks anyone calling for partnership between those two communities to acknowledge that there can be no meaningful partnership "without access to Israeli discourse on the subject."[6] The editorial team and I agree, and we also state the obvious: neither can there be meaningful partnership without access to American discourse on the subject for our Israeli partners.

Catherine Jones's call for us to seek clarity of language is convincing. We need to find shared understandings if this book is to have a chance to generate social and political change. We need to comprehend those origin stories that shape our language and our expectations. We need to listen to those narratives that help a group, a tribe, a community, and a nation understand itself and the other.

"Of Making of Books There Is No End":
Israelis and American Jews Speak about Essential Concerns

Rare is the book that can spark profound societal change by itself.[7] Nevertheless, *Deepening the Dialogue* is intended to launch a process, not merely to amplify a conversation.

In the United States, many major Jewish communal institutions are racing to reinvent themselves as more and more of their members consider these organizations to be dysfunctional, irrelevant, or antiquated. Synagogues and Federations are looking for new and compelling visions to strengthen their weakening claim to represent the American Jewish community. Religious denominations are discovering that they are not in competition over members with each other, but that a growing number of Jews live their lives quite comfortably without any formal synagogue affiliation. It has become increasingly difficult to unite American Jews into one political voice, and therefore almost impossible to speak with this voice while advocating for political change. More often than not, Israel as a topic is perceived of as a source of conflict and friction.

The founders of Israel turned a blind eye to many of their challenges. Perhaps it was necessary to do so in 1948. However, in 2019, the time has come when raging disagreements about national identity, economic and racial disparities, threats to human and civil rights, surging xenophobia, isolationism, gender inequities, and freedom of religion can no longer be allowed to fester. They demand to be addressed now, lest Israel find itself paying a brutally high price. Disorientation, confusion, and uncertainty in the world's two great Jewish communities need to be explored in partnership with thoughtfulness, patience, and understanding and with an unshakeable awareness that together we shape גורלנו המשותף (*goraleinu ham'shutaf*)—our shared fate.

Though this book focuses on contemporary Israel, the projects we see emerging from *Deepening the Dialogue* will have enormous positive resonance within the American Jewish community as well. A Jewish state that successfully navigates between the poles of "Jewish" and "democratic" will be compelling to those members of Diaspora communities who appreciate meaningful communal expressions of Jewish identity.

With their opening chapter, Rabbi Judith Schindler and Rabbi Noa Sattath launch our project by exploring the possible definition of a contemporary form of Zionism, "Social Justice Zionism." Seeing Israel embrace social justice as a lodestar while steadfastly defending its borders will breathe a renewed sense of connection into Diaspora communities that often feel excluded from the political discourse in Israel. Our shared concern and support will expand our horizons and energize those who see in Judaism and in liberal Zionism an expression of the very best and noblest of human yearnings.

That is our dream. That is our millennial hope.

Let our projects begin.

Study Questions

1. Rabbi Davids emphasizes the importance of listening to both American and Israeli perspectives when speaking about the State of Israel. What are some of the major differences between such a shared conversation of Israelis and Jewish Americans and the distinct conversations taking place in either Israel or the United States? Have you ever been part of such a shared conversation? What do you need to bring and/or leave behind in order to have such a conversation?

2. Describe your personal vision of a Jewish and democratic state. In what form do the rights of non-Jewish citizens of this state figure into your vision?

3. Think about the last ten years of Israeli-American relations. Can you think of some developments that motivated Rabbi Davids and his coeditors to publish *Deepening the Dialogue* now?

NOTES

1. Paraphrasing the words of songwriter and folk singer Pete Seeger.
2. "Resolution: On the Occasion of the 70th Anniversary of the State of Israel, the Jewish Agency's Board of Governors Reaffirms its Commitment to the Fundamental Principles of the Declaration of Independence," October 24, 2018, http://archive.jewishagency.org/inside-jewish-agency/board-governors/plenary-resolutions/res-1-oct-2018.
3. Arranging the chapters in this book has proved to be an interesting challenge. Should this fully bilingual book read from left to right or from right to left? As a book celebrating true partnership, should the Hebrew text of each chapter precede or follow its English equivalent? Should we give priority to Hebrew because as liberal Zionists we fully embrace the Hebrew language as a core element in our future endeavors? As the editors moved from ideology to practicality, we decided to give priority to English in the physical layout of the current edition, published in the United States of America. However, we joyously celebrate the theological, cultural, and national significance of the Hebrew language within the covers of this book.
4. Jonah Hassenfeld, "Divided We Stand: American Jews and Israeli Democracy," *Sh'ma Now*, March 4, 2019, https://forward.com/shma-now/bekhira/420190divided-we-stand-american-jews-amp-israeli-democracy/.
5. David Ben-Gurion, *Rebirth and Destiny of Israel* (Chicago: University of Chicago Press, 1954), 419.
6. Daniel Gordis, "The American 'Zionst' Assault on Israel," *Times of Israel*, January 8, 2019, https://blogs.timesofisrael.com/the-american-zionist-assault-on-israel/.
7. "Of making of books there is no end" (in the heading above) is from Ecclesiastes 12:12.

CHAPTER ONE

Overcoming the Loneliness We Feel
A Way Forward Together

RABBI NOA SATTATH (*Israel*)
and RABBI JUDITH SCHINDLER (*United States*)

טוֹבִים הַשְּׁנַיִם, מִן־הָאֶחָד, אֲשֶׁר יֵשׁ־לָהֶם שָׂכָר טוֹב בַּעֲמָלָם.
כִּי אִם־יִפֹּלוּ, הָאֶחָד יָקִים אֶת־חֲבֵרוֹ; וְאִילוֹ, הָאֶחָד שֶׁיִּפּוֹל, וְאֵין
שֵׁנִי לַהֲקִימוֹ. גַּם אִם־יִשְׁכְּבוּ שְׁנַיִם, וְחַם לָהֶם, וּלְאֶחָד אֵיךְ יֵחָם.
וְאִם־יִתְקְפוֹ, הָאֶחָד – הַשְּׁנַיִם, יַעַמְדוּ נֶגְדּוֹ; וְהַחוּט הַמְשֻׁלָּשׁ
לֹא בִמְהֵרָה יִנָּתֵק. — קֹהֶלֶת ד:ט-יב

Two are better off than one, in that they have greater benefit
from their earnings. For should they fall, one can raise the
other; but woe betide the one who is alone and falls with no
companion! Further, when two lie together they are warm; but
how can one who is alone get warm? Also, if one attacks, two can
stand up to the attacker. A threefold cord is not readily broken!
—*Ecclesiastes 4:9–12*

RABBI NOA SATTATH

PROGRESSIVE ACTIVISTS IN ISRAEL are facing tremendous challenges—hostile governments, complex bureaucracies, and ongoing conflict.

Over the past decade we have been feeling increasingly isolated. The right wing in Israel receives massive, growing support from Jewish (and Evangelical) constituencies in North America. While this conservative support is growing exponentially, support from American liberals is declining. The majority of the North American Jewish community has liberal political and religious views and self-identifies as "pro-Israel."[1] Yet American Jewish support for progressive activities in Israel is diminishing. With current extreme anti-democratic trends in Israel,[2] many Jews are struggling to balance their liberal political and religious positions with their support for Israel. Too often, this struggle leads to liberals disengaging from Israel and Israeli progressive activists and organizations losing support—moral, political, and financial support.

In order to break the isolation, I believe we need to redefine the meaning of "pro-Israel." If "pro-Israel" only means embracing every Israeli government policy, too many liberal Jews will not be able to identify themselves as such. We need to define "pro-Israel" as supporting Israel's Declaration of Independence, supporting the Israel that lives up to the dreams of its founders, and supporting those Israeli organizations and activists that share our progressive values and work to protect them.

Anti-democratic trends around the world use fear to enable national leaders to gain more power, incite people against minorities, and attack gender equality—all in an attempt to sustain or restore a power structure that will preserve the supremacy of old elites. These trends appear not only in Israel, but in North America, Europe, and elsewhere around the world.

Recent years have put extensive demands on us progressives on both sides of the ocean as we have strived to advance our Jewish vision of just societies. Facing tremendous backlash, we have had to work in more focused, strategic, and innovative ways.

In Israel, we have experienced this anti-democratic trend for almost a decade. Our opponents on the Israeli right are working to build an illiberal, racist Israel that continues to occupy land on which millions of Palestinians live. They do so with the support of elements within the North American Jewish community, support of which the progressive camp can only dream. The settlements are backed by North American Jewish donors, and almost no settlement could survive without North American support. With billions of dollars, Sheldon Adelson finances the most widely read newspaper in Israel, which is distributed for free and supports the current government positions. Our political opponents are working in Israel and around the world with North American Jewish support—while portraying and imposing Jewish orthodoxy as the only authentic Jewish religious expression.

The majority of the North American Jewish community, which is liberal both politically and religiously, is increasingly pulling back from Israel. It is quite overwhelming to compare the large impact of right-wing North American groups to the decreasing impact of their liberal counterparts. It is one of the core reasons for the continued decrease of power of the progressive camp. It is a vicious cycle: because significant elements within the North American community increase their support of the anti-democratic camp, the Israeli government takes more positions and actions against the egalitarian, democratic camp. In response, North American liberal Jews withdraw even further, thus strengthening the anti-democratic camp, which then leads to more hawkish Israeli policies, and so on. As progressive activists in Israel, we sometimes feel abandoned by our North American brothers and sisters. We must break this cycle.

There are two narratives of the situation in Israel and Palestine that dominate the discourse in North America. One is the narrative of Israel's public diplomacy: Israel can do no wrong; the IDF is the most moral army in the world; there is no solution to the Israeli-Palestinian conflict; the stagnation of the process toward a two-state solution is the fault of the Palestinians; and the conflict within Israel is either nonexistent or not important. Reform Jews, and especially younger Reform Jews, are buying into this narrative less and less.

The second narrative claims that there is a huge moral problem with Israel's oppressive treatment of Palestinians in the West Bank and Gaza and that the only appropriate response is boycott, divestment, and sanctions (BDS). Reform Jews, and especially younger Reform Jews, are buying into this narrative more and more.

Our movement works for social justice in North America and Israel. It is up to us to build a third narrative—one that acknowledges the moral challenges, and one that is determined to arrive at a solution building on a more intentional and strategic partnership between North American and Israeli progressive activists.

As liberal Zionists, our goal is for our society to be "a light to the nations" (Isaiah 42:6 and 49:6). We aspire to achieve the prophetic Jewish vision of a repaired world and a just society. We want more than to be measured in comparison to our neighboring countries or to other countries violating human rights.

Discussing social justice questions means to scrutinize and analyze complex power structures, traditions, and belief systems. As demonstrated in the chapters of this book, there are multiple and multilayered social justice questions to be discussed both in and in regard to Israel. Many North American Jews pull away from Israel because they are disappointed by its government policies—and because they shy away from an overwhelmingly complicated issue. Speaking about addressing the social justice questions in Israel, one cannot hope for simple, instant solutions. But this must not discourage us.

Many progressives in North America have a nuanced understanding of gender equality and racial justice and feel a deep commitment to work toward the establishment of these values in Israel. They understand that this will require sustained, long-term efforts. We, together with our North American Reform Movement, are looking at systems of injustice that will take immense labor and time to transform. It will take decades. However, every time we cannot provide any answer to the question "What do we do about Israel?" we feed into a growing sense of frustration and disconnect. We need to find a balance between implementing the necessary short-term fixes and our work toward longer-term structural and institutional change.

Rabbi Judith Schindler (*United States*)

THE CHALLENGE OF LILLA WATSON, Aboriginal activist and artist, in doing the work of justice, often echoes in my mind. "If you have come here to help me, you are wasting your time," she said. "But if you have come because your liberation is bound up with mine, then let us work together."[3] Our redemption as American Jews and as Israelis is tied to one another.

Israel's Declaration of Independence marked a monumental step toward redemption. After millennia of exile, Jews finally have an internationally recognized home. The Declaration of Independence calls upon the Diaspora to "rally round the Jews of Eretz-Israel" in their immigration and upbuilding, and to support them in their struggle to realize that "redemption."

As American Jews and Israelis, we celebrate that redemption and the greatest political freedom that we have known since our last time of sovereignty almost two thousand years ago. The achievements of our communities inspire awe. Yet we labor tirelessly and continuously to ensure justice, equality, and safety for ourselves and for our neighbors. We do so because the memories of being the oppressed "other"—victims of discrimination and violence—have remained an integral part of the Jewish collective consciousness.

Those of us working for social justice in American cities are confronting a harsh reality of increasing anti-Zionism. As I teach about Judaism and address social issues—from refugees to racism, from countering antisemitism to expanding affordable housing—I have learned to expect questions or comments about Israel and its treatment of Palestinians. Sometimes the inquiry is motivated by a desire to increase understanding and engage in dialogue. Sometimes the remark is accusatory: "How can you stand for justice *and* stand for Israel?" Sometimes the statement is said on a stage at a rally, vigil, or event and before hundreds or thousands. The phrase "Israel's oppression of Palestinians" is woven into a litany of other social wrongs, leaving me feeling both defensive and wounded.

As Americans, we regularly face a decontextualized condemnation of Israel in our newspapers, on our social media feeds, and in the streets where we strive to support others. Admired American social justice authors and leaders such as Michelle Alexander, Alice Walker, and Angela Davis publicly decry the Palestinian plight, often based on an unbalanced or one-sided assessment. We struggle to respond effectively.

What can we say to underscore Israel's complex history and capture our disagreement with some of Israel's policies, while still supporting the Jewish state we love? What can we do to affirm our commitment to global social justice without fueling the fires of anti-Zionism or antisemitism that threaten us all? Former member of Knesset and famous Soviet dissident Natan Sharansky offered clarity for our dialogue in noting the three *d*'s of the new antisemitism of which we need to be continually cognizant: demonization, double standards, and delegitimization.[4] While criticizing Israel is not in itself anti-semitic, antisemitism often uses criticism of the Israeli government as concealment for its true intentions. As liberal Zionists, we see the moral crisis in the ongoing Israeli military presence in the West Bank, and we seek to bring peace and justice to both Israelis and Palestinians. We can hold both these complex truths in our activism.

The attack on equality in Israel is not only aimed at the non-Jew; it is also aimed at non-orthodox Jews. In November 2017, when images of our Reform Jewish American and Israeli leaders being assaulted for carrying Torah scrolls to the Western Wall plaza appeared in our media, a Jewish Telegraphic Agency reporter called me for an interview and tried to badger me into saying that Israel's leaders had gone too far and that there are limits to our relationship and support. My response was the opposite. In those times when Israel's government devalues us as liberal Jews or promotes policies that contradict the pluralism and equality we demand, we need to double down on our work—amplify our voices, exert our influence, and deepen our Israel-American partnership. Just as we North American Jews support Israel, we appeal to our Israeli sisters and brothers to support us. We need a deep and mutual relationship.

As Rabbi Noa Sattath so beautifully articulated, we need a new narrative—not the right-wing or orthodox narrative of ethnocentrism, and not the BDS narrative of isolation and alienation, but a narrative that acknowledges the moral crisis in Israel and advocates for engagement to create change. Just as social justice activists understand systemic racism and the fact that these structures were created over centuries, the Israeli systems of inequality were created over time. It will take time to dismantle them—policy by policy. We as social activists understand that change starts with story and with relationships.

North American progressive Zionists feel alone in their defense of Israel on our city streets and in our daily encounters. Israeli progressive Zionists feel abandoned by their North American counterparts. We need not feel alone; we can work together in partnership.

Rabbi Noa Sattath and Rabbi Judith Schindler

How can we, as progressive Israelis and North Americans, stand together for justice?

The principles of social justice organizing provide a guide to deeper engagement between Israeli and American Jewish progressives. We cannot focus our attention only on our own respective countries. In the book *Recharging Judaism: How Civic Engagement Is Good for Synagogues, Jews, and America* (CCAR Press, 2018), Judy Seldin-Cohen and Judith Schindler lay out a ladder of social justice that can serve as a model:

The Ladder of Social Justice

Joining a Movement
Organizing
Advocating
Donating to make a difference
Educating
Relationship building

The starting point is **building relationships**. We begin our work of social change by establishing connections and friendships with those whose lives are most deeply connected with the issue with which we are concerned. Americans who confront daily the task of speaking for Israel need stronger relationships with progressive Israeli partners who share the same values. Progressive Israeli activists who are isolated need more support in fighting their battles. Americans have great influence on Israeli reality and politics. Strengthening our personal relationships will strengthen our work. Deepening the dialogue starts with commitment to finding a counterpart with whom we can discuss our shared concerns—committing to connect digitally or in person for a conversation at least once a month. The task is simple: ask about each other's personal and work lives, share one thing you appreciate in the other's country, and share one headline, social media post, or sound bite about the other's country that challenges you. This monthly exchange will likely lead you to see the issue in a new light, increase your appreciation of the respective country's complexity, and hear stories that you can share and from which you can gain language to better respond when you are asked about your own opinions.

The second step to social justice engagement is **education**. We need to learn more about the social justice issues Israel faces and the historical context that created those realities. As an American, Rabbi Judith Schindler has encountered individuals at the Women's March, at Black Lives Matter events, and in her neighborhood who understand the Palestinian-Israeli conflict as racism based on skin color. They erroneously think that all Israelis are light skinned and that Palestinians have brown and black skin.

- She explains that she lived in Israel in 1991, when Operation Solomon saved more than fourteen thousand Ethiopian Jews by bringing them to Israel.
- Her father, Rabbi Alexander Schindler, of blessed memory, said, "It was the first time those with darker skin were brought from one continent to another, not in chains but in love."
- Rabbi Schindler additionally notes that Mizrachi Jews (Israel's North African and Asian Jews), along with Bene Israel Jews and B'nei Menashe Jews from India, make up more than 25 percent of the Israeli population.[5]

In response, Rabbi Noa Sattath shared helpful advice: racism in the United States is different from racism in Israel. In Israel, anti-Arab and anti-Jewish racism exists on both sides. It is fueled by an ongoing violent conflict.

- It is not wrong to say we demand justice in Palestine. Yet imposing the black rights story on the Palestinian/Israeli structure does not work. The power structures in Israel are both similar to and different from the power structures in the United States.

- In Israel, the ultimate "other" is the Palestinian or the Arab.
- Jews of color in Israel suffer from similar discrimination as people of color in North America (such as over-policing and discrimination in the workforce).
- The mainstream ethos condemns the discrimination of Jews of color and responds to it, while embracing the alienation, dehumanization, and discrimination directed toward Arabs—all this as a tool to continue the occupation.

We need to educate ourselves about the genuine security issues Israel faces and about the social justice issues all of us face. We need to create a shared database of knowledge on social justice concerns we have in common—such as environmental issues, immigration issues, affordable housing, religious freedom, racism, and Palestinian-Israeli peace—so that we can expand our base of knowledge and support one another.

Today, when "Zionism" feels globally under attack, we need to create a new name for the Zionism we embrace—a name that the broader community can understand. Without a name, our Zionism is invisible. We believe that the label "Social Justice Zionism" (*tziyonut tzedek*, ציונות צדק) reflects a Zionism that American social justice activists can quickly grasp, thus enabling a broader debate and facilitating the formation of a consensus. We need conferences and communal processes to explore Israel's social justice struggles through a progressive Zionist lens. We need to expand our tools for creating change collaboratively.

The third rung of the ladder to social justice engagement is **donating to make a difference.** Money matters not only in how we live, but by what we give. As American and Israeli progressives, we need to partner with people on the ground and with organizations that create the changes we believe in. The Zionist Right knows exactly where to donate its funds. As progressive Zionists, we need to redirect our resources to make a difference. What if we invested in causes in Israel reflecting our passion for social justice? Would that be enough? If we truly yearn for peace and justice for all people, we ought to expand our investment by supporting the implementation of those values in Israel and between Israel and her neighbors. Social Justice Zionism calls us to invest our financial, spiritual, and social capital into organizations that are working toward the fulfillment of the vision articulated in Israel's Declaration of Independence. Many of these issues are addressed with conviction in this book.

The fourth rung of the ladder is **advocacy**. We can use our voices to encourage change. Through their advocacy, North American Jews have great influence within Israel.

- As Americans, we can invite Israeli political leaders visiting North America, as well as our regional Israeli consuls general, to our communities to discuss issues of pressing concern. There are twelve Israeli embassies and consulates in North America.
- We can share Israeli publications or social media posts that reflect the Israeli voices sharing our vision of Zionism and working toward its actualization.
- We can publish ourselves or co-author together with our Israeli partners.
- Whenever actions of our American political leaders might make a difference, we can ask for their support. If we coordinate with our Israeli partners, we can amplify our power.
- We can teach our students to engage with Israel. If an American bat mitzvah girl wrote to a governmental leader in Israel saying, "In the same way I had an egalitarian bat mitzvah in Israel, I want to have an egalitarian wedding in Israel in the future," it would have an impact.
- We can engage our high school and college students to raise their voices to articulate and advocate for their own vision for Israel.

If Rabbi Sattath has a conference on asylum seekers at the Knesset and brings signatures, photos, and videos capturing support from the North American community, it will have an impact. By working in partnership with our Israeli counterparts, we can expand our power to make a difference.

The final rung of our ladder of social change requires **organizing** and **joining a movement**. Look around, both in your city and online. With whom can we collaborate on a local, national, and global level to actualize our progressive vision for Israel? In both our countries, there are many organizations from which we could gain knowledge and a clearer vision of the best path forward. Many of these organizations are represented by authors within the book.

How can we stand together for social justice in Israel?

In the past, many of us held up the values enshrined in Israel's Declaration of Independence, with its explicit commitment to both democratic and Jewish values. Yet Israel's government places greater weight on the Jewish side of that equation. As American and Israeli progressives, what can we hold up now? We can hold up the stories, the voices, the ideas, and the vision of the American and Israeli leaders in this book. We can hold up the perspectives of our colleagues and friends with whom we are engaged in conversation. We can hold up the organizations with which we are working to actualize the vision of the Declaration of Independence and the biblical vision of justice and equality, from Sinai to Amos. We can hold up the work we are doing. We can hold up our partnership.

Israeli progressives yearn to hear American progressive voices that do not condemn but reach out in partnership. North American Jews need to replace the headlines and sound bites of those who seek to demonize Israel with different messages. The vision of *Deepening the Dialogue* and the accompanying initiatives is to allow you to hear voices of your American and Israeli partners committed to a just Israel, to engage with them, and to allow them to speak through you as you speak through them. Our goal is to build a stronger partnership between North American Jewry and Israelis committed to a Jewish and democratic state embodying the ideals embedded in *M'gilat HaAtzma-ut*, the "Scroll of Independence."

As two rabbis who work on issues of justice on a daily basis, our writing this chapter in partnership and in conversation with one another across times zones and oceans models the collaboration we envision. Our ideas, our passion, and our perspectives influence one another. The Babylonian Talmud (*Sh'vuot* 39a) teaches: *Kol Yisrael areivim zeh bazeh*, "All of Israel are responsible for one another"— ultimately, we are responsible for each other as a global Jewish community. This book offers a path to deepening mutual support.

At a recent community meeting in an impoverished Charlotte neighborhood, an older woman greatly impacted by the issue at hand said, "I come to do this work not for me, but for us." This work is for *us*—as a collective across the ocean as we work to build up and support Israel in its continued struggle to realize redemption.

Facing a tremendous and growing challenge, we have to be as effective, as innovative, and as committed as ever. Our Zionist tradition teaches us that organizing and taking action can lead to the fulfillment of a seemingly impossible vision.

As Ecclesiastes 4:9 advises, טוֹבִים הַשְּׁנַיִם מִן-הָאֶחָד אֲשֶׁר יֵשׁ לָהֶם שָׂכָר טוֹב בַּעֲמָלָם, "Two are better off than one, in that they have greater benefit from their earnings." May we overcome our loneliness and isolation by working in stronger partnership to create a more secure and just future on both sides of the ocean as we pave a new way forward.

Study Questions

1. Rabbi Sattath speaks about a growing need for American support among Israeli liberals, whose voices often do not make it into the media of the United States. In what ways do Israeli liberals feel vulnerable? How could they get stronger?

2. Rabbi Schindler touches upon the topic of Jewish feelings of discomfort and vulnerability in the United States. Have you ever experienced similar feelings in the United States? Do some online research: how many American Jews share those feelings?

3. Rabbi Sattath and Rabbi Schindler describe the ladder of social justice. Where on this ladder do you see yourself? What would taking the next rung of the ladder look like for you?

NOTES

1. Among U.S. Jews, 49 percent identify their political ideology as liberal, 29 percent identify as moderate, and 19 percent identify as conservative ("American and Israeli Jews: Twin Portrait," Pew Research Center: Religion & Public Life, January 24, 2017, https://www.pewforum.org/essay/american-and-israeli-jews-twin-portraits-from-pew-research-center-surveys/); 35 percent identified their denomination as Reform, 18 percent as Conservative, 10 percent as Orthodox, and 30 percent as no denomination; 69 percent of American Jews reported being "very attached" or "somewhat attached" to Israel ("A Portrait of Jewish Americans," Pew Research Center: Religion & Public Life, October 1, 2013, https://www.pewforum.org/2013/10/01/jewish-american-beliefs-attitudes-culture-survey/).

2. These trends include the attempts to deport refugees and to curtail the authorities of the Supreme Court, the Nation-State Law, and Prime Minister Netanyahu's support of Kahanists running for Knesset (though thankfully as a result of a petition submitted by the Israel Religious Action Center, the Israeli Supreme Court banned the Kahanist party leader from running).

3. Lilla Watson, quoted in Geoffrey B. Nelson and Isaac Prilleltensky, *Community Psychology: In Pursuit of Liberation and Well-Being* (New York: Palgrave Macmillan, 2010), 29.

4. Natan Sharansky, "3D Test of Anti-Semitism: Demonization, Double Standards, Delegitimization," *Jewish Political Studies Review* 16, no. 3–4 (Fall 2004).

5. "Jews, by Country of Origin and Age," table 2.8, 2015, Israel Central Bureau of Statistics, https://www.cbs.gov.il/he/publications/DocLib/2016/2.ShnatonPopulation/st02_08x.pdf, accessed 4/23/2019/.

CHAPTER TWO

The Centrality
of M'gilat HaAtzma-ut

RABBI ERIC H. YOFFIE (*United States*)
DR. RUTH GAVISON (*Israel*)

RABBI ERIC H. YOFFIE

SUCCESSFUL STATES HAVE A VISION. The vision of the State of Israel is expressed in the Declaration of the Establishment of the State—commonly known as the Declaration of Independence (DOI)—issued by Israel's founders on May 14, 1948.

The DOI is a majestic document, both enduring and inspiring. Its power and relevance derive from two elements. First, it sets out in broad terms Israel's fundamental values—commitment to the Jewishness of the state, to its democratic character, and to human rights for all of its citizens. And second, it asserts that the tensions and potential contradictions between and among these values will be overcome in the framework of the newly created state. These tensions are not specifically enumerated. In fact, they are disguised by the DOI's soaring language and forthright tone. Nonetheless, upon reflection, they are not difficult to spot. How might they arise?

The State of Israel came into being to safeguard and represent the needs, interests, and values of the Jewish people, both those living in the Land of Israel and those living in Jewish Diasporas. Most essential for the well-being of the Jewish people is their right to establish a sovereign nation in which the Jewish people, returned to history, will be like other nations, masters of their own fate.

The DOI proclaims the creation of such a nation and explains why the historic Land of Israel should be the location of the new Jewish homeland. In order to ensure that this Jewish homeland will become a reality, the DOI guarantees that Jews everywhere will have the right to immigrate to the new Jewish state without restriction or limitation—a right not granted to others.

However, the DOI also commits Israel to a system of liberal democracy in which all of its citizens, Jewish and non-Jewish, are equal under the law, with the single exception of the right to immigrate noted above. Israel, the DOI makes clear, "will ensure complete equality of social and political rights to all its inhabitants irrespective of religion, race, or sex." Furthermore, it "will guarantee freedom of religion, conscience, language, education, and culture." Human rights and civil liberties, in other words, are not an afterthought in the country to be created by the Jewish people upon their return to Zion. The DOI is notable because it affirms that Israel's basic values are indivisible: the sovereignty of the Jewish people, the democratic nature of Israel's government, and the liberty and individual rights of Israel's citizens must be embraced as an integrated whole. As the DOI makes clear, no one of these elements is to come at the expense of another.

But how is such a feat to be accomplished?

After all, as a Jewish state, might not Israel be tempted to bestow a number of advantages, legal and otherwise, on its Jewish citizens? Might it not be inclined to place the welfare of Jews, both in Israel and elsewhere, before the welfare of Israel's non-Jewish residents? Might not the members of its Arab minority feel excluded or alienated by the formal Jewish identification of their country and by discrimination to which they might be—and in fact have been—periodically subjected?

And what of the problematic status of Diaspora Jews? On the one hand, might their privileged position, as recognized by the DOI, be resented by non-Jewish citizens of Israel, who are denied such privilege? On the other hand, might Diaspora Jews themselves resent the ambiguous reality that involves Israel's embrace in principle but rejection in practice of Diaspora concerns, particularly on religious matters?

The answer to these questions is that yes, all of these problems exist, both in theory and in practice. (These problems are not unique to Israel. Multiethnic and multilingual states, in Europe and elsewhere, face similar issues and, like Israel, are engaged in a constant struggle to resolve them.) Nonetheless, the DOI has remained a consensus document among Jews and for many of Israel's non-Jewish citizens. Israel's founders understood that the elements of national distinctiveness and democracy are not inconsistent, even if they do not coexist easily. In fact, their genius lay in precisely this point:

presupposing a fundamental congruence between democratic values and Jewish national values.

That congruence was then affirmed in the DOI without attempting to offer operational details as to how the system would function. In short, seeing the DOI not as a practical program but as a statement of nonnegotiable grand ideals, the founders were content with broad strokes and nonspecific language to give expression to those ideals—leaving it to subsequent generations and to history to fill in the blanks.

Has the DOI accomplished what the founders intended?

Until very recently, I believed that it has. It can be argued that the astonishing strength of the Israeli experiment, facing as it does multiple enemies on its borders and a restless minority within, is due to the original blueprint laid out by the DOI. The DOI is not a legal document, but it is a consensus statement that serves as the foundation for much of the legal structure and value system of the Jewish state.

The successes of the Jewish state dwarf its failures. Most Israelis, Jews and non-Jews, are loyal to their country and see it as advancing their interests and promoting their welfare. Most take for granted its democratic character and the human rights it recognizes. Most have some sense of solidarity with their fellow citizens, whatever their religious or ethnic identification. And most experience a measure of gratitude to the state and a degree of allegiance to its governing institutions.

Does this mean that the problem of building a meaningful shared citizenship has been resolved? It does not. The Jewish character of the state, enshrined in the DOI, is essential for almost all of its Jewish citizens—and rightly and necessarily so. But it remains problematic for its non-Jewish citizens. This division among Israel's citizenry will not be resolved quickly or easily.

Nonetheless, despite a recent troubling development, most Israelis hold the DOI in high regard, seeing it as reflecting many, if not all, of their aspirations as Israelis. Most recognize that if Israel's most intractable problems—discrimination against its Arab citizens, the coercive monopoly of the Orthodox religious establishment, the unresolved status of the Palestinian territories—are ever to be resolved, the only hope of doing so will be to draw on the values of democracy, human rights, and Jewish national sovereignty that lie at the heart of the DOI.

What is the recent development that has undermined the DOI and that may call for corrective action?

The DOI is not a legal document, but it is nonetheless the covenantal heart of Israel because it contains the defining values of the Jewish state. Israel's legal system—consisting of regular legislation and "basic laws" that have a superior legal status and require a supermajority to change—builds on the vision of the DOI, translating as much as politics will allow the DOI's vision into day-to-day legislative realities.

Still, Israel does not have a constitution because various details of the vision remain in dispute—such as, as previously noted, the precise meaning of what is involved in Israel being a Jewish state. For over seventy years, therefore, the means of keeping the DOI intact has been the general willingness of the Knesset and the courts, in their legislative and judicial decisions, to issue legal declarations that affirm and enhance the broad framework of the DOI while avoiding decisions that fundamentally challenge the values of Jewish national distinctiveness, democracy, and human rights upon which it rests.

The assumption has been that Israel can live with legal ambiguities on unresolved issues that have no obvious or short-term solution. A constitution is not essential. It might be better to leave the DOI's values in place and to wait for legislative consensus on sensitive and difficult matters to emerge from a political and educational process that has not yet concluded and in some cases has not yet begun.

However, in July of 2018, the Knesset shattered this cautious approach by passing Basic Law: Israel as the Nation-State of the Jewish people, known as the Nation-State Law,[1] a basic law intended to define the Jewish character of Israel by declaring it to be the nation-state of the Jewish people. The advocates of the law claimed that the

Nation-State Law was no more than an affirmation of the DOI's values. They argued that Basic Law: Human Dignity and Liberty, passed in 1992, had provided a firm legal basis for democracy and human rights. The Nation-State Law was now simply intended to do the same for the character of Israel as a Jewish state.

To the contrary, the Nation-State Law undermined rather than enhanced the DOI. Passing it was a terrible error and arguably a catastrophic one, ripping the heart out of the careful balancing of values set forth by the DOI and upon which the state's founders so laboriously constructed Israel's national identity.

Opponents of the law have noted the following, among other objections:

- Initial drafts of the Nation-State Law not only defined Israel as the nation-state of the Jewish people, but also included guarantees of democratic and human rights for Israel's non-Jewish citizens. Had these clauses remained in the draft law, its passage would have caused little fuss; but at the insistence of right-wing legislators, guarantees of equality for all were removed from the legislation. In fact, some legislators publicly stated that their intention in promoting the law was to encourage the Supreme Court to give preference to Jewish rights over democratic and human rights. Thus, the problem was not defining Israel as the "national home of the Jewish people," a definition embraced by virtually all Jewish Israelis and accepted by at least some non-Jewish Israelis. The problem was the apparent intention to diminish the individual rights of non-Jews.
- Basic Law: Human Dignity and Liberty is admirable and has been applied by the Supreme Court to promote human rights among all Israeli citizens. Nonetheless, the word "equality" does not appear there, opening the door for discrimination by the courts and making it especially important that equality be included in the Nation-State Law.

- The law was unnecessary. Since there is no doubt in anyone's mind that Israel is a Jewish state, why the need to affirm it now?
- The Nation-State Law offended the great majority of Diaspora Jews. While asserting that Israel is the nation-state of the Jewish people, it then affirmed Israel's right to involve itself in Diaspora affairs while denying the Diaspora's right to involve itself in Israel's affairs. There is special irony in the fact that a law intended to promote Jewish unity succeeded primarily in distancing the Jewish state from Jews of the world.

The point, in short, is that the Nation-State Law was profoundly harmful and widely seen as an effort to unravel the basic precepts of the DOI. The DOI is inviting and inclusive, affirming the national rights of the Jewish people, extending liberty and equality to all of Israel's citizens, promoting Israel's democratic character, and extending a hand of welcome and solidarity to Jews of the world.

The Nation-State Law does precisely the opposite. It pushes for division, tribalism, and isolation. It excludes rather than includes. It turns tribe against tribe, Arab against Jew, and Israel against the Jewish Diaspora. Its goal is to promote not a Jewish and democratic state, but a state that is primarily Jewish with, perhaps, democratic elements or a democratic façade. Its sponsors regard the law as the basis for broader legislation that will further advance Jewish interests at the expense of non-Jewish ones and limit the prerogatives of the Supreme Court. If they succeed, what will be left of the Declaration of Independence?

It is not clear what exactly should be done by those who understand the danger.

One possibility is that the Nation-State Law should be supplemented by another basic law that states what the Nation-State Law omitted: that in the State of Israel, a Jewish and democratic state, all citizens are entitled to equality before the law.

Another possibility is that Israel should pass a "Declaration Law," a basic law that consists of the entire text of the Declaration of

Independence. In the past, even many of those most sympathetic to the principles of the DOI have opposed such a step. They noted that the DOI is a vision document, and passing vision documents into law is rarely the best way to deal with a legislative problem.

Nonetheless, with the reality of the Nation-State Law before us, sentiment may be shifting. Increasingly, proponents of Israel as a Jewish and democratic state recognize that an emergency exists; that the principles of liberal Zionism are under attack and that a dramatic reaffirmation of all elements of the DOI—Jewish sovereignty, the collective destiny of the Jewish people, and individual rights and freedom for all of Israel's citizens—is desperately required.

In this situation, it may be necessary for Israel's elected representatives to reiterate word-for-word in a basic law the Declaration of Independence as it was proclaimed by Israel's founders over seventy years ago. Such a step will not solve all of Israel's problems, but it will be a timely reminder that the DOI has served the State of Israel and the people of Israel well, and that it defines better than any other single document who Israelis are and what the State of Israel must be.

Dr. Ruth Gavison

Is Israel's Declaration of Independence still relevant and important today? My short answer is: yes. Very much so—independent of the 2018 Jewish Nation-State Law discussed at great length by Eric H. Yoffie, but also despite this law, and even because of this law.

The DOI is the constitutive and evocative vision statement of Israel, signed by its Jewish founders as part of the requirements of the Partition Resolution of November 29, 1947. It has both expressive and legal-operative parts. It is the historic document that declared the establishment of the state and enacted the main transition rules between the departing British Mandate and the newly born State of Israel. The legal-operative part is now of only historical relevance. However, the statements concerning the nature of the state that the founders committed themselves to are still relevant, and even moving and exciting to me and many others.

Eric Yoffie elaborated on the vision expressed by the DOI, so I can be very brief.

1. The DOI is indeed a moving and great statement. It opens by stating the validity and power of the idea of Jewish self-determination in (a part of) Eretz Yisrael based on both Jewish history and actions, and principles and decisions of international law. It voiced a clear commitment to human rights (individual and cultural) and to democratic principles, and it sketched the aspired relations between the new state and its neighbors, the Arabs of the land, and Jews living outside Israel. There is a clear commitment to protect the rights and welfare of all of Israel's citizens and residents (at a stage where there were no citizens of Israel at all). There is a call to members of the Arab people in Israel to keep the peace and participate in the government on the basis of "full and equal citizenship and

representation." While the text does not mention either God or halachah (Jewish law) and their roles in the newly founded state, the DOI does stress the Jewish roots of Israel's culture and history. References to the Bible and the prophets of Israel make sure that the Jewish state is not just a state of the Jews, but a state of a people defined by texts connecting it to Eretz Ysrael. This is a distinctively Jewish state; however, it does not define the exact role the Jewish religion would play in it. Similarly, it is signed with "faith in 'the Rock of Israel'" (sometimes loosely translated as "the Almighty," hiding the fact that the Hebrew term itself does not have religious meaning). Thus the text of the DOI includes critical compromises that intentionally left many questions unanswered. As an aspirational, highly general text, people of all kinds of religious, economic, and political attitudes could stand behind it.

2. The DOI recognizes the importance of what I call the "three circles of solidarity,"[2] which were seen as critical for the success of Israel: (1) the bond between all residents and citizens of the country—the basis of the legitimacy of its government—irrespective of religion or race or nation; (2) the bond with all Jews who perceive themselves as members of the Jewish people (whether or not they live in Israel) and for whom the establishment of a place in which Jews are a majority is a critical element of affiliation and identity; and (3) the bond with the Jews of Israel, whose energy and drive culminated in the establishment of the state, and thus bear special responsibility for the success of the state and the way it implements its vision. As the majority of Israeli citizens, Jewish Israelis have a special responsibility toward the minorities living with them.

The DOI affirms that pursuing these three circles of solidarity together is not only possible, but in fact desirable and part of the vision itself. The DOI promises to establish the political framework that would enable the state to translate these solidarities into suitable specific arrangements.

3. The DOI also promises a constitution. The provisional organs of government were supposed to be in place until a constituent assembly established a constitution. That constitution was expected to include a preamble, provisions relating to the rules of the game and the main organs of government and their powers, and a bill of rights. However, in 1950, the Constituent Assembly (which also acted as the first legislature, the Knesset) decided not to enact a full constitution at that stage and instead embraced a series of "basic laws" that were supposed to become a constitution once they were completed.

As Eric Yoffie states, there were just too many unresolved ideological and political disagreements. The Knesset preferred to grapple with these disagreements one step at a time.

Like Eric Yoffie, I think of the DOI as the canonical vision statement of the State of Israel. The DOI is responsible for much of the state's success in negotiating the complex vision of **Jewish self-determination in Israel** with that of **democracy as demanding equal and full citizenship for all citizens** and of **human rights for all**. I also agree with Eric Yoffie that the founders, as well as the UN General Assembly in 1947, and most Israelis and contemporary observers believed that these three components of Israel's vision can and should be negotiated carefully so that they are all given substantial weight in the state's decisions, declarations, and aspirations. Finally, I believe that the DOI succeeded in its task precisely because it did not become a legally binding law (or basic law). Instead, it permitted changes and movements (mostly for the better), without requiring them. The direction of these changes was left to the complex dynamics between free and equal elections, legislation, adjudication, education, and cultural and religious movements.

Finally, I agree with Eric Yoffie that the Nation-State Law should not have been enacted (I explained my position at great length in the recommendations I submitted in October 2014 to the then-minister of justice Tzipi Livni, who had asked me to examine the various bills then under investigation).[3] I also agree that some legislative response to the law may be desirable. However, I prefer not to seek to remedy the Nation-State Law by hastily passing additional legislation on a very complex and critical set of issues. (I am also not certain that such legislation would be politically feasible. If I am right, an unsuccessful attempt to amend the law may be even more divisive than other responses.) I disagree with Eric Yoffie on this point because I do not perceive the history of Israel as a first-seventy-years period of the good and benevolent reign of the DOI until the recent Nation-State Law totally undermined the DOI and its achievements. Consequently, my recommendations for the urgent task of maintaining and reviving the original complex vision of the DOI—Jewish self-determination, democracy, and human rights—do not necessarily include legislative reactions on the constitutional level.

The DOI, like all vision statements, is open-ended. It expects and demands that the democratic institutions and the robust civil society of Israel will together fill the gaps within the vision, and address tensions within and between components of this vision, in a way responsive to the needs and aspirations of Israeli society. It sets three anchors for the state (see above). These three anchors are supposed to be constraints on the types of arrangements that may be implemented. Today, Israel has indeed abolished many past arrangements that did not align with some of the three anchors. Against this background, the flaw of the Nation-State Law is that it seeks to single out and reaffirm only the components of Zionism and Jewish self-determination in present-day Israel.

In fact, however, the debate triggered by the Nation-State Law is a combination of two different debates. One debate is about the balance between Jewish self-determination and the principles of democracy, human rights, and civil equality. In this debate, the Nation-State Law's main flaw is its indifference to the express exclusion of Israel's non-Jewish citizens (the law also expresses an attitude of less than full respect to the concerns of non-orthodox

Jews and non-Israeli Jews). No legalistic argument can be a response to the sense of exclusion evoked by its text, and especially its "tone." The law weakens dramatically the solidarities embedded in and protected by the DOI. This is its message; even if advocates of the law are right that the law, in itself, is not going to lead to any practical implications because of the basic guarantee of civic equality in the Israeli legal system.

However, the worst thing is that the law's enactment legitimized another, much more damaging debate: in contemporary Israel and abroad, many non-Jews and some Jews argue that Israel should indeed stop being a Jewish state in any sense of the word. This debate is not about the nature of the dynamic balance between Jewish self-determination, democratic principles, and human rights that Israel must aspire to. It is a denial of the possibility that Israel is able or even seeks to find such a balance. With the merging of this second debate with the first debate described above, all those who object to the Nation-State Law are, despite their protests, declared anti-Zionists. Combining those who object the Nation-State Law because they want to undermine Israel's description as a Jewish state in whatever sense with those who object the Nation-State Law because it undermines the pluralistic values of the DOI weakens the ability of Jewish and non-Jewish Zionists in Israel and elsewhere to justify and celebrate the achievements of Israel as the nation-state of Jews.

Those who wish—as I do—that Israel remain committed to the complex vision of Jewish self-determination in Israel, democracy as demanding equal and full citizenship for all citizens, and human rights for all must stress the relevance and power of the DOI. The DOI should continue to be the text opening civics class in all Israeli public schools. Each of the three components should be discussed on its own and together with the others. The achievements of the State of Israel should be assessed looking at all three components, not at only one at a time. In this way, that DOI will continue to give Israel the aspirational support it has needed and still needs to be successful. The Nation-State Law is one law. It did not and cannot abolish all of Israel's constitutional history. There are setbacks in the history of many nations. Hopefully, these nations then find the forces to move ahead in a different direction. I believe Israel may well have these capacities. It is a free society, it is democratic, and it has a very powerful and energized civil society.

Allow me one last comment on the attempt of this book to start a dialogue that will turn into an active partnership between Israeli and non-Israeli Jews. Such a dialogue seems extremely important to me. I am concerned that the present state of the relationship between these two communities represents a serious threat to the solidarity between the State of Israel, the Jews in Israel, and the Jewish communities all over the world. These circles of solidarity are critical if Israel is to continue to function on some level as the one state in the world that is "the national home of the Jewish people."

Our dialogue is only just beginning. To make the Nation-State Law into the target of this dialogue would be a mistake. In my recommendations on the law, I requested an investigation of the positions of Jewish communities abroad about the whole vision of Israel. The Jewish people Policy Institute undertook this for me. The results of this investigation are fascinating and, indeed, showed that there is a broad agreement among Jewish communities worldwide that Israel should remain Jewish, democratic, and committed to human rights.[4] There was also agreement that the negotiation between these elements should be (to a large extent) left to the social and political forces of these communities. In a way, the exchange between Eric Yoffie and me illustrates the power of this solidarity. We are in very broad agreement, and the differences between our views (regarding the question of whether the DOI should now be enacted in its entirety as a response to the Nation-State Law) are not traceable to the fact that I am an Israeli Jew while he is an American Jew.

However, there may be interesting tensions between the duties of the State of Israel to its citizens and its relations to the entire Jewish people (including the Jewish Diaspora communities). Moreover, there might be tensions between the commitment of non-Israeli Jews to Israel and to their own countries of citizenship. Both these tensions are under-explored. These are important issues. They have implications that may be far-reaching. We should be able to discuss them openly and candidly so that we understand how to structure the relationships between the State of Israel and between Jews and Jewish communities of the world.

The DOI assumes that there will be many dialogues, discussions, and debates of these issues. This hope has not yet been fully met. It is never too late to start. This, too, is something the DOI expects of us.

Study Questions

1. Rabbi Yoffie outlines the tensions embedded in the DOI. The tensions arise between the DOI's promise that the State of Israel will fully preserve Jewish, democratic, and human rights. Can you think of three situations in which the rights might contradict each other?

2. Dr. Gavison writes about her concept of the "three circles of solidarity": (1) the bond between all residents and citizens of the country—the basis of the legitimacy of its government—irrespective of religion or race or nation; (2) the bond with all Jews who perceive themselves as members of the Jewish people (whether or not they live in Israel) and for whom the establishment of a place in which Jews are a majority is a critical element of affiliation and identity; and (3) the bond with the Jews of Israel, whose energy and drive culminated in the establishment of the state, and thus bear special responsibility for the success of the state and the way it implements its vision. As the majority of Israeli citizens, Jewish Israelis have a special responsibility toward the minorities living with them." How deep is your connection to the circles to which you belong? How do you express your solidarity within the circles to which you belong?

3. Look up the text of the American Declaration of Independence.[5] In what ways are the two declarations different from each other? In what ways are they similar to each other? While trying to answer these questions, think about the historical backgrounds of the documents, the values embedded within them, and their legal applications today.

Notes

1. For the full text of the Nation-State Law, see Raoul Wootliff, "Final Text of Jewish Nation-State Law, Approved by the Knesset Early on July 19," *Times of Israel*, July 19, 2018, https://www.timesofisrael.com/final-text-of-jewish-nation-state-bill-set-to-become-law/.

2. Ruth Gavison, "Israel's Nation-State Law and the Three Circles of Solidarity: A Round Table with Ruth Gavison," *Fathom*, September 2018, http://fathomjournal.org/israels-nation-state-law-and-three-circles-of-solidarity-a-round-table-with-ruth-gavison/.

3. See my book *A Constitutional Entrenchment of Israel's Vision?* (in Hebrew, with an English section including the recommendations); for the recommendations in English, see Ruth Gavison, "Constitutional Anchoring of Israel's Vision: Recommendations Submitted to the Minister of Justice," October 2014, https://ruthgavison.files.wordpress.com/2015/10/constitutional-anchoring-of-israel_s-vision-2014.pdf.

4. The book above includes a summary of the report. For the full report, see *Jewish people Policy Institute, Jewish and Democratic: Perspectives from World Jewry* (Jerusalem: Jewish people Policy Institute, 2014), http://jppi.org.il/uploads/jewish_and_democratic-eng.pdf.

5. For the full text of the American Declaration of Independence (July 4, 1776), see "Declaration of Independence: A Transcription," National Archives, https://www.archives.gov/founding-docs/declaration-transcript.

CHAPTER THREE

"Freedom, Justice, and Peace" Envisioned in Jewish Sources

Dr. Ruth Calderon (*Israel*)
Rabbi Dr. Shmuly Yanklowitz (*United States*)

THE STATE OF ISRAEL will be open for Jewish immigration and for the Ingathering of the Exiles; it will foster the development of the country for the benefit of all its inhabitants; **it will be based on freedom, justice, and peace as envisaged by the prophets of Israel**; it will ensure complete equality of social and political rights to all its inhabitants irrespective of religion, race, or sex; it will guarantee freedom of religion, conscience, language, education, and culture; it will safeguard the Holy Places of all religions; and it will be faithful to the principles of the Charter of the United Nations.

DR. RUTH CALDERON

Between Perspectives

I AM HONORED to add my voice to this important book, which con-
nects the voices of Israelis and North American Jews on the most
important issue for our future: the question of identity—the iden-
tity of the People and the identity of the State of Israel. I was asked
to contribute my share and explore the values of **justice, peace, and
equality**, their basis in the spiritual world of the Jewish sages, and
their necessity for the State of Israel as a Jewish state.

Before delving into the argument, I would like to express how
dearly I hold this partnership and that, to me, the State of Israel is
first and foremost a national home for all the Jews of the world. Only
when we learn to grant a sense of home to every Jew will its estab-
lishment be complete. Until then, it is important and beneficial for
us to make sure we are in honest and brave conversation about the
path the state is following—a conversation in which every Jew in the
world should have a voice. I am grateful for the opportunity to take
part in this conversation.

I fully agree that these values have to be guiding principles in Israeli
law and any future Israeli constitution; I have fought for that as part
of my efforts while serving as a member of the Knesset. I sought to
grant a special legal status to the Declaration of Independence (DOI)
as a constitutional preamble, precisely because the values of equal-
ity, peace, and liberty are contained within it. Still, there is a certain
complexity in my participation in this bilingual effort that seeks to
reshape the reality in which we, the Israelis, live our daily lives. Let
me try to explain.

After many years of friendship and dialogue with colleagues
engaged in Jewish education and with the North American Jew-
ish movements, it seems to me that one of the differences that has
made our dialogue sometimes difficult is the fact that the Judaism
of North American communities, particularly the pluralistic ones, is
founded primarily upon "Jewish values" (such as justice, peace, and

equality). The practical expression of these values takes the form of specific and limited activities—either religious ritual or *tikkun olam*—in the individual and congregational domains, whereas the Israeli Jewish communities (traditional, secular, and orthodox) that share those values live their everyday lives in an all-encompassing Jewish Israeli society and culture. In fact, their Jewishness is not limited to the synagogue or specific "religions moments"—it is an integral part of their lives at any place and at any moment. This omnipresence of a Jewish dimension in Israeli spaces (the centrality of Jewish places and Jewish time, Jewish politics and a Jewish economy, a Jewish army and a Jewish society) and the political responsibility or maintaining political sovereignty—this is what "Judaism" means for Jewish Israeli communities. It is impossible to judge this reality, or any other reality, by simply assessing it through the lens of any one particular value. It is a complicated, pluralistic reality; it includes the good and the bad, the desirable and the problematic; it is a process and an effort toward a better future.

The difference in perspective about the role these values play might easily cause a profound misunderstanding. The criticism by North American Jews about the lack of justice, peace, and equality in the State of Israel (a state that is also their dream) is understandable and valid, but it is fundamentally different from the criticism of Israeli Jews who are fighting to include those same values within Israeli law. This misunderstanding derives from the difference between a Jewishness that exists primarily in the private sphere, as a minority within a non-Jewish majority, toward which the Jewish community has no distinct Jewish responsibility, versus a Jewishness that takes place in the public sphere of a Jewish state—a state in which all spheres and public expressions are shaped by Judaism; a state responsible for all its Jewish and non-Jewish inhabitants.

Although I am fighting to include the values of justice and equality in Israeli law, I am challenged by the tone of some of my North American colleagues. Their justified rage about the position of the Chief Rabbinate and the state toward non-orthodox rabbis, their authority, conversions, and rights, often results in a simplistic judgment of the achievements of Israel as a Jewish and democratic state and a failure to appreciate its incredible achievements, especially when it comes to its rich Jewish culture.

For seventy years, the Jewish state has operated according to democratic norms. The very difference between managing an independent, distinct religious congregation and administering a pluralistic state is what makes it difficult to write a constitution. It is challenging if not impossible to create a single shared domain in which Israel's various communities, ranging from secular to *Haredi*, can feel at home, observe their holiday celebrations, and educate their children. Israel's Jewish communities interpret their Judaism differently, and from each of these interpretations arises a different vision for a Jewish state. Our decision to contain all of the various tribes of Israel within one Jewish state and to live in a truly diverse society and to live with Israeli Arabs in a democratic state necessarily brings us to a series of compromises and roadblocks that we have not yet learned to successfully overcome and manage.

One example of the roadblocks we do not yet know how to breach is the attitude of Israeli elected officials toward the DOI. The DOI was important for the establishment of the State of Israel as Jewish and democratic precisely because it includes a discussion of values not prevalent in everyday Israeli Jewish life. The writing of the DOI represented a rare moment of consensus, but it nonetheless created tension whenever there was an attempt to derive practical rulings from it.

The Values of the Declaration of Independence
During the years of my service in the Knesset, I tried to promote a bill recognizing the DOI as a constitutional preamble. To my surprise and consternation, despite repeated efforts, I could not attain a majority of Knesset members, even among the Zionist parties, who would have been willing to return to the DOI as a foundational framework for Jewish identity of Israel. Over the course of many conversations and encounters, I came to understand the concern of certain elected officials regarding the word "equality." They expressed

concerns about the future identity of the state should Israel's Arab residents ask to exercise their right for equal national expression. I do not share these concerns—as long as our state remains within the borders of the Israel's "green line"—but I also cannot fully deny them either.[1]

The DOI was authored and signed in great haste and under extraordinary duress from forces within and without. It was supposed to serve as the foundation for a constitution that was meant to be written and signed within a few months. But the writing of a constitution became impossible when the War of Independence broke out, and all the cards got reshuffled. In the years to follow, the project continued to fail due to the fragmented nature of the Israeli Knesset, which is the source of wonderful diversity, but also of great difficulty in forming strong and lasting coalitions for the sake of a common good.

Ever since that day in Iyar when David Ben-Gurion sprinted from the taxi to Independence Hall with the final draft of the DOI in his hands (since it had been revised up until the very last moment), the DOI has been awaiting its fullest expression—an Israeli constitution. Not only is there no consensus in Israel that would enable writing a constitution that could earn wide support, but in the last few years it seems that even the status of the Declaration of Independence itself has waned, such that what was possible on that day in 1948 is no longer possible today.

Why is there no Israeli consensus today about the DOI, the celebratory text that bridges between the ancient people of Israel and the establishment and sovereignty of its nation-state? What is the status of the values of "justice, peace, and equality" in Israel today?

Justice

On the one hand, the value of "justice" is accepted by all elected officials and the Israeli general public. The Israeli justice system, even after being challenged by the justice minister in the previous Knesset, is broadly accepted by its citizens. Judges in Israel are held in high esteem and trust, and there is no doubt that they administer justice properly. Yet, on the other hand, the concept of "justice" is understood quite differently by the liberal and social-democratic camps. The latter utilize "justice" in the context of "social justice" or "distributive justice." In the name of "social justice," the masses took to the streets and turned the center of Tel Aviv into tent encampments, and new political parties formed and gained significant power.

By contrast, the liberal camp does not view free-market capitalism as contradictory to justice. For them, the existence of a professional justice system is the realization of the value.

Peace

The aspiration for peace is widely shared. However, we are facing a division. There are those who seek to walk the path to peace with immediate urgency (an extension of the peace movements of the 1990s). For many Israelis, this means that it is incumbent on the political leaders to enter into negotiations that would result in a separate Palestinian state.

However, there are also those who believe that we have to walk the path to peace without any haste or external pressure. Therefore, Israeli leaders must show strength and resolve so as to "manage" the balance of powers in the Middle East and around the world—for the foreseeable future. They are not interested in immediately establishing a Palestinian state.

Equality

The substantive disagreement among Israeli citizens is even deeper when it comes to the interpretation of "equality."

The DOI states relative to peace that there should be

> complete equality of social and political rights to all its inhabitants irrespective of religion, race, or sex.

Relative to freedom of religion and the freedom from religion, the DOI states:

> The State of Israel . . . will guarantee freedom of religion, conscience, language, education, and culture; it will safeguard the Holy Places of all religions.

The explicit value of equality expressed in the DOI contradicts the agreement made between the first prime minister, David Ben-Gurion, and the Chazon Ish (Rabbi Avraham Yeshaya Karelitz, a leader of *Haredi* Judaism in Israel), according to which the Orthodox rabbinate would be the sole authority in matters of personal status and conversion by means of the establishment of an Israeli orthodox Chief Rabbinate. This contradiction was created by Ben-Gurion's own complex approach to Judaism. He was a nationalist and yet had a sense of deep respect for the religion. He made this agreement perhaps assuming that *Haredi* Judaism would soon become extinct, perhaps out of the political necessity of a partnership with the *Haredi* parties, or perhaps hoping that by empowering the *Haredim* with political authority they would eventually draw closer and become an active part of the State of Israel—the state that he perceived to be the "Third Temple."

However, seventy years later, we are still living in a country that does not have a constitution. And it has not established equality, either: neither between men and women, nor Jews and Arabs, nor between Orthodox Jews and secular, pluralistic Jews.

Justice, Peace, and Equality in Rabbinic Sources

The value of equality can easily be found in canonical sources. For instance, in a well-known mishnah in Tractate *Sanhedrin*, the judges give a word of warning to prosecuting witnesses in cases of capital offenses (*dinei n'fashot*). In their speech, the judges (or the authors of the Mishnah in their name) explain to the witness the value of a human life and emphasize the value of every person's life:

> It was for this reason that the human was first created as one person (Adam), to teach you that anyone who destroys a life is considered by Scripture to have destroyed an entire world; and anyone who saves a life is as if they saved an entire world. And also, to promote peace among the creations that no human being would say to their friend, "My ancestors are greater than yours." And also, so that heretics will not say, "There are many rulers up in heaven." And also, to express the grandeur of the

> Holy One (blessed be God): For a person strikes many coins from the same die, and all the coins are alike. But the Sovereign of sovereigns, the Holy One, blessed be God, strikes every person from the die of the first human, and yet no person is quite like their friend. Therefore, every person must say, "For my sake the world was created." (*Mishnah Sanhedrin* 4:5)

The extraordinary care taken by the sages in a court that might impose a death penalty testifies to the centrality of the value of human life, of every person, in their worldview. Out of the immense value of human life expressed in Rabbinic texts developed a Jewish tradition according to which every person is a whole world by itself and there is no difference between the value of one person and another.

The value of equality also appears in the following source that deals with the issue of the class system in society. Even between the highest religious class, the High Priest, and someone who lives outside the community, a gentile, their difference is not expressed in terms of their value but in their actions. "Peeling away" the external status and focusing on each individual, emphasizing the value of each single human being, is the basis for the equal value of every human being.

> Rabbi Meir would say: From where is it derived that even a gentile who engages in Torah study is considered like a High Priest? The verse states: "You shall therefore keep My statutes and My ordinances, which a person does, so that they shall live by them" (Leviticus 18:5). It is not stated: Priests, Levites, and Israelites, but rather the general term "person." From here you learn that even a gentile who engages in the study of Torah is like a High Priest! (BT *Avodah Zarah* 3a)

The current political situation contradicts these sources. The political power placed in the hands of the Chief Rabbinate contradicts Jewish values and creates a civil anomaly. For its own good, Israeli Judaism must be freed from the bonds of the Chief Rabbinate.

Freedom *of* Religion and Freedom *from* Religion

To me, the fundamental value of freedom as opposed to slavery is the foundation of Jewish religion. Abraham the Hebrew rejected his father's spiritual servitude to idols and distanced himself from his birthplace and family to be free to follow his faith. Our forefathers and foremothers in Egypt chose freedom, and for its sake they risked their lives, leaving the familiarity of Egypt for the terrors of the desert. This is how we became a people. We recall the Exodus from slavery to freedom at every ritual moment and meal we enjoy as Jews.

And yet we are hard-pressed to find any sources—whether in the Hebrew Bible or Rabbinic texts—about freedom of religion. Those same freedom fighters who escaped from idol worship and slavery took upon themselves the yoke of God's dominion and a life of commandments. All those who were freed from Egypt became servants to God, "for it is to Me that the people Israel are servants" (Leviticus 25:55). Servants are not free. It was John Locke and not the Rabbinic sages who introduced the notion that a coerced religious act is meaningless and that freedom is essential for faith.

I am a Jew and I am grateful for my opportunity to live in the subsequent chapters of the great Jewish story. But I do not always accept all of its values. For historical and personal reasons, I practice a free religiosity, and I feel like I am fulfilling my Judaism in my rejection of the ossified rabbinic authority that lacks candor, ostracizes my people, and harms the sacred partnership of *K'lal Yisrael*. For me, that is a personal form of an Exodus. I am a non-Rabbinic Jew. I live a lifestyle that brings about choices, responsibilities, and even "commandments" that I have taken upon myself, but it does not include an acceptance of the "yoke of the commandments," nor the authority of halachah.

Justice, peace, and equality. Can Israel be a democratic country if it fails to fulfill these three important values? For the time being, it seems like it can.

I understand Israel's Jewish and democratic nature as akin to a verb or a process. We are still building our homeland. We are learning to live in a pluralistic society in which Jews and non-Jews take part, religious and secular, liberal and conservative, social-democratic and capitalist alike. These values are the North Star toward which we navigate. Our map, the DOI, may be written in our own time, but our path is the extension of the chronicles of the people of Israel.

Rabbi Dr. Shmuly Yanklowitz

IN A 1950 LETTER written by David Ben-Gurion—at a time when the State of Israel was still in its infancy—the esteemed prime minster and founding father wrote:

> The Jews of the United States . . . owe no political allegiance to Israel. . . . We, the people of Israel, have no desire and no intention to interfere in any way with the internal affairs of Jewish communities abroad. The government and the people of Israel fully respect the right and integrity of the Jewish communities in other countries to develop their indigenous social, economic, and cultural institutions in accord with their own needs and aspirations.[2]

These are prescient words indeed. I have my primary ordination from the Yeshivat Chovevei Torah Rabbinical School. The central focus of my world is on Jewish spirituality, social justice, and ethics. I believe that we are at a vital junction in the relationship between Israel and her allies in America and the Diaspora. American Jews have been taught to make Israel so primary that, sadly, nationalism is slowly replacing religion. Heated arguments are no longer about God, halachah, denominations, innovation, or Jewish values as much as they are about Israeli politics. One's Israel politics is what *decides* if someone is in or out of certain social circles. What we are witnessing today is an unparalleled ideological divide between the Israeli government and the Jewish Diaspora. Indeed, this divide puts the relationship between Israel and the American Jewish communities at risk. It is vital to recognize that the Zionism at the core of Israel's identity does neither further nor foster justice anymore. As a result, we are losing enthusiastic progressive Zionists within Israel and in the Diaspora.

How do we move the centrality of social justice ethics back to the heart of the Zionist experiment? How do we engage those progressive Zionists who believe that they can no longer be engaged in the Zionist enterprise?

The answer is simple: by reestablishing a focus on the ethical values of justice, liberty, and dignity as the core of the Israeli-American relationship. By reestablishing this focus, we move beyond the nationalistic land-idolatry that distorts contemporary Zionism, and we return to the broad-based ethos of Herzl's vision of a protective nation for a susceptible people. The most telling line of Israel's Declaration of Independence states that Israel

> [fosters] the development of the country for the benefit of all its inhabitants; it will be based on freedom, justice, and peace as envisaged by the prophets of Israel; it will ensure complete equality of social and political rights to all its inhabitants irrespective of religion, race, or sex; it will guarantee freedom of religion, conscience, language, education, and culture.

This vision of Israel itself is the strongest asset to its mission of justice and equity in the world. We can be proud of our ability to grow trees, our successful technology sector, and the strength of the military, but our central goal has to be our commitment to Jewish values and ethics. Rather than repeat proudly the exhausted mantra that Israel is the most ethical of all nations, we should keep striving for moral growth. Lamentably, we are rapidly losing young American Jews to anti-Zionist movements on college campuses, largely to myopic partisans, but also to opportunists willing to exploit ideological division for political gain. If there is going to be a vibrant Jewish future, then Jewish discourse must be robust, honest, and collaborative.

Maimonides explains that the purpose of halachah is to perfect the body and the soul. In Platonic parlance, by "well-being of the body" Maimonides means the creation of the just state; by "well-being of the soul" he means the perfection of the mind. He continues to explain that the primary purpose of Jewish law is to create the just state "because the well-being of the soul can only be obtained after that of the body has been secured."[3] The Zionist vision allows Jews to actualize fully the Jewish values of *tzedakah* ("social justice"), *mishpat* ("legal justice"), *rachamim* ("empathy/mercy"), and *chesed* ("love/kindness"). As stewards of a secure homeland, we are responsible for these values, even if we are separated by oceans or by divergent aspirations that must somehow become complementary due to our intertwined fates.

For millennia, Israel was less material than it was conceptual and spiritual. We have learned and taught that God resides in all places and that the spiritually refined can find God in every setting. The Chasidic masterwork the *Tanya* teaches that there is a special virtue in worshiping God outside of Israel. This virtue does not exist in worship in the Land of Israel, because there is greater value to bringing the divine light into a dark place than to adding more light to an already illuminated place. Thus, it is not just the material wealth of the Jewish Diaspora that sustains the Jewish community in Israel, but also its spiritual light and richness. Rebbe Nachman of Bratzlav taught that whenever we bring our spiritual energy to flourishing, we are "in Israel."

Zionism is a part of the great challenge to create a just state guided by timeless Jewish values. It is painfully obvious that the actualization of the Zionist vision is not fulfilled merely through achieving and maintaining national sovereignty. Rather, it is by building a society based on ideals that transcend its geographical borders that makes Israel a global beacon of hope and inspiration. Tradition refers to Jerusalem as an *ir tzedek*, "city of righteousness," since the city should ideally serve as *l'or goyim*, a "light to the nations" (Isaiah 42:6 and 49:6). When we Jews—no matter where we reside—do not meet the standards of justice intrinsic to the religious Zionist paradigm, we feel collectively pained, and we will suffer the consequences. Israel is vitally important for the Jewish people and for the world as a symbol of the continuance as a holy light in the world and the possibility of achieving one's dreams. The nation has to become *l'or goyim* (a light to the nations), representing our eternal values.

It is incumbent upon Zionists of all stripes and persuasions, wherever we live, to partner in the critical work of cultivating the moral and spiritual development of the Land and State of Israel and to ensure that Israel radiates her inherent ethical promise back into the world. The responsibility for any committed Zionist is to intertwine *tikkun ham'dinah*, "the healing of the state," with *tikkun olam*, "the healing of the world."

We must never forget that Israel as a vision is built on the palace of Torah and that Torah must always carry more weight than mere nationalistic ideologies. Rabbi Joseph Soloveitchik defined these different kinds of loyalty as loyalties to Israel as a "camp" and loyalties to Israel as "the congregation":

> The camp is created as a result of the desire for self-defense and is nurtured by a sense of fear; the congregation is created as a result of the longing for the realization of an exalted ethical idea and is nurtured by the sentiment of love.[4]

It is only the shared commitment of the congregation to make Torah into ethics that can give contemporary Zionism its warranty. While Israel excels in many areas, it falls short in others, and it is losing respect. The alienating treatment of progressive Diaspora Jews, the treatment of Sephardic Jews in Israel, the treatment of Palestinians living in the territories and of Arab Israelis, the plans to deport thousands of African refugees, the treatment of Israelis living below the poverty line—all that shows that the Israeli government and Jews around the world are falling short of our moral responsibility. We have to overcome our pride and fragility and listen to those pointing out our flaws and failings.

To point out cracks in the veneer is essential in order to establish a robust, honest, and collaborative conversation. We should be proud of how much we have accomplished during the brief existence of the modern State of Israel, but the progressive philosophy at the core of the founders' vision is threatened to be forgotten. Israel has a long way to go to create model citizens who will inspire the world, and we must do what we can to make sure the Zionist dream endures. It is time for us, in full partnership, to restore this dream to its former glory as exemplified in *M'gilat HaAtzma-ut*, Israel's Declaration of Independence.

Before we can do so, there is much more important work we have to do to ensure that Israel is the best it can be. We face enormous

challenges in American Jewish life: rising antisemitism, low affil-
iation rates, costs of entry, and political challenges, among many
others. However, for many, those challenges are far less alienating
than state-mandated religious coercion, violent conflicts, and secto-
rial infighting. The role of Diaspora communities is to build vibrant
and pluralistic Jewish life *here* and *now*, because the souls here and
now matter. Israelis are seeking a vibrant and pluralistic Jewish life
that is authentically rooted while also being universalistic, inclusive,
feminist, social justice oriented, and innovative. Israel can seek to
inculcate the best of American Jewish life in a manner authentic to
its origins so as to reach toward eternity. In such a world, both time
bound and reaching beyond the present, we can engage respect-
fully with other's cultures, bring Jewish values into public spaces
in healthy ways, and rejoice in a Judaism adorned with ethical and
moral excellence.

Study Questions

1. Dr. Calderon describes her impression that American Jews try to hold the State of Israel accountable to religious values, which no state would be able to fully realize. Rabbi Yanklovitz asks his fellow American Jews not to replace religious values with political debates. Where on this spectrum do you see yourself? In what ways do you feel connected to Judaism as a religious practice, thought, and value system, and in what ways to Judaism as an ethnical definition of belonging and solidarity?

2. Would your position change if you moved to the respective other country? If yes, in what ways? If not, why not?

3. Which, if any, of the source texts cited in the two essays above reflect your thoughts and sentiments? What are alternative Jewish texts about the State or the Land of Israel, and the ethics of living in these, that are meaningful for your own reflections?

NOTES

1. This concern itself is one of the reasons why the State of Israel should not control territories that are not inhabited by a Jewish majority, but that is a topic for another discussion.
2. See Avraham Avi-Hai, *Ben Gurion, State Builder: Principles and Pragmatism, 1948–1963* (New York: Wiley, 1974), 235.
3. Maimonides, *Guide for the Perplexed* 3:27.
4. Joseph Soloveitchik, *Fate and Destiny: From the Holocaust to the State of Israel* (Hoboken, NJ: Ktav, 1992), 57–58.

CHAPTER FOUR

"The Ingathering of Exiles"
"Homeland," Diasporas," and the Challenges of Jewish Immigration

RABBI URI REGEV (*Israel*)
RABBI JOHN L. ROSOVE (*United States*)

THE STATE OF ISRAEL will be open for Jewish immigration and for the Ingathering of the Exiles; it will foster the development of the country for the benefit of all its inhabitants; it will be based on freedom, justice, and peace as envisaged by the prophets of Israel; it will ensure complete equality of social and political rights to all its inhabitants irrespective of religion, race, or sex; it will guarantee freedom of religion, conscience, language, education, and culture; it will safeguard the Holy Places of all religions; and it will be faithful to the principles of the Charter of the United Nations.

RABBI URI REGEV

IN 2002, CHIEF JUSTICE Aharon Barak stated, regarding recognition of non-Orthodox conversions in Israel:

> The state claims that conversion conducted in Israel is only valid if it receives the confirmation of the Chief Rabbinate. This confirmation is required because in Israel there is only 1 religious Jewish community, headed by the Chief Rabbinate of Israel. Therefore, for residents of the state who wish to register as Jews in the columns of religion and nationality, a conversion certificate that is not recognized by the Chief Rabbinate cannot serve as the basis for registration. . . . True, the term "Religious Community" appears in the legislation of Israel . . . but one cannot deduce that all Jews in Israel constitute one religious community which is headed in the religious sphere by the Chief Rabbinate of Israel. . . . The perception of Jews in Israel as a "Religious Community" of the King's Order in Council 1922/1947 is a Mandatory, colonial, attitude. It has no place in the State of Israel. . . . Israel is not the State of the "Jewish community." Israel is the state of the Jewish people. . . . Within Judaism there are different streams that operate in Israel and beyond. . . . Each and every Jew in Israel—as well as every non-Jewish person—is entitled to freedom of religion, conscience, and association.[1]

The deep bond between Israel and the Jewish Diaspora and the centrality of *aliyah* ("Jewish immigration to Israel") are two core elements in the definition of the State of Israel as both "Jewish and democratic." At the same time, it appears that it is only in moments of crisis that these terms become central to the public discourse in Israel and abroad. Even the few who engage regularly with these topics are often divided over questions of the concrete meaning of the terms "Jewish" and "democratic," and the ones who agree on the general meaning of these terms—and who share common values and goals—rarely translate these terms and their visions into strategic and effective efforts for their implementation.

I feel honored to have a part in the dialogue fostered in this book.

Its initiators envision this dialogue to turn from an exchange of writings within the covers of a book into a public conversation both in Israel and in the American Jewish community—and between these two communities. We have to confront the question of the role of religion within the State of Israel boldly and openly, especially the ways in which it impacts Diaspora communities and their bonds with Israel. This is critical because, in Israel, the government's policies in these matters are dictated by political considerations, often leading to results that both contradict the values and promises inherent in the Declaration of Independence and the will of the majority.[2] In the Diaspora, the Jewish leadership usually does its utmost to avoid public disagreement with the political leadership of the State of Israel. Even those who are directly impacted by its discriminatory policies regarding, for example, the status of their rabbis, congregations, and converts (i.e., the non-Orthodox Jewish movements) have never developed a comprehensive strategy to contend with the challenges inherent in Israel's being both Jewish and democratic. The issue has never made it to the top of their priority lists.

The significance of the mutual relationship between Israel and the Diaspora is often presented as a vital strategic asset for the State of Israel. Research on the American Jewish community and Israeli national security shows that "the American Jewish community was the one that assisted the nascent State of Israel to stand on its own two feet, and swept along the American public and its elected officials to establish their special and irreplaceable relations with Israel."[3] In conclusion, this relationship is vital for Israel's national security and for the security of the entire Jewish people.

I see Israel's significance as a laboratory for Judaism itself. It puts to test the viability of a modern nation-state that seeks to be both Jewish and democratic. I believe that especially the progressive Jews in the Diaspora should be interested in such a testing of one of the core elements of their identity—and in strengthening this aspect of Israel's existence. The Declaration of Independence (DOI) and its core principles are a wonderful framework for these tests: does Israel, as a Jewish and democratic state, preserve the centrality of *aliyah* as an expression of Israel being the state of the entire Jewish people; the values of justice, peace, and liberty as envisaged by the prophets of Israel; and the promise of complete equality of social and political rights irrespective of religion, race, or ethnicity?

This is not the value system embraced by most politicians leading the State of Israel today, who—for the political equivalent of "lentil stew" (Genesis 25:28–34)—rush to shamelessly cast away these core elements of the Jewish and Zionist enterprise. Consequently, Israel-Diaspora relations are fraying. As the Institute for Strategic Studies and similar recent studies concluded, there is a growing distance between Jewish Diaspora communities (particularly the American Jewish community) and Israel. There are many reasons for this development, and the responsibility is shared by Israel and the Diaspora Jewish communities.

A significant portion of those who present themselves as the spokespeople of Judaism (its rabbis and educators, and the leaders of its political parties) embrace a model antithetical to the values embedded in the DOI. In a 2015 Pew Research Center study in Israel, 71 percent of the religious Jewish public agreed with the statement that Israeli Arabs should be deported or transferred; and in 2014, the annual Israeli Democracy Index from the Israel Democracy Institute indicated that 58.8 percent of the religious Jewish population agreed that "in Israel, Jewish citizens should have more rights that non-Jewish citizens."[4]

It is no surprise that Miri Regev, the minister of culture and sports, publicly declared during the debate over the influx of African asylum seekers that "the Sudanese are a cancer in our body."[5]

The agreement that Prime Minister Benjamin Netanyahu reached with the United Nations to partially absorb the asylum seekers was opposed by Regev's colleagues, arguing that this would harm the Jewish character of the State of Israel! It is hard to avoid thinking of the painful historical parallels—the time in the last century when the Jewish people were the asylum seekers.[6]

The Kotel crisis is a symptom of a larger fissure. The Kotel agreement would have allowed for prayer services of the Women of the

Wall and other egalitarian, non-orthodox movements to take place at Robinson's Arch at the southern part of the Kotel. The abrogation of the Kotel agreement, after four years of negotiations between the prime minister's representatives, the Women of the Wall, and the Reform and Conservative Movements, was the result of the prime minister's capitulation to edicts from the religious parties. These parties refused to accept any form of recognition, symbolic as it may be, for the progressive religious movements representing the majority of Diaspora Jewish communities.

The prime minister repeatedly reiterated that every Jew in the world could feel "at home" in Israel. However, in practice, the prime minister did nothing to stem the deluge of bile directed by his coalition partners against the non-orthodox movements.[7] The majority whip, Member of Knesset David Amsalem, demanded that the Kotel agreement be canceled as he launched a vicious attack against Reform Judaism, stating that "if American Jews are offended, that's fine."[8]

Aside from the years-long struggle for egalitarian prayer options at the Kotel, the most egregious harm done by Israeli legislation to both Israeli citizens and Diaspora Jewry lies in the realm of marriage and the right to form a family. As opposed to the promise of freedom of religion and conscience in the DOI, and against the will of the majority of the Jews in Israel, who are in favor of the state equally recognizing all paths to marriage, Israel finds itself as the sole Western democracy that denies its own citizens freedom of marriage. As a result, more than six hundred thousand Israeli citizens cannot marry at all, and millions of others are forced to marry in an Orthodox ceremony against their will.[9] This has directly impacted the Jewish communities in the Diaspora. Most young people from Jewish Diaspora communities cannot legally marry in Israel. In many cases, they are children of intermarriages and not recognized as Jewish by the orthodox Chief Rabbinate, or they might want to marry non-Jewish partners. Israel does not offer any possibilities for civil, Reform, or Conservative marriages. This is an extension of the battle over the question of Jewish identity. As long as Israel leaves the monopoly over marriage in the hands of the Chief Rabbinate, it effectively excludes the majority of the next generation of Diaspora Jewry. Under these circumstances, it is impossible to talk about rehabilitating and strengthening Israel-Diaspora relations.

There is much cynicism in the prime minister's denial of Israel's responsibility for the fissure in its relationship with Diaspora Jewry. In a briefing for the Israeli press during the meeting of the UN General Assembly in New York in 2018, the prime minister expressed his concern about the growing rift with American Jews but emphasized that Israel was not at fault. Instead, he blamed the rift on American Jews growing distant from Judaism![10] Israel's minister of Diaspora affairs, Naftali Bennett, frequently faults Diaspora assimilation for harming the relationship between the Diaspora and Israel and for putting the future of the Jewish people at risk. He allocated tens of millions of dollars from the budget of the State of Israel to combat assimilation among Diaspora Jewry. In order to achieve his aim, he gave two-thirds of the funds to two ultra-orthodox institutions, Chabad and Aish HaTorah, for their work with Jewish students on American college campuses. Israeli politicians spit in the face of American Jewry. Nary has a response comes from the American Jewish leadership.[11]

Ironically, voices of discomfort and harsh criticism arose within Israel when the Minister of Diaspora Affairs flew to Pittsburgh to demonstrate solidarity with the victims of the massacre in the Conservative Tree of Life synagogue, which also hosts a Reconstructionist congregation. In Israel, journalists and public figures expressed criticism for how limited that solidarity actually was. It was voiced only when those Jews became the victims of a murderous terror attack. However, Bennett and his colleagues are responsible for Israel's continuing refusal to recognize the rights and status of non-orthodox synagogues and rabbis.[12] It was heartening to see this critique expressed by Israelis. But the silence of the American Jewish leadership was disappointing. While there were some who voiced criticism of Chief Rabbi David Lau because he did not refer to the murder scene as a "synagogue," there was no Diaspora criticism toward the systemic discriminatory policies of the Israeli authorities against non-orthodox Jews.

Recently Ronald Lauder,[13] president of the World Jewish Congress, and philanthropist Charles Bronfman,[14] prominent and longtime supporters of Israel, voiced some personal criticism and resistance. Minister Bennett's response to their criticism[15] blithely repeated his mantra blaming assimilation in the American Jewish community for the widening gap between Israel and the Diaspora communities. Once again, he repeated the political lie that the Israeli majority wishes to diminish the freedom of religion and pluralism in Israel. Nothing could be farther from the truth, as every Israeli public opinion poll has shown. Bennett's statement is a wholesale betrayal of the values of the Declaration of Independence, the principles of democracy and freedom of religion, and the partnership with Jewish Diaspora communities.[16]

There are existential threats to Israel's national security.[17] It is possible to accept that there are tensions that result from a legitimate and principled disagreement between Israel's political parties regarding Israel's need for security. But when it comes to matters of religion and state, the only reason for the growing distance between Israel's political parties is the overt politicization of the issue by the ruling parties and their willingness to sell out the values of freedom of religion and conscience, as well as the ties to the Jewish Diaspora community, in return for the support of the *Haredi* parties.[18]

With the exception of the Jewish Federations of North America's unprecedented initiative to promote freedom of marriage in Israel and the American Jewish Committee's complementary initiative, there has been very limited Diaspora pushback against Israel's discriminatory policies. These initiatives are important, but they are minor, and even the sponsoring organizations shy away from giving them priority over other concerns.[19]

The DOI called upon Diaspora Jewish communities to come to the aid of the fledgling Jewish community and to assist in building up the land. However, today there is also a growing recognition of

Israel's importance for the future of the entirety of the Jewish people. The rationale for the Israeli Supreme Court's ruling on the conversion issue represents a mature understanding of a partnership. It regards the entirety of the Jewish people as responsible not only for the Zionist enterprise, but also for all Jewish movements. Basing its rulings on the promise of freedom of religion in the DOI, the Supreme Court has always defined Judaism as broad and pluralistic.

In this context, it is instructive to examine the evolution of the attitude toward the Diaspora in the various drafts of the Nation-State Law. Originally submitted in 2011, the draft law proposed a clause that mentions the "link with Jewish people in the Diaspora" and suggested that the "state should act to strengthen the bond between Israel and the Jewish communities in the Diaspora," as well as that "the state will act to preserve the cultural and historical heritage of the Jewish people, and its cultivation in Israel and in the Diaspora." Yet the final draft of the law eliminated this element of reciprocity. The draft adopted into law ignores the need to strengthen the bond between the Israeli and Jewish Diaspora communities. It expresses a one-sided ownership over our shared Jewish heritage: "The state will operate in the Diaspora to preserve the bond between the state and the Jewish people." And, "the state will operate to preserve the cultural, historical, and religious heritage of the Jewish people among Diaspora Jewry."[20]

Whereas the Israeli public feels ambivalent about the question of whether Jewish Diaspora communities should have influence on matters of security and foreign policy facing Israel, there is clear support for the involvement of Jewish Diaspora leadership to promote freedom of religion and conscience and freedom of choice in marriage in Israel and to eliminate the Chief Rabbinate's monopoly.[21]

The key to change lies not merely in public protest, nor is it enough to strengthen dialogue by creating more organizations to promote it. The key is to form a determined and bold shared strategic plan between the Diaspora Jewish leadership and Israeli organizations and activists who share a vision of Israel as a Jewish and democratic state; and who regard Israel-Diaspora relations as a true partnership, and not as a one-sided conversation in which Israel demands the political and financial support of Diaspora Jewry but insults and excludes their children by labeling them as second-class Jews.

After the 2017 collapse of the Kotel compromise,[22] Daniel Gordis (a Conservative rabbi, Shalem College Senior Vice President, author, and columnist) published an article in which he made a few radical suggestions. Some of his recommendations, I do not support. However, he raises two questions that are key to changing our current reality:

> Are American Jews sufficiently united to pull this off? It's hard to know. Do they have the stomach to play hardball? I doubt it. But this is the Middle East, and that's how things work here.
>
> American Jews have to decide whether they want to complain, or they want to win—and in so doing remind Israel that it is the state of all the world's Jews. Those are two entirely different enterprises.[23]

We need to be in dialogue about the strategy to fight for and catalyze change. But with dialogue alone there will be no change. The most pressing matters were best expressed in a Vision Statement[24] I composed with Rabbi Marc Angel, among the most prominent rabbis in American Modern Orthodoxy. It has already garnered the support of many influential leaders in the Jewish movements and civic organizations in the United States and Israel, from the orthodox to the secular, and across the political spectrum. We need to translate the formula "Jewish and democratic" into actions, policies, and legislations. We need to base these on the promises made in the DOI and on the will of the overwhelming majority of Israelis and Jews in the Diaspora. Rabbis of all movements who have organized under the banner of Ruach Hiddush[25] are working to advance our efforts. My hope is that Jewish leadership among the movements, Federations, Israel-advocacy organizations, activists, intellectuals, artists, and others in Israel and the Diaspora will work together to transition from anger and protest to transformation.

Rabbi John L. Rosove

DUE TO THE different contexts in which our two communities find themselves, it should be no surprise that the positions of Israelis and American Reform Jews diverge on conversion and intermarriage. Israel's chief goals have been the survival and security of the Jewish people, the establishment of a Jewish and democratic state, the revival of Hebrew culture, and the building of a nation. American Jews have sought to find their place within the mainstream of American culture while preserving their Jewish identity and finding meaning in Judaism and tradition. Whereas Jews in Israel are the dominant population group, Jews in the United States represent less than 2 percent of the population.

We American Jews need Israelis to understand how being a Jew in America is different from in Israel and to sympathize with the challenges of living in the Diaspora. We American Jews need to understand the unique circumstances and challenges that Israeli Jews face in our Jewish homeland.

Finding a Jewish partner to love and marry is the best option to sustain Jewish identity and continuity in America and the best chance of living a Jewish life. Another option is the conversion of the non-Jewish partner. The most challenging option is for the non-Jewish partner to choose not to convert, but to agree to raise their children as Jews and to do all that is possible to ensure the Jewish identity of their children.

Studies show that children in Diaspora communities who celebrate Judaism at home, affiliate with a synagogue, attend Jewish summer camps, day schools, and supplementary schools, and take family trips to Israel are more likely to identify as Jews and continue the chain of tradition. Israelis do not have the same challenges in ensuring Jewish identity and continuity that Diaspora Jews have. Israelis are surrounded by Jewish history, practice, holiday celebrations, and Hebrew culture, and their Jewish identity is far more ensured even if they are not observant Jews.

Finding a Jewish mate can be challenging depending on where one lives. It is far easier to marry a Jew in the large Jewish population centers of New York, Los Angeles, San Francisco, Chicago, Boston, Miami, Philadelphia, and Baltimore-Washington. It is far more difficult in the smaller communities where there are fewer Jews.

Many Israeli and non-Reform polemicists point to the high intermarriage rate in the American Reform community as evidence that Reform Judaism has failed to sustain Jewish identity in America. There is a case to be made, however, that given the vitality of many Reform synagogues, their outreach to and welcoming of intermarried families, and the fact that 30 percent of American Jews identify themselves as Reform, there is a Jewish future in the American Reform Movement.

I do not believe that intermarriage without conversion is the end of the Jewish people. For some non-Jews, conversion is the right path. Conversion, however, is not for everyone.

Conversion of non-Jews historically has been an essential element of our survival as a people. However, many non-Jewish Israelis cannot imagine converting through the Orthodox Israeli rabbinate. American Jews, while perhaps preferring to marry Jews, are open to marrying anyone with whom they fall in love regardless of the other's religion, race, ethnicity, and national background. Though some non-Jewish partners choose to convert with orthodox rabbis, neither the American nor the Israeli orthodox rabbinates are natural options for most non-Jewish Americans and secular non-Jewish Israelis. In both America and Israel, the Reform Movement is the natural home for most non-Jews contemplating conversion. However, now that non-Jews are welcomed into many American Reform synagogues, there is less of an incentive for them to convert.

People convert to Judaism in the United States for a variety of reasons. Some recognize that a unified family in one faith tradition strengthens families and clarifies children's Jewish identity. Jews sometimes ask their partners to convert to placate Jewish parents and grandparents. Many converts are genuinely attracted to Judaism on its own merits. They love Jewish religious practice, holiday celebrations, life-cycle events, worship, Jewish art and music, and Hebrew. They resonate with the tradition of Jewish argumentation, are inspired by Jewish literature, edified when learning Jewish history, and find clarity of thinking when studying Jewish thought. They appreciate that Judaism is a this-worldly religious tradition. They feel sympathy with Reform Judaism's emphasis on the ethics of the biblical prophets and Rabbinic writings and how the American Reform Movement's social justice work is an expression of Judaism's concerns for justice, compassion, and peace. Many converts say that the Jewish religion, in its affirmation of the individual's direct relationship with God without an intermediary, also resonates with them. Many converts find Judaism in America so compelling that their Jewish partner and/or spouse becomes more engaged as a practicing Jew along with them.

One area, however, that does not come naturally to many converts raised in Christian communities is sympathy with the peoplehood of Israel. They may understand the teaching that every Jew is responsible to and accountable for every other Jew, but Jewish tribalism is a new idea and confusing. When I raise the issue of the peoplehood of Israel with many Jews-by-choice, I try and reassure them that it will take time and exposure to different Jewish cultures, folk traditions, and communities until they feel connected with all Jews. Many who travel to Israel begin to understand there how and why the peoplehood of Israel is central to modern Jewish identity.

In recent years, the Sandra Caplan Community Bet Din of Los Angeles, run by Reform, Conservative, and Reconstructionist rabbis, has noted fewer conversions than a decade ago. At the same time, the intermarriage rate in the United States has accelerated dramatically. Whereas 10 percent of liberal American Jews intermarried in 1970, today the rate is close to 70 percent in the liberal Jewish community (50–60 percent overall). This high rate does not necessarily mean that all intermarried Jews and their children live entirely non-Jewish lives. Though many American Reform congregations seek to embrace intermarried families, most intermarried families in the United States are not affiliated with synagogues, and so the

Jewish identity of such families and their children remains an open question.

Millennial American Jews (born between 1980 and 2000) are less traditional in their prioritization of Judaism and practice. Yet, they consider themselves Jewish, and they regard religion as a choice rather than a mandate. Religious difference between couples when contemplating marriage is not a deal-breaker for millennials.

The lower conversion and higher intermarriage rates in North America has stimulated much adaptation and change over the past few decades. In the late 1970s, Rabbi Alexander Schindler, president of the Union of American Hebrew Congregations (now Union for Reform Judaism), reached out to non-Jewish partners in intermarriages and "unchurched" Americans who did not identify with specific faith traditions and encouraged them to convert to Judaism. Many thousands did. Though historically Jews have not emphasized missionary activity, I believe Rabbi Schindler had the right idea when he called upon us to encourage conversion.

The 1983 resolution on patrilineal descent by the Central Conference of American Rabbis (CCAR) opened the door to thousands more individuals who heretofore had been excluded from Jewish life by virtue of having a Jewish father and a non-Jewish mother. Since the CCAR's decision, the Reform Movement has embraced more intentionally intermarried families, regardless of which parent is Jewish, and without the necessity of converting their patrilineal children (assuming that the child is raised as a Jew and performs mitzvot publicly). That decision was never accepted, however, in Reform communities outside the United States.

In recent decades, the immigration wave to Israel from the former Soviet Union of more than a million Jews and many non-Jewish family members (approximately four hundred thousand are not Jewish by any definition) confronts Israel with challenges not dissimilar to the challenges that have confronted the American Jewish community over the past fifty years—namely, the large presence of non-Jews in our community, intermarriage, and conversion.

Whereas separation of church and state enables the American

Reform Movement to operate without intrusion from and coercion by the orthodox rabbinate, the Israeli Reform Movement evolves in the shadow of the Chief Rabbinate's control over religious life, despite the guarantee of Israel's Declaration of Independence of freedom of religion and conscience.

Rabbi Uri Regev, a friend of many years, has written eloquently about the challenges Israel faces in the areas of conversion and marriage. He has been working to align Israel's laws relating to conversion and marriage to the DOI's "promise [to ensure] . . . complete equality of social and political rights irrespective of religion, race or ethnicity." Israelis should have a right to marry civically and to convert to non-orthodox kinds of Judaism.

Rabbi Regev and the Israeli Reform Movement are supported in their efforts by ARZA and the North American Reform Movement. The issues of marriage, conversion, and even the potential adoption of patrilineal descent in Israel offer American and Israeli Reform Jews a common meeting ground on matters of consequence in each community and in our relationship with each other. Such a commonality of purpose provokes us in Diaspora communities to ask questions as we continue to adapt and change: What are the prospects of the continuity of the Jewish people in America if many of our community members do not agree philosophically with the claim that Jewish continuity is a legitimate goal? Is it possible to sustain the Jewish people in the Diaspora without being committed to the continuity of the Jewish people? Can Judaism exist here without Jews?

Study Questions

1. Rabbi Regev points out that the State of Israel—or better: the orthodox Chief Rabbinate with the support of the Israeli government—discriminates against the non-orthodox Jewish movements. This discrimination has vast consequences when it comes to Jewish immigration to Israel or the possibilities to pray or marry in Israel. He calls for a strong involvement of Diaspora Jews in the state's politics in order to fight these discriminations. Remember Dr. Ruth Calderon's essay in chapter 3. What are possible limits to this involvement?

2. At the end of this essay, Rabbi Regev quotes, "In order to survive and win in Middle Eastern politics, Diaspora Jews have to toughen up!" What does this mean to you? To what an extent are you willing to toughen up? Where are your personal limits?

3. Rabbi John L. Rosove is worried about the continuity of the Jewish people in the United States. Many American Jews choose non-Jewish partners. What do you think about this development in the context of the Law of Return? Which kinds of Jews should have the right to immigrate to Israel? How would you explain your position to someone who does not share it?

APPENDIX

VISION STATEMENT
ISRAEL AS A JEWISH DEMOCRATIC STATE

Written by
Rabbi Marc Angel, Director, Institute for Jewish Ideas and Ideals
and Rabbi Uri Regev, Esq., President of Hiddush—Freedom of
Religion for Israel

PREAMBLE: *The following statement is issued by a diverse group of Jews in Israel and the Diaspora,* all of whom greatly admire and appreciate the tremendous achievements of the State of Israel. Israel is a remarkably dynamic democracy and creative society. Since its inception, it has sought not only to provide an independent state to a People that has been deprived of sovereignty for almost 2,000 years, but also to fulfill the values expressed in its Declaration of Independence—a state rooted in the precepts of liberty, justice, and peace as taught by our prophets, guaranteeing freedom and equal entitlements and responsibilities to all of its citizens.*

WE COME TOGETHER to express our commitment to work toward the fulfillment of the promise of religious freedom and equal treatment. While appreciating the efforts of Israel to provide religious freedom to all its residents, the goal of providing total religious freedom remains to be achieved. This is a critical challenge facing Israel both as a Jewish and as a democratic state. We, who are committed to Israel's growing strength and vitality, as well as its bonds with world Jewry, hold that this challenge can no longer be left to politics alone, and we will do our utmost, in partnership between Israelis and world Jewry, to address this challenge and help make it a reality.

AS A JEWISH STATE, Israel must foster the Jewish character of the state.

As a democratic state, Israel must grant equal rights to all of its citizens, regardless of their religious views or affiliations.

In order to achieve a Jewish and democratic state, faithful to both its Jewish heritage and to the principles of democracy, the following core principles of religious freedom and equal rights and responsibilities are essential:

1. The State of Israel must proudly insist on its Jewish identity and maintain a Jewish character for its public life, e.g., proper respect for Shabbat and holidays; Kashrut in its public institutions; teaching of Tanakh and other key texts of the Jewish religious and cultural tradition, acknowledging and celebrating the richness and diversity of Jewish tradition.

2. The State of Israel must guarantee religious freedom and provide equal access to state services and funding to its Jewish and non-Jewish citizens.

3. The State of Israel must grant its citizens the right to choose their own religious leadership so that they are not compelled to adhere to a state-sponsored religious establishment. The state should not grant governmental authority to "Chief Rabbis"—whether on the national or local levels. Rather, each Jewish community must be free to employ the rabbis of its choice. The state must not be an official sponsor of any one particular religious movement, but must respect freedom and equal opportunity and responsibility for all its citizens.

4. Those who wish to adjudicate their cases before religious courts may do so on a private basis, with no governmental participation or interference. The state must not grant governmental authority or funding to religious courts.

5. The State of Israel must provide a system for marriage and divorce that allows citizens to be married in Israel in a religious or civil ceremony as they choose. When a Jewish couple opts to be married under Haredi, Orthodox, Conservative or Reform auspices, or under civil authority, the couple will do so with the express legal stipulation that

it will go to the same authority if the marriage fails and will be divorced under the aegis of that same authority.

6. Those who wish to convert to Judaism must have the right to undergo this process with rabbis of their choice, by rabbis who are duly ordained and recognized by their respective major religious movements. These conversions must be accepted as valid proof of Jewishness by the State of Israel, even as we respect the prerogative of the different religious groups to apply their own criteria for conversion.

7. In guaranteeing freedom and equality of opportunity for all its citizens, Israel must also ensure that all its citizens fulfill their civic responsibilities and share fairly and appropriately in military/national service, as well as the labor force, without religious, ethnic or gender discrimination.

8. Freedom of worship for members of all faiths at their holy sites has been a long held right. In keeping with this core principle, regard for divergent practices and gender equality should be accommodated in the spirit of mutual respect and sensitivity.

---

* *Those of us who are not citizens of Israel understand that basic decisions regarding the character of the state must ultimately be made by its citizens, but as Jews committed to a diverse Jewish community, both outside and inside of Israel, we seek to lend our support to this important endeavor.*

Ed. note: See Marc Angel and Uri Regev, "Vision Statement: Israel as a Jewish Democratic State," http://rrfei.org/petitions/vision-israel-jewish-democratic-state/.

NOTES

1. In HCJ 5070/95 Naamat v. Minister of the Interior (2002) IsrSC 56(2) 721.

2. See the *Hiddush* Religion and State Indexes regarding both public opinion and the gap between Israeli government policies and the opinions of voters for the majority of the parties that make up that government coalition: "Religion State Index," *Hiddush*, October 3, 2018, http://hiddush.org/pubssub. aspx?aid=1602.

3. The Institute for National Security Studies, Tel Aviv University, December 2018, http://www.inss.org.il/he/publication/the-american-jewish-community-and-israels-national-security/.

4. The Pew Research Center, https://www.pewresearch.org/.

5. "Israeli MK: I Didn't Mean to Shame Holocaust by Calling African Migrants a 'Cancer'," *Haaretz*, May 27, 2012, https://www.haaretz.com/1.5163836.

6. Uri Regev, "What Does It Mean for Israel to Be a Jewish State?," *Hiddush*, April 17, 2018, http://hiddush.org/article-23227-0-What_does_it_mean_for_Israel_to_be_a_Jewish_state.aspx.

7. Whether they are Haredi, religious Zionists, or even leaders of his party, Likud, such as Minister of Tourism, Aliyah, and Integration Yariv Levin, who declared that within two to three generations, Reform Jews will vanish due to assimilation.

8. Uri Regev, "It's Time for American Jewry to Speak Up and Act," *Hiddush*, October 3, 2018, http://hiddush.org/article-23284-0-It%E2%80%99s_time_for_American_Jewry_to_speak_up_and_act.aspx.

9. "Freedom of Marriage World Map," *Hiddush*, October 3, 2018, http://marriage.hiddush.org.

10. "Netanyahu says non-Orthodox Jews used Western Wall deal to gain recognition," September 19, 2017, https://www.jta.org/2017/09/19/israel/netanyahu-calls-out-non-orthodox-jews-for-using-western-wall-deal-to-gain-recognition.

11. "Is Israel Trying To Turn American Jews Into Orthodox Right Wingers?" August 19, 2016, https://forward.com opinion/348004/is-new-israeli-initiative-trying-to-turn-american-jews-into-orthodox-right/

12. Uri Regev, "Israeli Media Speaks Out for Recognizing the Streams," *Hiddush*, November 7, 2018, http://hiddush.org/article-23287-0-Israeli_media_speaks_out_for_recognizing_the_streams.aspx.

13. Ronald S. Lauder, "Israel, This Is Not Who We Are," *New York Times*, August 13, 2018, https://www.nytimes.com/2018/08/13/opinion/israel-ronald-lauder-nation-state-law.html: "If present trends persist, young Jews might not acquiesce to an affiliation with a nation that discriminates against non-Orthodox Jews, non-Jewish minorities and the L.G.B.T. community. . . . They may not provide it with the strategic rear guard that Israel so needs. . . . Orthodoxy should be respected, but we cannot allow the politics of a

radical minority to alienate millions of Jews worldwide."

14. Charles Bronfman, "Rebalancing the Jewish World," *Times of Israel*, May 4, 2018, https://blogs.timesofisrael.com/rebalancing-the-jewish-world-comments-at-hebrew-union-college-commencement/.

15. Naftali Bennett, "Israel Is Proud of Who We Are," *New York Times*, August 15, 2018, https://www.nytimes.com/2018/08/15/opinion/israel-nationality-law-naftali-bennett.html.

16. Ephraim Yaar and Tamar Hermann, "Peace Index: December 2018," Peace Index, http://www.peaceindex.org/indexMonthEng.aspx?num=338: "A clear majority (65%) does not want a government with the haredim. On the right . . . (when the responses on the right do not include those of haredim), 60% do not want the haredim to be in the next government."

17. There are third parties over whom we have no control, and there is a real gap between the worldview of many in the Diaspora and those of most in Israel.

18. An important comprehensive study on the perspectives of Diaspora Jewish leadership clearly demonstrates this: Jewish people Policy Institute, *Jewish and Democratic: Perspectives from World Jewry* (Jerusalem: Jewish people Policy Institute, 2014), http://jppi.org.il/uploads/jewish_and_democratic-eng.pdf.

19. Sue Fishkoff, "Religious Equality in Israel Is a Strategic and Moral Necessity," *JWeekly*, April 1, 2016, https://www.jweekly.com/2016/04/01/the-column-religious-equality-in-israel-is-strategic-and-moral-necessity/.

20. "The Nation-State Law: The Religion-State Angle," *Hiddush*, July 19, 2018, http://hiddush.org/article-23258-0-The_Nationstate_Law_The_religion-state_angle.aspx.

21. "'2018 Israel Religion & State Index," May 9, 2018, http://hiddush.org/article-23276-0-2018_Israel_Religion__State_Index.aspx.

22. "Kotel Compromise," Wikipedia, last edited April 1, 2019, https://en.wikipedia.org/wiki/Kotel_compromise.

23. Daniel Gordis, "How to Make Israelis Care," *Jerusalem Post*, June 29, 2017, https://www.jpost.com/Opinion/How-to-make-Israelis-care-498301.

24. Marc Angel and Uri Regev, "Vision Statement: Israel as a Jewish Democratic State," http://rrfei.org/petitions/vision-israel-jewish-democratic-state/.

25. Ruach Hiddush, "As Rabbis of All Denominations, We Say It Is Time to Abolish Israel's Chief Rabbinate," Jewish Telegraphic Agency, December 6, 2018, https://www.jta.org/2018/12/06/news-opinion/rabbis-denominations-say-time-abolish-israels-chief-rabbinate.

26. For the full text of the Law of Return, see "Law of Return," Jewish Agency for Israel, http://www.jewishagency.org/first-steps/program/5131.

CHAPTER FIVE

"All of Its Inhabitants"

Living Under Israeli Jurisdiction

RABBI LEVI WEIMAN-KELMAN (*Israel*)
RABBI JILL JACOBS (*United States*)

THE STATE OF ISRAEL will be open for Jewish immigration and for the Ingathering of the Exiles; **it will foster the development of the country for the benefit of all its inhabitants**; it will be based on freedom, justice, and peace as envisaged by the prophets of Israel; it will ensure complete equality of social and political rights to all its inhabitants irrespective of religion, race, or sex; it will guarantee freedom of religion, conscience, language, education, and culture; it will safeguard the Holy Places of all religions; and it will be faithful to the principles of the Charter of the United Nations.

Rabbi Levi Weiman-Kelman

As ISRAEL APPROACHED its Jubilee, it was clear that Shomrei Mishpat (Rabbis for Human Rights—RHR), a Zionist organization, had to come up with an interesting and innovative way to celebrate Israel's fiftieth birthday. As a human rights organization, it needed to reflect our commitment to making Israel as just and moral as possible.

At that time, *Sh'demot*, the literary journal of the kibbutz movement, published a series of booklets edited by kibbutzniks who had rebelled against their secular upbringings and devoted themselves to studying Jewish sources. They were convinced that you couldn't understand the great works of the Second Aliyah without being familiar with the Jewish texts on which these socialist atheist Zionists had been raised. The innovative nature of this project was not only in its content but also in its format. *Sh'demot* published these secular literary classics in the style of a Talmudic tractate.

At RHR we decided to celebrate Israel's fiftieth Independence Day by adopting this model for Israel's Declaration of Independence. We studied *M'gilat HaAtzma-ut* and collected the biblical and Rabbinic sources that inspired it. RHR convened rabbis, lawyers, educators, writers, and philosophers to discuss the text. Two years later we published *Masechet Atzma-ut*, "The Independence Tractate." Commentary surrounds paragraphs of the original text, including the writings of David Ben-Gurion, Yeshayahu Lebovitz, and Anita Shapirah; jurists Haim Cohen and Shoshana Netanyahu; and literary and cultural figures Hannah Senesh, Eti Ankori, Leah Goldberg, Kobi Oz, Machmud Darwish, and Orit Kamir.

The thickest section of RHR's tractate centers on the paragraph that declares "THE STATE OF ISRAEL . . . will foster the development of the country for the benefit of all its inhabitants; it will be based on freedom, justice, and peace as envisaged by the prophets of Israel; it will ensure complete equality of social and political rights to all its inhabitants irrespective of religion, race, or sex." This is the closest that Israel had come to officially defining the Jewish nature of the Jewish state until the shameful Nation-State Law passed in 2018.

The phrase "for all its inhabitants" recurs throughout *M'gilat HaAtzma-ut*, indicating that the founders of the Jewish state felt a responsibility to reach out to the non-Jews within and outside its borders. The third paragraph says that Israel hopes to bring "the blessings of progress to all the country's inhabitants." Paragraph 13 states that Israel will foster the development of the country "for the benefit of all its inhabitants ... [and] will ensure complete equality of social and political rights to all its inhabitants, irrespective of religion, race, or sex." Paragraph 16 states, "We APPEAL ... to the Arab inhabitants of the State of Israel to preserve peace and participate in the upbuilding of the State on the basis of full and equal citizenship."

Here are two examples of what surrounds the text on a page of our *masechet*. We examined how the phrase "for all its inhabitants" echoes biblical language. The Book of Leviticus says that in the Jubilee year "you shall proclaim release throughout the land for all its inhabitants" (Leviticus 25:10). Furthermore, Ben-Gurion declared in a speech to the Keren HaYesod (United Israel Appeal) in 1947:

> In the Jewish State we will not only be responsible for Jews ...
> but for all who live in the country and for all residents equally.
> We must care ... for Jew and Arab equally, without distinction
> ... on the basis of complete and absolute equality.

Sadly, Israel has failed to fulfill this promise. Arab citizens see resources distributed unequally: Jewish citizens of Israel receiving more, while they receive less. There is less funding for Arab schools per child, less investment in infrastructure, and lower levels of social services and police protection in Arab towns and villages than in Jewish towns and villages.

The Torah commands, "One law for you, stranger (non-citizen) and citizen" (Leviticus 24:22; Numbers 15:16). If this is an instruction for how we are to treat the "stranger," equality between all citizens is a clear expectation and commandment. Inequality in the distribution of resources is a violation of *eifah v'eifah*—of "one standard." The Rabbis based the prohibition of discrimination on the verses "You must have completely honest weights and measures ...

if you are to endure long on the soil that the Eternal your God is giving you. For everyone who does those things, everyone who deals dishonestly, is abhorrent to the Eternal your God" (Deuteronomy 25:15–16). The Torah teaches that this is a sin and that our living in the land is conditional upon our treating each other fairly. Unfortunately, the policies of our government are in direct violation of this edict.

The situation is more distressing when we encounter the places where we can see what a fully integrated Israel could look like. The two most prominent examples are hospitals and universities, public spaces where we hear Arabic as much as Hebrew. During my own experiences at Israeli hospitals I was amazed at how little friction there was between Jews and Palestinians. At any given moment I had no idea if the doctor, nurse, orderly, maintenance worker, or fellow patient was a Hebrew or Arabic speaker (though there are reported cases of Jews refusing to be treated by a Palestinian doctor or to share a room with a Palestinian).

Yet in many ways we can see how Palestinian citizens are constantly slighted, ignored, and discriminated against. Palestinians are routinely denied housing in Jewish neighborhoods. The mayor of Beit Shean reportedly demanded that public officials swear an oath to maintain the Jewish character of the city to prevent the renting or selling of apartments to non-Jews.

The most extreme examples of violations of *eifah v'eifah* are to be found in the West Bank, where Israeli Jews live under Israeli law and vote in the Israeli elections. Yet these Jews live next to disenfranchised Palestinians, who have no say in the basic aspects of their lives. Israeli settlements expand, and Palestinians are denied building permits. Abundant water is provided for settlements, while Palestinian villagers are denied access to their ancestral wells. Israelis travel unencumbered among Jewish settlements, and Palestinians endure endless lines and humiliating treatment at checkpoints dividing the West Bank.

M'gilat HaAtzma-ut declares: "WE EXTEND our hand to all neighbouring states and their peoples in an offer of peace and good

neighbourliness, and appeal to them to establish bonds of coopera-
tion and mutual help with the sovereign Jewish people settled in its
own land."

There are security concerns. But if we are serious about living in
peace with our neighbors, the chances for a peaceful future are being
squandered. The often needless suffering of the Palestinian people
under Israeli occupation is shameful. The current policies, official
and unofficial, give the settlers so much power and privilege, while
the Palestinians get so little. The indifference of the general Israeli
public to Palestinian rights and the silence and inaction of so many
institutions in world Jewry are a desecration of God's holy name.

It is a challenge for Israel to treat its Arab minority fairly in this
volatile and hostile area. But Israel set for itself a high moral standard
in *M'gilat HaAtzma-ut*. At Rabbis for Human Rights, we believe that
Israel is called upon to demonstrate to the world the highest stan-
dards of morality and justice. This is what Jews have preached for
thousands of years. Now that there is a Jewish state, the essence of
Zionism requires a behavior of high standards of justice and fairness.

The Education Department of Shomrei Mishpat uses *Masechet
Atzma-ut* to teach human rights in the Israeli army, border patrol,
and police in a series of lessons and tours for pre-army leadership
training programs. It is crucial that during the gap-year program
(between high school and army induction), Israeli youth are exposed
to the Jewish roots of social justice and human rights.

I was on a tour of Hebron with Rabbi Nava Hefetz, who heads our
Education Department. At the Cave of the Patriarchs, the soldier
on guard duty recognized Nava. "I was in a *m'chinah* program," she
exclaimed. "You brought us to Hebron and taught us about human
rights. There is not a day that I don't think about what I learned from
your seminar!" My hope and my prayer is that this will be true of all
of the young people who study with us—that they remember that it
is their duty to protect Israel and uphold the principles of the Decla-
ration of Independence. Israeli society must uphold these principles
and enforce them so that we can ensure our continuation as a demo-
cratic and Jewish society.

RABBI JILL JACOBS

AFTER A RECENT TALK, a woman approached me, furious: "How dare you say that the West Bank is occupied? It's our land—it says so in the Torah. We're not occupying it—we liberated it." In the conversation that followed—a regular one in my line of work—I affirmed the Jewish history of the Land of Israel and tried to explain why international and Israeli law state that the Palestinians living on the West Bank are under military occupation.

This exchange highlights a language gap. Those who perceive an unbroken chain from the biblical Eretz Yisrael to the modern state see no reason for Israel to submit to international law or to acknowledge the existence of another indigenous people with roots in the land. Those who view Israel only through the prism of modern nationalist movements ignore the millennia of Jewish life in and longing for the Land of Israel.

As a rabbi and a Jew, I feel deeply connected to the Land of Israel, which constitutes a fundamental element of Jewish history, identity, and peoplehood. I want the State of Israel to live up to the highest moral standards of our people and of the international community—two aspirations that are often in conflict but need not be.

Israel's Declaration of Independence asserts that the state must fulfill the obligations of a modern democracy, and the prophetic vision of a land and a people devoted to serving God:

> [The State of Israel] will foster the development of the country for the benefit of all its inhabitants; it will be based on freedom, justice, and peace as envisaged by the prophets of Israel; it will ensure complete equality of social and political rights to all its inhabitants irrespective of religion, race, or sex.

Seven decades later, Israel finds itself far from both the prophetic and democratic visions that protect the civil and human rights of all under its jurisdiction. Palestinians who remained within Israel after 1948 received citizenship after two decades of military rule but continue to fight for de jure and de facto rights. Since the Six-Day War, Israel controls the lives of five million non-citizens in the West Bank,[1] Gaza,[2] and East Jerusalem[3] who cannot vote for the government that has power over their day-to-day lives and regularly violates their human rights through land theft, home demolitions, restrictions on freedom of movement, administrative detention, and other methods of control.[4]

Though legal under international law, occupation is a temporary measure following war—not a half-century project of expanding and entrenching control.[5] States carrying out an occupation must observe relevant international laws, including the prohibition against moving a civilian population into an occupied area. Israeli government-funded settlement projects violate this principle. It is clear morally, legally, and pragmatically that Israel should not maintain nor expand the military occupation of millions of people.

Our first step is to distinguish between Eretz Yisrael ("the Land of Israel") and M'dinat Yisrael ("the State of Israel"). Those who argue that Jews cannot occupy our own land mean Eretz Yisrael—the biblical Jewish homeland. Those who argue that Israel must follow international law mean M'dinat Yisrael—the modern State of Israel, which is a member of the United Nations and other international bodies. **Eretz Yisrael and M'dinat Yisrael are not the same.** We can affirm Eretz Yisrael as the homeland of the Jewish people without demanding that the borders of M'dinat Yisrael be coterminous with Eretz Yisrael. We can pray for a return to the entire Land of Israel without enacting such a return through force.

Rabbi Isaac Breuer (1883–1946)[6] was a leading German orthodox rabbi and the founder of Poalei Agudat Yisrael.[7] Breuer describes Eretz Yisrael as *Eretz HaTorah* (the land of the Torah), and *Am Yisrael* as *Am HaTorah* (the people of the Torah), two metahistorical phenomena dependent neither on the whims of history nor on one another.[8] At times, the fates of the two overlap, but the land of Israel does not need the Jewish people to fulfill its divine mission nor do the Jewish people need the land of Israel to fulfill their own.[9] Unlike

Eretz Yisrael, a modern state is a historical phenomenon. Political Zionism is not based on the Jewish connection to the Land of Israel; rather, Zionism called upon Jews to establish a state through political means. While I do not share Breuer's opposition to Zionism, his construction offers a helpful framework to disentangle the ancient land from the modern state. By establishing a state, he says, Jews move from the metahistorical to the historical sphere.

The presence of a modern State of Palestine that includes sacred Jewish sites will not erase their *k'dushah* ("holiness"). Nor does the *k'dushah* of other places depend on their location within the internationally accepted borders of the modern State of Israel. One can affirm the holiness of the entire Land of Israel without demanding that the political state have sovereignty over it.

A number of prominent rabbis who allowed for the return of part or all of the areas captured in 1967 for peace base their arguments on the principle of *pikuach nefesh,* the value of saving a human life. For example, in a lecture immediately following the war, Rabbi Joseph Soloveitchik, the most prominent twentieth-century American Modern Orthodox rabbi, declared:

> Even a young schoolchild studying the portion Torah portion of *Lech L'cha* knows about the promise of the land to our patriarch Abraham and about the halachah that the Land of Israel is considered our possession from the time of our ancestors. . . . However, there is another (overarching) general halachah, that preservation of a single life pushes aside the entire Torah and this is certainly true regarding the preservation of two and a half million Jews, may they multiply. This halachah must be the central pillar in all discussion and considerations regarding borders of the country. Historical sentiments, without accounting for reasons and considerations of defense, are not binding with regards to the question of the security of the State and its inhabitants. . . . it is prohibited for rabbis or anyone else to declare in the name of Torah that it is forbidden to return any part of land, when stable peace can save the lives of thousands and tens of thousands of our brethren who dwell in Zion.[10]

Similarly, Rav Ovadia Yosef, the Sephardic Chief Rabbi of Israel (1973–1983), left open the possibility of ceding territory in exchange for peace, "as nothing stands in the way of *pikuach nefesh* ('saving lives')."[11] Though Yosef considered land for peace impossible, his formulation left open the door for a religious justification of such an agreement by privileging the value of human life over the value of the land.

A Jewish religious argument for ending occupation must be based not only on an argument of last resorts, but on positive moral grounds. It begins with regarding Palestinians as human beings with a legitimate claim to the land and with the right to self-determination. As a people who also experienced expulsion, the denial of citizenship, and land confiscations, Jews have to be empathetic to the desire of other peoples to sovereignty in their own land. It is stated in Exodus 22:20, "You shall not wrong or oppress a *ger* ("refugee/ sojourner") for you were *gerim* in the land of Egypt."

Responding to a question defining a Palestinian as a *rodeif*—a pursuer whom one has permission to kill in self-defense—Rabbi Chaim David HaLevy, the Sephardic Chief Rabbi of Tel Aviv (1973–1998), said:

> First and foremost, I feel obligated to disagree completely with the "majority opinion" cited. I am entirely astounded by the foolish idea that we should see in this light a million and a half Arabs, the great and decisive majority of whom live their private lives quietly and calmly (even if at the same time they are hostile to Israel, whom they see as an occupier), just because there are some like this among them—and they are no doubt a tiny minority—who do hurt us and come to kill us. Because of this tiny minority would we decree death on a million and a half human beings?!?!?[12]

While HaLevy does not acknowledge the occupation, he rejects the dehumanization of Palestinians. However, the Israeli government and its supporters often justify violence, collective punishment, home demolitions, and land confiscation as a response to terrorism, blaming an entire population for acts of violence committed by a small minority.

Writing before the establishment of the state, Rabbi Moshe Avigdor Amiel, the Chief Rabbi of Tel Aviv (1936–1945) and a pacifist, commented:

> "Do not murder," without any conditions, and without any exceptions.... It is not appropriate for Israel to achieve its goal—the establishment of a national home in the Land of Israel—if the means of realizing this goal are invalid, for the final goal of Zionism is not only a majority of Jews in the Land of Israel, but rather the goal of "the end of days" and the perfection of the world through divine sovereignty.[13]

Today, a segment of the Israeli and global Jewish community prioritizes the control of the land over the lives of Israelis and Palestinians and over Jewish moral principles that insist on the right of every human being to dignity and protection from harm. Their approach defiles the *k'dushah* (holiness) of the land. The Talmud teaches:

> For the sin of bloodshed, the Temple is destroyed, and the Divine Presence leaves Israel, as it says: "You shall not pollute the land in which you live," and "You shall not defile the land which you inhabit, in the midst of which I dwell." If you defile the land, you will not inhabit it, and I will not dwell in it. (BT *Shabbat* 33a)

The *k'dushah* of the Land of Israel transcends government and history. Ending the occupation and allowing for a Palestinian state next to Israel will not diminish the *k'dushah* of the land, but will allow for Israel to fulfill the Jewish moral demand to protect the life and dignity of every human being as a creation in the divine image.

Study Questions

1. Rabbi Weiman-Kelman addresses the numerous kinds of discrimination that Arab citizens of experience. How familiar are you with this reality? What should American Jewish communities be doing to bring greater awareness to this issue?

2. Rabbi Jacobs analyzes the ethical dimension of living in a Jewish state based on Jewish law ("halachah"). The sources she quotes state that a human life has to be protected, including in military conflicts. Can you think of situations of military conflict in which these sources could not provide the necessary guidance?

3. Think about your own day-to-day life experiences—the groups of people you belong to, and the groups of people you do not belong to. In which situations do you treat members of "foreign" religious groups differently from the members of your own group? In which situations do you treat members of "foreign" ethnic groups differently from the members of your own group? To what extent would you be willing to change your own opinions and behavior?

NOTES

1. The West Bank is under military occupation, meaning that the Israeli army has responsibility for the entire territory. Within this territory, the Palestinian Authority has limited control in the regions known as Area A (18 percent of the territory) and Area B (21 percent of the territory). Israel maintains full civil and security control of Area C (61 percent of the territory), where the settlements are located. Israeli settlers living in the West Bank live under Israeli civil law, whereas Palestinians live under military law.

2. Israel withdrew its settlements from Gaza in 2006. However, Israel still controls both sides of the Gaza border (including immigration and emigration, imports and exports, air and water space), and the Israeli army conducts regular operations inside of Gaza.

3. While Israel officially annexed East Jerusalem soon after the Six-Day War, this annexation has not been recognized by the international community, and the actual experience of Palestinian residents of East Jerusalem does not reflect a unified city. Palestinian residents of East Jerusalem have the right to vote in municipal but not national elections. Though permitted to apply for citizenship, between 2014 and 2016 only 0.02 percent of applications were accepted. Those who leave East Jerusalem for any length of time can lose their residency status. Since the municipal authorities grant almost no building permits to Palestinians in East Jerusalem, virtually all construction by Palestinians there is considered illegal and may be demolished at any time. Though the Jerusalem municipality is officially responsible for East Jerusalem, only 59 percent of homes are connected to municipal water and sewers, and one-third of the Palestinian residents live behind the separation barrier that divides Jerusalem and cannot freely travel to parts of the city on the other side of the wall.

4. For more on the specifics of occupation, including the legal statuses of the West Bank, Gaza, East Jerusalem, and Areas A, B, and C of the West Bank, see Lev Meirowitz Nelson and Salem Pearce, *A Very Brief Introduction to the Occupation* (New York: T'ruah and Breaking the Silence, 2018), available for download or sale at https://www.truah.org/resources/a-very-brief-introduction-to-the-occupation/.

5. Israel denies that the West Bank is under occupation, generally by pointing out that it was not previously sovereign territory. However, the consensus of the international community rejects this explanation.

6. Breuer, who identified as anti-Zionist, has largely been ignored by religious Zionist discourse. However, he moved to Israel toward the end of his life. While we cannot know how his views might have changed after the establishment of the state two years after his death, most of his followers and family became associated with the religious Zionist camp. Given the use of his writing in a CCAR publication, we should also note his disdain for

Moses Mendelssohn and the Reform Movement, not an unusual position for an Orthodox rabbi of his generation.

7. Poalei Agudat Yisrael was a Jewish political party and trade union in interwar Poland, which then became a Haredi workers' party that sat in the Knesset from the founding of the State of Israel through the 1970s.

8. Isaac Breuer, *Moriah* 1944.

9. Thank you to Mikhael Manekin for the many conversations that enriched and challenged my thinking on the religious arguments against occupation.

10. Translated in *Tradition* 47:4.

11. Cf. Rabbi Chaim David HaLevy, "Ceding Territory in the Land of Israel in Order to Save Lives " (in Hebrew), available at http://rotter.net/User_files/forum/50e460063ad51a50.pdf and HaLevy, *Aseh L'cha Rav* 3:61. HaLevy disagrees with Yosef on the question of whether there is such a concept as *pikuach nefesh* of the collective but ultimately concludes that the first responsibility of the state is the security of the Jewish people.

12. HaLevy, *Aseh L'cha Rav* 4:2.

12. Quoted in Dror Greenblum, *From the Bravery of the Spirit to the Sanctification of Power* (in Hebrew) (1938; Raananah: Universitah HaPetuchah, 2016), 13–14.

CHAPTER SIX

"Equality of Social and Political Rights . . . Irrespective of . . . Race"

HADEEL AZZAM-JALAJEL and TZACHI MEZUMAN (*Israel*)
RABBI AYELET COHEN (*United States*)

THE STATE OF ISRAEL will be open for Jewish immigration and for the Ingathering of the Exiles; it will foster the development of the country for the benefit of all its inhabitants; it will be based on freedom, justice, and peace as envisaged by the prophets of Israel; **it will ensure complete equality of social and political rights to all its inhabitants irrespective of** religion, **race,** or sex; it will guarantee freedom of religion, conscience, language, education, and culture; it will safeguard the Holy Places of all religions; and it will be faithful to the principles of the Charter of the United Nations.

HADEEL AZZAM-JALAJEL and TZACHI MEZUMAN

THE DEBATE taking place within the Jewish community about the character of the State of Israel ordinarily focuses on the tension between two of its characteristics—"Jewish" and "democratic"—and the contributions of these characteristics to the vision and functions of the state: its laws, governmental policies, and social culture. Our perspective broadens the framework of the ordinary debate. We, a Palestinian Israeli and a Jewish Israeli, work jointly for an Israeli society that allows for coexistence (part of the work of the Racism Crisis Center we direct). In this essay, we will examine the vision of the Declaration of Independence and compare it to the reality that was created. But we also offer an amendment to that vision—in order to create a better reality.

The Declaration of Independence (DOI) envisions the State of Israel as caring for the well-being of all its inhabitants and guaranteeing freedom, justice, and "equality of social and political rights to all its inhabitants." Specifically, the declaration offers "to the Arab inhabitants of the State of Israel . . . full and equal citizenship."

More than seventy years later, we wish to examine the question of whether Israeli society truly offers equality to all its citizens and what role the DOI plays in the relations between the state's majority and minority populations. (One possible answer to the first part of the question was given in the Knesset in July 2018 with the legislation of the Nation-State Law—i.e., "Basic Law: Israel as the Nation-State of the Jewish people"—which deals with the rights of the Jewish majority in the State of Israel.) Subsequently, we will describe the state's values as reflected by the Nation-State Law, we will advocate for a return to the Declaration of Independence and its promise of justice and equality, and we will offer an amendment to the DOI that would create true equality for all Israeli citizens.

The Nation-State Law

The Nation-State Law was first proposed in 2011 by the center party Kadima and was endorsed by many Knesset parties. The law proposed anchoring the Jewish foundations of the state in a basic law. Over seven years, the law went through much iteration. This process was accompanied by a lively public debate concerning the law's potential dangers and the harm it might do to the state's minorities, particularly Israel's Arab community. In July 2018, the law's final draft was presented, supported by the government's right-leaning and archconservative coalition, which had made some changes to its language in response to the heavy criticism of the public, but had maintained most of its problematic principles. The fractious dispute over the law spilled beyond the walls of the Knesset. When the law passed on its final vote, the public outcry turned into an entire resistance movement that organized large demonstrations, petitions to the Supreme Court to disqualify the law, and an active coalition of civil organizations fighting to change the law.[1] The Israel Religious Action Center (IRAC) had been an important Jewish critical voice contributing significantly to the changes made to the law's language. Once the law passed, IRAC helped lead protests against it. As we write these lines, an election campaign is underway in Israel for the twenty-first Knesset, to be elected on April 9, 2019, nine months after the law passed. The law still draws public debate and political controversy.

What is this public outcry about? In essence, the law defines Israel as the nation-state of the Jewish people; it establishes its name ("Israel") and its symbols (emblems, flag, and anthem), all emphasizing the Jewish character of the state. The law also establishes Hebrew as the official state language and diminishes the status of Arabic, previously an official language.[2] The language clause contains the only reference in the law to Arab Palestinian citizens of Israel, who constitute more than 20 percent of the population. In an unsuccessful attempt to counterbalance the initial formulation, the law also declares that the status of Arabic will not be harmed and that its standing will be formalized in a later law (which remains to be written). As a result of this clause, government agencies now can avoid using Arabic to convey official information, a retreat from the slow progress that was made by public authorities and private companies.[3] The law's most far-reaching clause is Article 7, joining Article 5 in establishing the right for Jews to make *aliyah* ("Jewish immigration to Israel") and the expansion of Jewish settlements as the state's national priority.

The fact that the law does not note Israel's democratic traditions and commitment to treat all its citizens equally indicates its practical implications. Before the law's passage and thanks to the courts, it had been impossible to defend discriminatory urban planning policies. Now, the law simultaneously legalizes Jewish settlements in the territories and the avoidance of allocating land for Arab homes.

The Battle against Discrimination in Israel

Actually, Article 7 did not introduce anything novel. Rather, it granted official status to discriminatory urban planning policies that have prevailed since the state's establishment. Whereas more than seven hundred Jewish towns and cities have been established since 1948, there has not been a single new Arab town or city added to the list. One exception is the Bedouin town Rahat in the Negev, the purpose of which was to gather a large portion of the Bedouin population and remove many old villages that were unrecognized by the state and received no essential services (e.g., no water, power, or educational system). Although the Arab population has grown fifteen-fold since 1949, the state has not designated a single acre of land for a Palestinian Israeli city, nor has it approved the expansion of existing cities. Worse than that, instead of founding additional living opportunities for its Arab citizens, in recent years, the state has conducted broad destructions in the Arab communities from the North to the Negev.[4] Even mixed communities (Jewish-Arab communities) do not provide equal services to all their residents. For example, in the city Nazareth Illit, 30 percent of the citizens are Arab, but the municipality refuses to open an Arab school.[5]

The discrimination is not limited to urban planning. Although Israeli law forbids racial discrimination and punishes hate crimes and racial incitement, in practice discrimination in commerce, public services, and labor is a commonplace occurrence for members of Israel's minorities.

The Racism Crisis Center[6] we direct focuses on helping the victims of these offenses. The center was established in August 2017. It has assisted hundreds who have suffered from discrimination and hate crimes (i.e., incitement and physical assaults) and has sought to fight those who harmed them. The discrimination is diverse and includes profiling, hostile treatment at places of commerce and public transportation stations, the withholding of government or municipal services, denying Arabs entry to public pools and commercial services, discriminatory hiring policies (e.g., positions that are designated for "IDF veterans" only), and the firing of minority employees (e.g., Arab, Mizrachi, and Ethiopian Jews and asylum seekers).

However, there is great potential for change. An analysis of the reported hate crimes reveals that while some victims suffer from the lack of state prosecution, other cases are resolvable through civil litigation (i.e., suing for damages and compensation). Once the law gives tools for action, it is possible to work to eradicate racism through a combination of civil and legal efforts. That is the purpose of the Racism Crisis Center: to offer mental health services and legal aid to all Israeli victims of racism. Public awareness and legal representation enable many victims to stand up for their rights; however, the path through the courts is long, and it is difficult to achieve justice. Not surprisingly, most who reach out to the center are Arabs, but Ethiopian, Mizrachi, and Russian Jews and asylum seekers are reaching out as well.

The inequality embedded within the Nation-State Law is fundamental and impacts many areas of life in the State of Israel. Fundamental change is needed to address discrimination against Arabs in all areas of Israeli life. It is in the wording of the DOI (or in a possible change to its current wording) that we will find this path. We have to make space for the Palestinian national vision—whether a majority of the Palestinian people will reside in an independent state in the West Bank and Gaza; or, as it seems reality will soon dictate, in a single state with Jewish Israelis.

The Nation-State Law and the Declaration of Independence

Opposition to the Nation-State Law came not only from players on the left and center of the political spectrum, but even from ministers of the right-leaning and archconservative government who were surprised by the forceful response from members of Israel's minorities, including those whose goodwill they seek and whom they did not intend to harm. Many of these have been "loyal partners" whose sons serve in the IDF.[7] From the center of the political map came proposals to balance the law and ensure greater equality. Leaders of the Zionist left pointed to the DOI's promises of "equality of social and political rights to all its inhabitants."

The wording of the DOI deserves to echo throughout our lives. However, unfortunately, a sober reading of the DOI reveals that the Nation-State Law is well-anchored in it and that there are significant elements missing from the DOI—elements that would offer a vision of equality for all its citizens. Article 7 of the Nation-State Law, encouraging *aliyah* and settlement in Israel for Jews only, relies heavily on the DOI, which opens its paragraph on freedom and equality with the exclusive right of the Jewish people to make *aliyah* and settle the land.

A close reading of the DOI reveals that already in 1948, the intention was to establish a country that grants Jews from around the world the right to enter and settle, while the expectation for the Arab minority was to remain negligible. After the Palestinian *Nakba*[8] during the Jewish War of Independence, the Arab population shrank from what was the majority of inhabitants of the land between the Mediterranean and the Jordan River to a fifth of the population of the State of Israel within the Green Line (i.e., the 1949 armistice line). The Law of Return, based on the DOI, only formalized the superior status of the Jews.

Disavowal of the Nation-State Law should lead to an understanding of the DOI as insufficient to serve as a foundational document for a democratic country. The State of Israel will be democratic and grant equality among all its citizens only if it recognizes its Arab Palestinian minority. Such recognition would include a commitment to the preservation of that minority and its right to settle the land. It should recognize the bond of the refugees to their homeland and consider the rights derived from that bond.

Jewish and Palestinian

We propose to learn from the recognition and promises the DOI makes to Jews and to expand this recognition and these promises in the form of an amendment.

The first half of the DOI is devoted to the justification of the rights of the People of Israel to the Land of Israel. It opens with the historical Jewish connection to the Land[9] and continues with the story of the exiled people of Israel maintaining that connection and the hope to return for millennia. It emphasizes the international acknowledgment of the Jewish right to a homeland as stated in the Balfour Declaration, the League of Nations, and the UN decision. The Jewish Holocaust added further justification for a state of their own. Also highlighted are the contributions of the Jewish people to the international war efforts in World War II and the yearning of Holocaust survivors to reach Mandatory Israel in spite of all practical and legal difficulties.

In our vision, a foundational document for the democratic State of Israel that grants equality to all and recognizes the two nationalities that live within it would contain the Jewish narrative of its connection to the Land of Israel (as the DIO does currently), but would not stop there. It requires a similar recognition of the four elements of the Palestinian narrative in regard to the Land: their historical connection, their exile, their national catastrophe (the *Nakba*), and international recognition. We must tell the story of a people for whom a central element of their identity is the connection to their homeland—a people who suffered a terrible trauma during the Jewish War of Independence and who were diminished from being the majority in Palestine/Mandatory Israel to being only one-fifth of the residents of the State of Israel in 1949. With its vast majority displaced, the Palestinians found themselves either as refugees in the countries surrounding Israel or as displaced persons within the state. The centrality of the *Nakba* in the Palestinian consciousness caused the State of Israel to attempt the erasure of the term and the memory of the historical event. However, the recognition of the refugee identity of the Palestinians whose families were displaced in 1948 is essential for a viable future.

International recognition of the Palestinian people has gone through many changes. The November 1947 Partition Plan granted Palestinian Arabs a state in a territory that mostly remained in the hands of Jordan and Egypt. Since the 1967 Six-Day War, the national struggle has focused on the right to self-determination in those territories, and many international bodies now recognize a Palestinian state, although in practice the Palestinians live under different forms of Israeli control. It is important for Israel to recognize the Palestinian national vision, whether a majority of the Palestinian people will reside in an independent state in the West Bank and Gaza or in a single state.

We did not explore the question of the right of return here (the Law of Return could serve as an inspiration for that question). However, even if the full realization of Palestinian peoplehood will be determined in a neighboring democracy to Israel, it is vital to recognize the Palestinian residents of the State of Israel as equal citizens whose right it is to settle the land. The State of Israel has to recognize their historical connection to the land, and it has to encourage Palestinians to develop it.

Let us turn Israel into the land of all its lovers—let us turn it into a Jewish, Palestinian, and truly democratic state.

Rabbi Ayelet Cohen

Jews have thrived in countries in which they had equal political and social rights. In too many cases, Jews experienced the catastrophic consequences of living in societies that discriminated on the basis of religion and race. In modern times, many Jews, having achieved greater comfort and safety, have drawn from their lived and historical experiences and the twin biblical imperatives of justice and protection for the vulnerable and have become active participants in the liberation of others. The Jewish imperative for justice is a core element of the Jewish identity of progressive Jews throughout the world.

For many progressive Jews, the Israeli Declaration of Independence (DOI) serves as a sacred text. "The State of Israel will be open for Jewish immigration and for the Ingathering of the Exiles; . . . it will be based on freedom, justice, and peace as envisaged by the prophets of Israel; it will ensure complete equality of social and political rights to all its inhabitants irrespective of religion, race, or sex." In pledging equality and justice for all of its inhabitants as its founding promise and moral aspiration, it also expresses enduring connection and hope for Diaspora Jews. *This* is the Israel in which we believe. The founders wanted the state to "ensure complete equality of social and political rights to all its inhabitants irrespective of religion, race, or sex" and to "guarantee freedom of religion, conscience, language," although they did not fully foresee the implications and complexity of being both a Jewish state and one providing equality for all. Israelis are still struggling to enact the promise.

The DOI captures the dialectic tension between Jewish particularism and universalism. This dialectic itself is profoundly Jewish in that the Jewish moral call has from its outset addressed both the specific concerns of the Jewish people and the universal needs of humankind. It remains astounding that in the moment of most dire Jewish particularism, in the aftermath of the Shoah, the founders of Israel remained committed to the Jewish commitment to universalism. Reconciling this dialectic remains the greatest moral challenge for Israel today.

Imagine the founders gathering in May 1948 to hammer out the language of the DOI. Politically and ideologically disparate, they were traumatized by the Shoah, the implications of which were still unfolding. To them, the moment had arrived to realize the aspirations of half a century of modern Zionism and millennia of the Jewish yearning to return to Zion. Some were tragically naïve or simply dismissive of Palestinian Arabs' deep connection to the same land. They were in the midst of an escalating military conflict soon to become the first of many wars. Yet they sought to create a state embodying universal democratic aspirations for all its citizens while providing a refuge for Jews seeking safety from antisemitism and genocide. The DOI's vision was the expression of the founders' Jewish values and longings as well as of modern nationalist aspirations. Still they envisioned a country expressing the strivings not only of Jews, but of all people experiencing oppression and victimized by war and violence—a nation based on freedom, justice, and peace.

The founders seemed to truly believe that Israel could be open for "Jewish immigration and the Ingathering of the Exiles" and at the same time ensure equality and freedom "to all its inhabitants." It was a bold promise. They believed the new nation-state could embody the vision of the prophets of Israel, which were at the same time particularistic and universal.

Certainly, the DOI was written for Jewish soon-to-be Israelis awaiting statehood in the form of liberation from the British—and, to a lesser extent, for Diaspora Jews waiting with bated breath around the world. However, it is important to understand that the DOI was intended for an international audience as well, including the United Nations and the Arab League. At Israel's fiftieth anniversary, Elyakim Rubinstein, who would become an Israeli Supreme Court justice, wrote:

> The founders of the state and the designers of the document (probably) did not exactly know if or how the Declaration of Independence would become part of the state's legal foundation, and it is also doubtful whether they even considered the matter. However, they were very concerned over the young state's

international obligations, based in the United Nations . . . and they were careful to include the generally accepted formula, "our natural and historical right," as a major justification for a Jewish state.[10]

Perhaps for that reason the justification for statehood is so carefully underlined and rooted specifically in Jewish history, religion, and trauma.

Israel is described as "a Jewish State" in the DOI, assuring Jewish immigration. The promises are primarily universal; the justifications entirely Jewish. The language of the DOI betrays no sense of conflict among the founders that the "Jewish State" would guarantee equality and justice for all of its inhabitants regardless of race and religion. Reading the document today, we see the potential ideological conflicts that have played out over the last seventy years, and especially in more than five decades of military occupation of the West Bank. We are painfully aware that that the moment of the DOI was also a moment of tragedy and displacement for Palestinians. In the years since the DOI, Palestinian citizens of Israel have experienced countless broken promises of equality. It is the obligation of our generation of Israelis to make good on the founders' commitments.

In their desperate context, the founders may not have considered or conceived of the implications for potential abuse of Jewish political power. They understood that the chance for winning statehood on the international stage was fleeting and rested on the horror of the Holocaust's human depravity and Jewish vulnerability, an awareness that would fade. That they emphasized Jewish immigration without more fully explicating the nature of a Jewish state also shows the founders' failure to foresee that the War of Independence and the war of 1967 would create hundreds of thousands of Palestinian refugees.

Since their founding, Israeli courts have debated the legal force of the DOI and whether it has constitutional standing. Over the decades, Israel's robust civil society has developed to ensure the fulfillment of these democratic commitments. Civil rights and human rights organizations have utilized the courts and legislation to actualize social and political equality for all of Israel's inhabitants and to protect the free exercise of religion and culture.

The tension of ensuring "complete equality" irrespective of race and to "guarantee freedom of religion, conscience, language" is borne out between Jews of different races as well as between Jews and Arabs. The erasure of Mizrachi and Arabic culture to serve the creation of an Ashkenazic intellectual and cultural elite resulted in a stratification of culture and class that was anathema to the visions of the founders. Perhaps the founders were influenced by the romanticism of the *Yishuv*. They found themselves adopting (or appropriating) aspects of Arabic culture to create the image of the "new Jew," at home working and building the land, along with a Levantine physicality that stood in sharp contrast to the stereotype of the pale, bespectacled inhabitants of Viennese drawing rooms, German universities, and Lithuanian yeshivot, struggling under the weight of their books. Perhaps they could not imagine the derision and harassment with which they themselves would greet the thousands of Arab Jews who fled to Israel in the coming decades, seeking refuge, and discovering that their culture and language were less than welcome.

Over 20 percent of Israel's citizens are Palestinian Arabs whose voices are not reflected in the authorship of the DOI. Palestinian citizens of Israel are underrepresented in most professional fields and media and they face discrimination and barriers to equal opportunity in many aspects of daily life. Arab cities and villages are disproportionately disadvantaged when it comes to infrastructure, government services, and education. Some of these disparities are only now beginning to be addressed through new budget measures requiring equal funding for Arab municipalities. Palestinian citizens face discrimination in housing, such as the case of the chief rabbi of Tz'fat urging Jews not to rent apartments to Arabs,[11] and they have had to fight for equal access to education. Bedouin citizens of Israel continually see their way of life threatened by Jewish development. Arabs and Jews remain segregated in most parts of the country. Jewish citizens in cities with larger Arab populations, like Be'er Sheva, have complained about announcements in Arabic on public buses. Israeli human rights and civil rights organizations (e.g., the Association for Civil Rights in Israel [ACRI] and the Israel Religious Action Center]IRAC]) work in a coalition of Arab and Jewish citizens to fight discrimination and secure access to equal rights and public accommodation in housing, education, and employment.

Known as a relative conservative on the court, Justice Rubinstein contended in 1997 that there was an Israeli consensus regarding the values espoused in the DOI, which, he argued, "can serve, and perhaps with greater force, as a national unifier, because it is based on moral values with which the vast majority of the country's citizens identify. These include equality, freedom of religion and conscience, and the rest of the basic human rights."[12] Twenty years later, sadly, the basis is crumbling for this consensus. Pro-democratic individuals and organizations are accused of treason when they challenge Israel's failure to fulfill the DOI's promises and seek correctives through litigation and legislation. Jewish ultranationalist parties like HaBayit HaYehudi lack a commitment to democratic norms and unabashedly privilege rights of Jews over equal rights for all Israeli citizens. Those parties' hold on Israel's ministries of education and justice have clouded the vision of a generation of Israeli students and weakened the independent judiciary. In their view, equality and democracy must be sacrificed to maintain the Jewish character of the state, forgetting that equality was an essential ingredient of the Jewish values that led to Israel's founding.

The Nation-State Law of 2018 elevated the Jewish character of the state with no commitment to the founding promise of racial equality and downgraded Arabic from an "official language" to a "special status." When Mickey Gitzin of the New Israel Fund (NIF) called for Israeli Jews "to stand shoulder to shoulder with our Palestinian brothers and sisters" to protest the Nation-State Law, Prime Minister Netanyahu accused him and the NIF of "trying to make Israel a state for all of its inhabitants." Netanyahu perversely quoted the Declaration of Independence in accusing the NIF of undermining the Jewish character of the state—showing how far this Israeli government has strayed from the DOI's values.

Despite numerous differences in the early drafts of the Declaration of Independence, every version included the commitment to equality regardless of race. The word "democracy" does not appear in the final declaration,[13] an omission with far-reaching and dangerous implications in today's political environment of global democratic recession. Yet while that word is absent, the DOI describes the freedoms and commitment to social and political equality that are the bedrock of liberal democracy. Today, a renewed commitment to these values fuels the emergence of a growing movement of Israelis seeking to fulfill the principles of equality enshrined in the DOI. Through activism, organizing, and advocacy, they fight for equality and to maintain Israel's democratic infrastructure. This generation of Israelis must acknowledge Israel's promises and failures, holding the complexity of particularistic and universalist Jewish values and including Jewish and Palestinian Arab voices. Only then can Israel achieve its promises of equality.

Study Questions

1. Hadeel Azzam-Jalajel and Tzachi Mezuman point out that the Declaration of Independence does not fully commit to the equality of all inhabitants of the State of Israel, irrespective of race or religion. Go back to the original wording of the DOI at the beginning of this book. Which formulations within the DOI support their argument? Which formulations are aiming to counterbalance this tendency?

2. What might be the implications for Israel's policy of immigration if the amendment proposed by Hadeel Azzam-Jalajel and Tzachi Mezuman would be added to the DOI? Why might Jewish Israelis and American Jews feel hesitant about such a step? What would need to happen to overcome this hesitancy?

3. Close your eyes. Think back to the vision of the Jewish and democratic state you imagined after reading the introduction by Rabbi Davids. Ask yourself: In what ways would your vision need to change in order to make this state fully democratic? How easy or difficult is it for you to make this change to your vision? Explain your ease or difficulty to someone else.

Notes

1. The demonstrations started in parallel with the completion of the broad legislation, and by July 14, 2018, a large demonstration was organized by the coalition led by Omdim B'Yachad (Standing Together), along with the Reform Movement in Israel, the Aguda (the Association for LGBTQ Equality in Israel), the Association of Ethiopian Jews, Hadash, Meretz, and many civil organizations.

2. In the English Mandatory period law adopted into the Israeli legal code (Word of the King in Council regarding the Land of Israel 1922–1947, Article 82), three official languages were established: English, Arabic, and Hebrew. In 1948, after the establishment of the state, English was removed from the law.

3. In a process that spanned two decades, the courts began enforcing the use of Arabic in distinct shared spheres, and intensive civic engagement by organizations like the Association for Civil Rights in Israel and (Jewish-Arab) Sikkuy (the Association for the Advancement of Civic Equality) began to produce significant changes in signage and announcements on public transportation and in publicity campaigns.

4. For example, the state destroyed the unrecognized village Elarakiv about 140 times as of March 2019, and its residents continue to fight for recognition. Besides Elarakiv there are dozens of villages in the Negev that the state refuses to recognize, primarily because of the desire to develop their lands for the benefit of factories and settlements for Jews.

5. In 2016, parents in Nazareth Illit petitioned the Administrative Tribunal Court (with the help of the Association for Civil Rights in Israel and the Mossawa Center) requesting the court to mandate the city and the Ministry of Education to open schools for the approximately two thousand Arab students (about a third of the student population in the city) who are forced to study outside the city, primarily in the neighboring Arab city of Nazareth. The case is still pending in the courts.

6. The Racism Crisis Center was established by the initiative of the Israel Religious Action Center (under whose auspices it operates) and the Coalition Against Racism in Israel, which is a coalition of dozens of organizations that fight against racism and represent diverse populations (e.g., Arabs, Ethiopian immigrants, Mizrachi Jews, Russian immigrants, and more). The Racism Crisis Center was meant to assist the victims of racist crimes and to document all reported racist crimes in Israel in order to establish a broad picture and fight more effectively against discrimination and hate crimes.

7. Finance Minister Moshe Kahlon (Kulanu) stated "the Druze are the last ones we wish to harm" and supported a lawsuit against the law filed by Member of Knesset Avram Hason from his party. Minster Naftali Bennet

remarked that an additional law was necessary in order to settle the status of the Druze and Circassians who serve in the IDF.

8. The term *Nakba* (Arabic, "catastrophe") is used in Arabic in order to describe the traumatic experiences of many Palestinian families during the Israeli War of Independence in 1948. Its emotional connotations might be likened to the Hebrew *chorban* ("destruction (of the Temple") or *galut* ("exile").

9. It is interesting that the Declaration of Independence opens with two statements that diverge from the classic Jewish narrative: the Bible sees the establishment of the Jewish people in their receiving the Torah on Mount Sinai, rather than in the later conquest of the Land that followed, and the religious and spiritual character of the people was shaped in the Talmud and the Rabbinic canon, which were mostly written during the exile.

10. "The Declaration of Independence as a Basic Document of the State of Israel," *Israel Studies* 3, no. 1 (Spring 1998): 195–210.

11. See "Safed Rabbis Urge Jews to Refrain from Renting Apartments to Arabs," *Haaretz*, October 20, 2010; and "High Court to Shaked and the State: Why Was Safed Rabbi Not Prosecuted?," *Jerusalem Post*, October 30, 2018.

12. 12: Elyakim Rubinstein, "The Declaration of Independence as a Basic Document of the State of Israel," *Israel Studies* 3:1, Spring 1998, https://www.jstor.org/stable/30246801?seq=1#page_scan_tab_contents.

13. An earlier draft, authored by Zvi Berenson, states, "The state will be a democratic state, open to Jewish immigration, a state of freedom, justice and peace, according the spirit of the vision of Israel's prophets."

CHAPTER SEVEN

"Equality of Social and Political Rights ... Irrespective of ... Sex"

ANAT HOFFMAN (*Israel*)
RABBI RACHEL ADLER, PHD (*United States*)

THE STATE OF ISRAEL will be open for Jewish immigration and for the Ingathering of the Exiles; it will foster the development of the country for the benefit of all its inhabitants; it will be based on freedom, justice, and peace as envisaged by the prophets of Israel; **it will ensure complete equality of social and political rights to all its inhabitants irrespective of** religion, race, or **sex**; it will guarantee freedom of religion, conscience, language, education, and culture; it will safeguard the Holy Places of all religions; and it will be faithful to the principles of the Charter of the United Nations.

ANAT HOFFMAN

I WAS A RIFLE INSTRUCTOR in the army. One of the most important things I taught my young soldiers was the importance of calibrating the sights of their rifles. However good their aim might be, if the sights did not line up, the marksmen would not hit the target.

This lesson of different sights needing to align to hit the target has been a recurring theme throughout my life. I have long moved away from looking at the world down the barrel of a rifle. Instead, I have surrounded myself with a photographic archive of some of the most iconic pictures from Israel's history. Looking through this collection often prompts me to contemplate the distance between the image captured by the camera and what was really going on beyond the lens. I often find that the things most in need of our attention and efforts share that gap between vision and reality.

One of the most famous photographs in my collection is of David Ben-Gurion announcing the creation of the new State of Israel. Ben-Gurion stands proudly against a backdrop of the Israeli flag and a portrait of Theodor Herzl, the founder of Zionism, reading Israel's Declaration of Independence. I keep this picture around because what the lens captured is the moment in which Israel's founding generation proclaimed their vision of the new country to the world. The picture captures their best intentions, to create a new Jewish state that would have at its core the values of pluralism, tolerance, and equality. The Declaration of Independence that Ben-Gurion is reading in this photograph explicitly states, "THE STATE OF ISRAEL . . . will ensure complete equality of social and political rights to all its inhabitants irrespective of religion, race, or sex; it will guarantee freedom of religion, conscience, language, education, and culture." It is a beautiful document, describing a vision for a country of which any citizen could be proud, meant to guide the country legally and morally.

The intentions were good, but the reality beyond the vision that sought to align and direct our efforts is quite different. Through my work at the Israel Religious Action Center, the legal and political arm of the Israeli Reform Movement, I see daily examples of the ways in which Israel has yet to live up to these foundational ideas. Religious and ethnic minorities face professional and social discrimination. Some of the most powerful rabbis in the country use their positions to incite racism, and various parties within the government make repeated attempts to encode Jewish supremacy into law. When I hold this photo, I see a picture that speaks of visions and intentions (of *kavanah*). Reality tells a different story.

The next three photographs in my collection are some of the most popular. Whether explicitly or implicitly, they are often referenced by my friends from abroad who want to reassure themselves that Israel is a revolutionary country supporting gender equality. These are photographs of the pioneering woman, of the female soldier, and of former Israeli prime minister Golda Meir. Each of these photographs tells a story about Israeli women. The pioneer woman carries a hoe and walks together with her male counterparts after a hard day's work in the field. They are smiling and secure, but best of all they are walking together. These men and women spent the day working side by side as equals. The soldier holds her Uzi and smiles. Just like the men her age, the Israeli Defense Forces drafted her, and together they were called to serve their country. The traditional male world accepted her as a fighter and warrior, while still maintaining her femininity. And then there is Golda Meir, speaking on a platform while surrounded by a group of men of all ages who respectfully listen to what she has to say. In this photo, Golda Meir is proof that in Israel, a woman can reach the highest echelons of power and command the respect of women and men.

But none of these photographs truly reflects reality. Pioneering women were almost never permitted to do work that was traditionally and culturally considered to be for men. Instead, regardless of their preferences or talents, they were usually assigned to jobs that were traditionally designated as women's work, such as childcare and laundry. The soldier carrying the Uzi would have been relatively limited regarding when, and whether, she could use it. It was only at the beginning of this century that IDF combat units admitted women, and their roles within those units have remained limited. Moreover, like the pioneering women, many of the women who serve in the IDF are assigned to traditionally women's roles, such as teaching. Sexual harassment in the IDF historically has been rampant, resulting in yet another barrier for women who want to serve as equals alongside their male peers. As the government makes a laudable push to draft ultra-Orthodox men, their entry into the army has often come at the expense of female soldiers, who are once again sidelined and discriminated against so as not to offend ultra-Orthodox sensibilities.

Golda Meir's accomplishments are impressive, and it is a point of pride that Israel is one of the countries in which a woman has occupied the most powerful political leadership position. But this laudable historical fact does not mean that the work is done. Golda Meir is not only Israel's first female prime minister—she is the only one. It is worth noting that Pakistan and Turkey have had women presidents and prime ministers. The simple fact of having a woman serve as a country's prime minister does not necessarily reflect the status of women in politics, nor the country's commitment to equality and women's rights. The fact that Israel has had one woman prime minister does not reflect the reality today. Women in Israeli politics face their own uphill battles in the struggle to be taken seriously and to serve as major players on the national stage, rather than remain in supporting roles. One of the more prominent women in contemporary Israeli politics, Tzipi Livni, was recently humiliated on live television by a man with barely any political experience in an attempt to shame, degrade, and ruin the career of a much more capable rival. It is not hard to imagine that the ugly scene would have gone differently were Livni a man. The next Golda Meir likely will be treated no better, and she will likely be treated worse than her male colleagues. When Israel's politics looks less like Pakistan's and more like that of Scandinavian countries, which have not only elected women to the highest offices but also have women making up half of the members of parliament, then I will consider this photo of Golda Meir in a new light.

The purpose of these photographs was to give men and women a glimpse into what was the "real" Israel. It was to show the world, and the Jewish world in particular, what the New Jew, created in the Jewish country, looked like and to drive home the fact that Israel had irrevocably broken away from the Jewish world of the shtetl. The women in the pictures are meant to serve as symbols of the extent to which Israel was a revolutionary country that broke all of the rules in giving the Jewish people the opportunity to reach their full potential. Even now, with the knowledge that they were staged, I get a thrill looking at them. People reference these images so often because they want to view these photographs and see not only strong women, but a country in which strong women are respected and celebrated. They want to see a country in which women—and, by extension, anyone else—can do anything and where gender is no longer a barrier. I understand why people love to see the women those photos portrayed. Their intentions are good. But when those intentions obscure reality, and when they cause us to insist that there is no need for change, they become a hindrance and a liability. As I instructed my soldiers, it is only when the sights properly line up with reality that we can hit the target. We cannot fix what we cannot face, and we certainly cannot fix what we cannot or will not see.

Most personal for me, however, when it comes to my collection, is the photograph that isn't there. When my brother became a bar mitzvah, my family pulled out all the stops. I had never seen anything like the rituals and the celebrations that took place when he turned thirteen. In honor of his bar mitzvah, my brother received a beautiful tallit and an impressive pair of *t'fillin*. He was called to read from the Torah, gave a sermon to the assembled family, friends, and congregants, and had a large party afterward, all in celebration of his becoming a Jewish adult. I could not wait for my turn. But as it turned out, I was never called to the Torah, did not lead the prayers in the synagogue, and never gave a sermon. I was never publicly welcomed into the Jewish community the way that my brother was, and my becoming a Jewish adult went unnoticed and unmarked. Years later, when I asked my father why I never had a bat mitzvah, he laughed. Asking why I had never had a bat mitzvah when I was twelve was like asking why we never took a trip to the moon. The idea was ridiculous, in the sense that it was unimaginable. My father, who has always been in favor of women's equality and who has supported me throughout my life and career, had the best of intentions. He wanted to raise a young woman who was equal to her brother, aware of her rights, and not afraid to speak truth to power. But no one was celebrating their daughters' bat mitzvah when I was a girl. All the good intentions in the world did not overcome that reality.

We are not limited to those photographs in my collection. They are not real, and they do not tell the real story of Israel. Instead, I offer Israelis and Jews around the world images that align with reality and that could inspire us to continue our work to align our intentions and reality. There are three new images that belong in my collection.

The first image to replace the previous false images would depict religious feminists in Israel. Religious feminists are the bravest women in Israel today, pioneering new paths for religious women specifically and Israeli women more broadly. They show a tremendous amount of courage as they continue their work, often in the face of harsh opposition from the most powerful figures within the religious community. This image would include Aliza Bloch, the mayor of Beit Shemesh, a city where women could not walk through their neighborhoods without seeing modesty signs seeking to curtail their freedom of movement and dress. It would include women such as Adina Bar-Shalom, the daughter of the late Rabbi Ovadia Yosef, who works to provide Orthodox Jews with a quality education and to fight against gender discrimination in the Orthodox community. It includes the women who dedicate themselves to ensuring that no woman is denied her ability to live her own Jewish values and to make choices regarding her prayer life, dress, and access to Jewish knowledge.

My second image would feature Israeli artists, including filmmakers, actors, writers—and, yes, photographers. Male and female Israeli artists are creating art that examines, among other topics, religion, the army, women's experiences at the mikveh, and marriage and divorce in the State of Israel. The image would include director and writer Ronit Elkabetz of the film *Gett: The Trial of Viviane Amsalem*, a harrowing film about a woman's experiences seeking a divorce in Israel and dealing with the religious courts. It would include Amos Oz, a brilliant writer who used his public platform to advocate for peace and to remind Israel of its moral mission. It would include Israelis who dedicate themselves to making art that asks their audiences to consider some of the toughest questions swirling around Israeli society today and who shake the Israeli public out of its complacency.

My third image would be of the leaders of civil society. Israeli NGOs deal with some of the most pressing concerns in Israel today, including issues surrounding religion and state, immigration, refugees, poverty, and hunger. Nearly all of these organizations are dominated by women who have chosen to dedicate their professional lives to working toward social change in Israel. Israeli NGOs have become incubators for the new generation of Israeli leadership. Previously, one-third of Knesset members came from the army or the rabbinate. Today, many of the country's rising leaders are women who have spent their careers advocating for a better Israel and who do not intend to stop once they become lawmakers. These emerging leaders, who will soon change what Israeli leadership looks like—literally and ideologically—would make the perfect addition to my album.

There is one more photograph to add to the collection. This photo is a picture of my daughter when she was twelve being called to the Torah on the occasion of her bat mitzvah. It is the photo that is closest to my heart, both for the obvious reasons and because it demonstrates the kind of revolutionary change that can take place within a generation. It is the photograph that gives me the most hope. The future of the struggle for Israel's founding values lies in the hearts of the next generation, the young men and women in Israel and abroad who truly get it. Their sights are clear and fully calibrated, and the target of equality, diversity, and pluralism is straight ahead.

Rabbi Rachel Adler, PhD

IT IS GOOD TO VALUE gender equality. The problem is that merely stating the value does not create a social reality. *M'gilat HaAtzma-ut*, Israel's Declaration of Independence, is an aspirational document. It sets out values its creators hoped would exist in a Jewish state, but it does not establish a set of legal principles as the American Bill of Rights does. The aspirations are admirable, but they are not in themselves legally binding. Paragraph 13 represents attempts by men to articulate a principle of gender equality and nondiscrimination. Women do not seem to have been consulted on either the content or the wording. Only two women were signatories to this document, and neither was involved in drafting it. Thus, even the process that produced the document did not put its ethical sentiments into concrete action.

The writers of *M'gilat HaAtzma-ut* attempt to ground their egalitarian values in the values of the biblical prophets, but they do so simplistically and ahistorically. The prophets were part of ancient, patriarchal societies. It is true that many of them reproached Israel for injustice to widows and fatherless children, who, since they had no Israelite male to serve as their protector, were among the most vulnerable of the marginalized members of society. But the prophets were not able to understand that it was the social system of patriarchy itself that generated these abuses and made them inevitable, because all over their known world patriarchy was the only gender system. There was no alternative to which to compare it, and they were unable to envision another. Some moderns still cannot envision another. They do not understand that in any society in which heterosexual men are awarded the lion's share of social and economic privilege and power, people of other genders and sexualities will suffer economic discrimination, sexual harassment, and violence. In order for the prophets' concerns for the marginalized and the powerless to have impact on a sociohistorical situation, a society must be able to envision and shape laws and policies that will embody their understanding of what the prophets wanted them to do.

Moreover, *which* prophets are we talking about? What specific statements suggest ways we could create and enforce gender equality? Prophets differed from one another in socioeconomic status, message, and perspective. The Isaiahs, influential and politically well-connected as they were, were concerned about widows and fatherless children. Ezekiel, on the other hand, was an unabashed misogynist. Paragraph 13's reference to "the prophets" is too vague and insubstantial to point to specific laws and policies. There has to be a way, as Second Isaiah puts it, to "build a highway (*panu darech*) and clear it of obstacles (*harimu michshol*)," so that people can travel into a more just reality (Isaiah 57:14).

Interpretation in Judaism is a road-creating tool for change. The favored interpretive strategy of Jewish texts and scholarship is to read interpretation as part of revelation itself. Implicit in our sacred texts are multiple meanings waiting to be discovered by later interpreters, and these interpretations too are Torah. But an interpreter must make a case for grounding a new value or behavior in an ancient text. There must be narrative, theology, and law that take us from "back there" to "right here."[1] The writers of paragraph 13 do not suggest a road by which the prophets can take us to gender egalitarianism.

The result is that like the United States, Canada, and other countries, Israel struggles to establish gender justice, and like the rest of the world, it is far from the goal. Israeli women have become increasingly critical about persistent gender injustices. During December 2018, women gathered in the streets of major Israeli cities to protest violence against women. Specifically, they protested the deaths of twenty-five women killed by domestic partners this year, half of whom had gone to the police to no avail.[2] During 2017, according to the Israeli Association of Rape Crisis Centers, complaints increased 11 percent from 2016, some forty-seven thousand calls.[3] Women serve in the Israeli military, but the IDF can be a perilous place for female soldiers. The Association of Rape Crisis Centers reported a 91 percent rise in calls by IDF soldiers to sexual violence hotlines in 2017. Of the 1,482 complaints, 839 occurred under military circumstances.[4] These statistics demonstrate that no single subset of Israeli males is responsible for injustice toward women; not just *Haredim*, or right-wing politicians, not just journalists, or actors, or soldiers. All kinds of men deny women equal respect and authority over their own bodies, just as a smaller but real group of Israeli men help to build the highway to equality.

As Elana Sztokman has demonstrated, Jewish women's freedom of religion is fiercely contested by Haredim in ongoing battles: at the Kotel; on airplanes; on busses that go through Haredi areas, where men have tried to institute segregation for women at the back of the bus; on the streets where, through intimidation and abuse, they seek to enforce rigid modesty codes against women and girls.[5] Right-wing and archconservative political groups use women's equality as a bargaining chip to keep religious parties in political coalitions. It is always easier to bargain with some other person's freedom. The Israel Religious Action Center has fought these attempts in court, often successfully, but new attempts keep popping up, and enforcement of court decisions is often a problem. In Israel, as in other countries around the globe, women's equality must become fully implemented law.

There is a group of women in Israeli society whose suffering from gender inequality we have not yet mentioned, and these are the Palestinian women under Israeli rule.[6] Like Jewish women, they suffer from the violent sexism in their own tradition, but in addition, they suffer from the willingness of Israeli occupiers to uphold the worst elements of their tradition's sexism. In Israel, only religious courts, whose judges are exclusively male, adjudicate personal status issues such as marriages and divorces. The most frequent result is injustice to women. One rare exception to this pattern demonstrates what could happen if the principle of equality were actually embodied in law. A Palestinian woman from the village of Tayibe in central Israel had been denied the right to be represented in the Islamic court by a woman arbitrator and so she went to the Israeli Supreme Court. Justice Edna Arbel ruled that the court must permit her chosen arbitrator, citing paragraph 13 of *M'gilat HaAtzma-ut*.[7] If paragraph 13 were invoked more consistently, perpetrators of honor killing would not be ignored by the police or given ridiculously light sentences. Palestinian women are also disproportionately represented in the lists of women killed by domestic partners.

Wherever paragraph 13 is not embodied in specific law and social policy, the patriarchal religious subsystems that govern Israeli personal status law are free to encode gender inequality in their rulings. Thus, same-sex marriage is not permissible in Israel, nor is egalitarian marriage. Paragraph 13, however, could apply to more than personal status concerns or even gender violence concerns. Gender discrimination has socioeconomic effects as well. Palestinian women, African refugee women, Mizrachi women, and Jewish women of color suffer more from poor training for employment and poor compensation for work than their male counterparts. Treating everyone equally would be a start, but that is only the first part of what prophets like Isaiah, Micah, Amos, and Zechariah envision. They urge us to build a world in which everyone can flourish. Anything less will ultimately produce bloodshed and desolation.

Study Questions

1. Anat Hoffman describes the women and men who fight for gender equality in Israel today: religious women, artists, and political leaders. Living in Israel or visiting Israel, in what ways can you contribute to gender equality in Israel?

2. Rabbi Rachel Adler, PhD, states that many voices within Jewish tradition are not supporting gender equality; instead, we might need to ahistorically add the group of "women" to the group of the marginalized with whose welfare the prophets were so concerned. Only then can we use the traditional texts to make a case for women.

   Do you think you read Jewish sources sensitively when it comes to their treatment/mentioning/omission of women and female roles? Why or why not? How do you read traditional, misogynist texts? What strategies might make such texts fruitful for you?

3. If you are familiar with at least parts of both Israeli and American culture, what do you see as the similarities and differences in how sexism plays out in Israeli and American society? Think about gender roles, relationships, tax laws, family support, and medical support.

   If you are not familiar with the other culture, whom could you ask about it? Where could you learn about it?

NOTES

1. Benjamin D. Sommer, *Revelation and Authority* (New Haven, CT: Yale University Press, 2015). See also Rachel Adler, "The Torah, Our Chavruta: Re/Constructing Truth in Sacred Texts," to be published by the Hebrew Union College-Jewish Institute of Religion, Symposium 2 [forthcoming].

2. Shira Pur, Maya Asheri, and Lee Yaron, "20,000 Rally in Tel Aviv Protesting Violence against Women," *Haaretz*, December 4, 2018; Stuart Winer and Toi Staff, "Women Protest in Major Cities against Violence; Two Arrested in Tel Aviv," *Times of Israel*, December 12, 2018, https://www.timesofisrael.com/women-protest-in-major-cities-against-violence-two-arrested-in-tel-aviv/.

3. Tamara Zieve, "Sharp Increase in Sexual Assault Complaints in Israel, Report Finds," *Jerusalem Post*, November 20, 2018, https://www.jpost.com/Israel-News/Report-Sharp-increase-in-sexual-assault-complaints-in-Israel-572372#/search.

4. Anna Ahronfeim, "Dramatic Rise in Number of IDF Soldiers Reporting Sexual Assault," *Jerusalem Post*, November 20, 2018, https://www.jpost.com/Israel-News/Dramatic-rise-in-number-of-IDF-soldiers-reporting-sexual-assault-572369.

5. Elana Sztokman, *The War on Women in Israel: A Story of Religious Radicalism and the Women Fighting for Freedom* (Naperville, IL: Sourcebooks, 2015).

6. Samuel Thrope, "The War on Women in Israel," *Nation*, August 19, 2015, https://www.thenation.com/article/the-war-on-women-in-israel.

7. Thrope, "The War on Women in Israel."

CHAPTER EIGHT

"Equality of Social and Political Rights...Irrespective of...Religion"

MICKEY GITZIN (*Israel*)
RABBI JOSHUA WEINBERG (*United States*)

THE STATE OF ISRAEL will be open for Jewish immigration and for the Ingathering of the Exiles; it will foster the development of the country for the benefit of all its inhabitants; it will be based on freedom, justice, and peace as envisaged by the prophets of Israel; **it will ensure complete equality of social and political rights to all its inhabitants irrespective of religion**, race, or sex; it will guarantee freedom of religion, conscience, language, education, and culture; it will safeguard the Holy Places of all religions; and it will be faithful to the principles of the Charter of the United Nations.

MICKEY GITZIN

OUR DECLARATION OF INDEPENDENCE (DOI) is a beautiful text. We have to acknowledge that we will probably never be able to realize its aspirations in totality; however, we also know that once, it served the Israeli government—and the entire Israeli society—as its moral compass. Netanyahu's fourth government is moving further away from the visions of our foundational text.

Even for its own time, the DOI was progressive. In spite of the fact that it is obviously a product of a certain zeitgeist and of a particular historical situation, ultimately it expresses a truly democratic and liberal worldview. While the nascent state was defined as "Jewish," the value of equality was embedded in every part of the DOI, too. In promising freedom *of* religion and conscience, it implicitly commits to freedom *from* religion. In adopting the principles of the Charter of the United Nations, the nation took upon itself to ensure the protection of human rights and basic freedoms guaranteed in that charter within its borders.

Years of right-leaning and archconservative governments, disproportional power held by the orthodox Chief Rabbinate, and the rise of reactionary and populist organizations have turned the DOI into an empty shell. In the eighth decade of its existence, those groups seem to do whatever they can to change the essence of our state—its guiding principles, its definition, its identity. The words authored by David Ben-Gurion and approved by Mapam, the Revisionists, HaPoel HaMizrachi, and Agudat Yisrael are in strange contrast to the Israeli reality of the late twentieth and early twenty-first centuries. The good news is that there are those unwilling to give up on those words. We can revive their spirit if we—individuals, parties, and civil society organizations—work together in navigating our state back to its original path.

Political Imbalance

We should admit honestly that the lofty ideals of the Declaration of Independence often remained on the page, even at the outset of the state. Ethnic discrimination, inequality of resource distribution, and the excessive power of the military all stood in stark contrast to the ideals of the DOI from the beginning. However, today and in light of the recent developments, it seems that the DOI has entirely ceased to function as a point of self-assessment and identification. The argument of "the needs of the time" that was often used (and not always rightfully) in earlier days is even less valid today. Publishing slogans like "We Are Done Apologizing"[1] and warnings like "the Arabs are rushing to the polls in great numbers,"[2] many Israeli politicians obviously no longer feel compelled to hide the open contradiction between their openly racist politics and the ideals of the DOI.

Under right-leaning and archconservative leadership, uninterrupted for a decade and nearly constant since the great leadership upheaval of 1977, Israel has grown distant from the values of equality and freedom. The current government perceives Israel's Arab citizens—suffering from horrendous gaps in the distribution of resources and the level of infrastructure—as an ever suspicions and subversive element with which one can hardly cooperate. Although the LGBTQ community has made some legal achievements in secular court, the legislator—under pressure from the religious parties—refuses to extend equal rights to them, and sometimes outright discriminates against them. Because of that same pressure and the invariant political coalitions between right-leaning and orthodox parties, majority positions are not decisive when it comes to questions of conversion, marriage, divorce, Shabbat observance in the public domain, and the drafting policies of the Israeli army. Due to the increasing political power of right-leaning and orthodox parties, Jewish Orthodox law has begun to influence the state's education system, daily life in IDF bases, and the politics of local municipalities.

If these developments were akin to a "crawling annexation" one step at a time, the Nation-State Law[3] is already a rather dramatic change in the definition of the state. In many ways, that law turns the DOI on its head. Without any reference to the value of equality, even for the mere sake of its legality, the law defines Israel as the nation-state of the Jewish people alone and extends that definition to all aspects of Israeli life. For the first time, Hebrew is defined as Israel's sole official language, while Arabic is accorded a "special status" (stating that this is "not meant to harm its current status").

Incitement from Within; Illiberal Alliances from Without

On the November 4, 1995, Israeli democracy suffered a mortal wound. The (Jewish) assassin of Prime Minister Yitzhak Rabin hoped to stop Israel's process of reconciliation with the Palestinians. It was a transformational event in Israel's history. It shocked and traumatized, but it did not provoke the desired changes in Israel's public and political discourse.

The harsh invectives pointed at Rabin, *z"l*, at the time are now hurled at left-wing leaders and activists, excoriating them as "traitors" and "Israel haters" who cooperate with the enemy and plot to destroy the Zionist enterprise. Since 1995, public figures and rabbis have continued to incite and permit violence. Arab citizens, the immigrants, asylum seekers, and civil-society organizations have continued to suffer. In recent years, following the criminal affairs involving Prime Minister Benjamin Netanyahu, even the executive powers and the press have been labeled "leftist," that is, "hostile."[4]

These reactionary and polarizing trends within Israeli society are mirrored in its international relations. Illiberal regimes in Eastern Europe and elsewhere, such as Prime Minister Orban in Hungary,[5] Prime Minister Morawiecki in Poland,[6] Brazil's President Bolsonaro,[7] and Honduras's President Hernández, are close "friends" of Israel's current government. All this takes place alongside harsh disagreements with the great powers of Europe and the rest of the free world. Israel broke the tradition of bipartisanship in its special relationship with Washington and created an alignment between itself and the Trump administration, over the strenuous objections of 70 percent of the American Jewish community.

Israel prides itself as a natural partner of those tyrannical regimes, while at the same time declaring itself to be the sole democracy in the Middle East and a bastion of civil rights and freedoms—as expressed in the Declaration of Independence.

Freedom of Religion for the Orthodox

It is not only on account of internal American politics that the Israeli relationship with American Jewry faces a severe and ongoing crisis. The State of Israel, which theoretically is committed to freedom of religion, religious tolerance, and pluralism, is disassociating from large sections of world Jewry. The non-Orthodox movements, which make up a vast majority of the Jewish communities in the United States and Canada, are not even recognized as Jewish in the eyes of the orthodox Israeli Chief Rabbinate: their non-Orthodox conversions are cast into doubt, their egalitarian prayer services are maligned, and their Judaism is regarded by Israeli orthodox rabbis as a "stream of Christianity."[8]

One example of this discriminatory treatment is the Western Wall Compromise, which was meant to establish egalitarian prayer at Robinson's Arch. A planned improvement of the area for that purpose was discarded after its approval.[9]

Another degrading policy impacts those ineligible to marry in Israel. Since there is no option for civil marriage in Israel, and the only option for a recognized religious wedding is one performed through the orthodox Chief Rabbinate, tens of thousands of couples are ineligible to wed.[10] This includes many of the immigrants from the former Soviet Union who came to Israel under the auspices of the Law of Return but who were never recognized as Jews (patrilineal Jews; those whose Judaism was cast into doubt; and those who lack documentation or witnesses to prove their Jewish identity); as well as others whose marriages are against Jewish law: e.g. a *kohein* ("priest") marrying a divorcee or a convert; female divorcees without a *get* ("document of separation"); children of non-halachic marriages; and interreligious couples—and, of course, same-sex marriages. The solution found by Israel's Supreme Court—the so-called "Cyprus Weddings" that take place abroad and only then are recognized by Israeli authorities—demonstrates the extent of the absurdity of the situation.

The detainment of the head of the Conservative congregation in Haifa, Rabbi Dubi Hayoun, for interrogation by the police because of a wedding at which he had officiated[11] went far beyond the absurd. Israel's penal code includes a punishment of up to two years for the groom, the bride, and the officiant of a private halachic wedding who failed to report it to the authorities.[12] (The legal advisor to the Knesset officially cautioned to use that code as the basis for an actual legal case.)

The interrogation of the rabbi following a police complaint filed by the rabbinic court in Haifa was an aberration. Not an aberration was the decision by the couple to be wed by him rather than by the Chief Rabbinate. A recently released report from the Ministry of Religious Services points to a steep decline in the number of couples who choose to get married through the orthodox Rabbinate.[13] More and more couples are "voting with their ring," as coined in a campaign launched by Israel Hofsheet.[14] The private wedding industry is booming, and for good reason.

Returning to the Declaration of Independence

These and many other examples demonstrate the growing gap between our foundational document and our current political practice; the gap has only grown wider in recent years. Freedom of religion and conscience is extended to only one kind of Judaism; the equality of rights and resources (including mere citizenship) is not guaranteed irrespective of religion, race, or gender. The Nation-State Law furthers these tendencies; it is an attempt to erase even the semblance of equality. Added to all of these concerns are the fifty years of the Israeli occupation of the Palestinian people and their land. Even if the occupation might have appeared once to be only temporary, today it constitutes both the de jure and de facto end of the Zionist ideal of a Jewish and democratic state.

Against the negative trends described here and because of the fatal turn the Zionist enterprise has taken on its path, a U-turn is needed. It is not too late. As someone who has spent his entire adult life fighting by means of party politics, city politics, and civil organizing for openness, tolerance, and pluralism in Israel, I am convinced that it is possible to turn the wheel and to achieve even more than that in collaboration and partnership with political minorities in Israel and progressive Jews in Israel and abroad. The solution is right there, embedded in the text of our foundational document.

This is not to romanticize the past or to call out *gevalt* about the present. Rather, it is to underscore the fact that foundational documents and visions have a critical and continuous role in determining the essence of a society. Compared to them, our current political situation—which to some of us seems to have been in place for much too long—is only transient. The DOI, in its wording and its message, can and should become our true Nation-State Law. This time, however, we should go beyond the beautiful words and the moral compasses embedded in it and turn it into a legal reality.

Rabbi Joshua Weinberg

וּקְרָאתֶם דְּרוֹר בָּאָרֶץ לְכָל־יֹשְׁבֶיהָ – ויקרא כה:י

Proclaim liberty throughout the land for all its inhabitants.

—Leviticus 25:10

Berl Katznelson, an early Zionist visionary, espoused the following to a conference of leaders of the Youth Aliyah:

> Whoever comes to uproot the redemption of Israel from the tractate of moral values and the liberation of humanity is not strengthening the causes of redemption. For if justice, law, and freedom are no longer the foundation of the establishment, then: Why Jewish immigration? Why settlement? Why save the People and establish a state? No, Zionism would not have arisen—and will not stand—in a world that does not grant justice, law, and freedom to all who are created in the Divine Image. And it should not repudiate these human values, for in so doing it will be writing its own (death) sentence.[15]

If Israel loses sight of its values—namely, freedom, justice, and law—then it is not worth having a Jewish state. This is as powerful a statement as can be made, yet begs the question as to what we mean by "justice, freedom, and equality."

The Torah (Leviticus 25:10) makes an equally bold statement. It calls for freedom and liberty, not just for "citizens of the state," but for every human being living under Jewish sovereignty or auspices of a Jewish government. For its time this was a progressive ruling, changing the status for foreigners and strangers previously unprotected by law.

This of course well precedes Israel's Declaration of Independence, yet it establishes the principles of equality and freedom that still demand protection today. Rashi, in his commentary on the verse above, quotes Rabbi Y'hudah, who asks, "What is the etymology of the term דרור (d'ror, 'freedom')? A free person is like a person who may dwell (דור) at an inn—meaning that he may reside in any place he pleases and is not under the control of others" (BT *Rosh HaShanah*

9b)—assuming that he has both freedom of motion and freedom of expression.

Both early Reformers and early Zionist thinkers read the Bible through their modern lens and saw the prophets as emphasizing our moral aptitude and making moral demands. They prioritized social morality over ritual and individual observance. But lest we think that the Torah and the prophets of Israel represented a bastion of liberalism and universalism, American-Israeli political scientist Paul Eidelberg offers a sobering response:

> Under the Torah, non-Jews living in the land of Israel would have the status of foreign residents (*ger toshav*); and while they would enjoy civil and other rights, none could hold any government office. The prophets were not liberal democrats or moral pluralists. They did not regard "freedom" as moderns do, as the freedom to live as one likes. Nor did they reduce "justice" to mere equality. They saw in every domain of existence . . . hierarchy. As for "peace," the prophets of Israel understood this to mean "perfection" or "completeness" which could be achieved only when every heart and home in Israel was imbued with Torah.[16]

What of today's Israel? We can point to many examples of limited freedoms among various sectors of the population and certainly among the Palestinians. While there is much to say regarding the key sentence in Israel's declaration on the topic of occupation, military rule, and treatment of the other, this essay will deal specifically with the question of religious freedom and equality for Jews.

An image that will forever be etched into my mind is of a woman being hauled off from the Western Wall plaza by the police for the crime of wearing a tallit.[17] The regulations regarding holy sites in Israel and the law preventing disturbances of the status quo were enacted in order to not offend the established religious standards in a post-1967 reality (see the appendix to this chapter, "Protection of Holy Places Law").

However, to think that one person's wearing of ritual garb could have such an impact upon the sensitivities of another so as to warrant

removal and incarceration is unfathomable to the Western tempera-
ment. This incident highlighted the issue of religious freedom and
the government's role in enforcing such laws, which in turn led to a
discussion of what it means to be Jewish in the Jewish state.

It is unlikely that when the authors of Israel's Declaration of Inde-
pendence declared that the State of Israel will "guarantee freedom of
religion," they envisioned a situation in which the issue of freedom of
religious observance would conflict with laws protecting the status
quo.

The Chief Rabbinate, and specifically the Chief Rabbi of the West-
ern Wall, Shmuel Rabinovitch, prohibits women at the site from
wearing *tallitot* or *t'fillin* and reading aloud from the Torah as a con-
travention of traditional Jewish norms. On the one hand, the Chief
Rabbinate is upholding section 2a of the law, in that those who create
disturbances and act in offense of "traditional Jewish norms" are, in
fact, desecrating a holy site.

However, in doing so, the Chief Rabbinate simultaneously vio-
lates section 2b, by ordering the physical removal of a woman pray-
ing according to her normal practice. Such actions violate "the free-
dom of access of the members of the different religions to the places
sacred to them or their feelings with regard to those places." The
irony is that while the state attempts to protect religious equality and
freedom, it chooses one aspect of the law over another. This failure to
defend religious freedom has similarly destructive impacts on issues
involving conversion, marriage/divorce, burial, and state-sponsored
rabbinic salaries.

Of course, Israel is not the only state to struggle with religion
and state issues. In the United States, the First Amendment to the
U.S. Constitution states, "Congress shall make no law respect-
ing an establishment of religion or prohibiting the free exercise
thereof,"[18] a principle that is now referred to as "separation of church
and state." This is understood to mean that the government cannot
participate in the affairs of a religious group, set up a church, aid or
prefer one religion over another, or aid or prefer religion over non-
religion.[19] However, a curious example arises in the form of tax law

for ministers and members of the clergy, known as "parsonage." The parsonage exemption affords ministers tax-free housing under all circumstances.

Many have challenged the constitutionality of this law, but let's imagine that in order to prevent abuses of this law, the Internal Revenue Service arbitrarily selects one central institution of each major religion to accredit each "minister" filing for the tax exemption. To do so they must prove that they are accredited by a recognized seminary and actively serve in an appropriate role. And let's say that the IRS turns to an Orthodox institution to verify all rabbis who request a parsonage exemption. It is safe to say that all non-Orthodox rabbis would be up in arms protesting this move as clear discrimination at the hands of the authorities.

This is the discrimination tolerated by the Jewish state—whose aspirational and visionary document calls for freedom and equality. Yet, the DOI is not law[20] and cannot be the basis for legal action against the state. In fact, Israeli law did not include the term "democracy" until 1992 with the adoption of Basic Law: Human Dignity and Liberty. While this basic law is a significant achievement toward actualizing the foundational aspirations of freedom, justice, and peace, it too falls short.

Professor Eliezer Schweid, a preeminent Israeli Jewish philosopher, explains that the flaw is in "a law framed in the constitutional model of American liberalism, based on a neo-capitalist materialist competitive ideology, which is the source of its inspiration and its limitation."[21] This law fails to live up to the ideals of Rabbi Akiva and Immanuel Kant, according to Schweid: "Moses did not base his legislative project on the flimsy and self-serving assumption of 'rights,' but rather on the basis of Mitzvot, which he understood to be responsibilities taken on by the individual in an act of free will."[22]

The process of democratizing religion and equalizing the playing field of Jewish expression and observance might be felt by some to be a threat to their existence as Jews, but for others it is the only possible way in which they can exist in a democratic Jewish state. I am not arguing that Israel attempt to emulate the Jeffersonian system of separation of church and state, but rather that the state treat all expressions of observance equally under the law. There are examples of this working in European states such as Germany,[23] though Israel's unique position as the Jewish nation-state presents singular challenges.

The 2016 egalitarian prayer space compromise at the Western Wall was of significance less for its practical implications than for the impetus it would have given to the recognition of non-Orthodox representatives to administer a holy site for the first time in Israeli history. An establishment of an egalitarian prayer space would have set a landmark precedent, which is the reason it faced implacable opposition by the ultra-Orthodox parties.

While the values of equalized religious expression might be better achieved if the State of Israel remains a neutral force, as modeled by the United States, the state still has a responsibility to uphold the tenets of freedom, justice, and equality. Israel cannot tolerate those who violate the law or who undermine equality for all its citizens. Our work is to uphold the values of our sacred texts (the Torah and *M'gilat HaAtzma-ut*), but until that day comes, there may be liberty in the Land, but not for all of its inhabitants.

Martin Buber once commented:

> Liberty is not something that you can maintain as you wish or in an arbitrary manner; its essential significance and purpose is the realization of destiny. Only he who is responsible for history is free with regard to history. . . . [Buber continues with comments about the destiny of the Jewish people.]
>
> The Jewish people was reticent to accept its destiny, and as a result was subjected to exile and subjugation. Yet it was promised that it would return once cleansed of its iniquities. It would return not merely to its Land, and not merely to its independence and mastery, but to the true liberty it held and lost: the liberty to embark on the realization of its destiny.[24]

We all have a stake in Israel's future and in the realization of its destiny. Our commitment to justice, freedom, and equality will be both the journey and the destination.

Study Questions

1. Mickie Gitzin describes the implications of Jewish ortho-
   dox dominance in Israeli law when it comes to immigra-
   tion and civil laws. Have you been aware of this situation?
   Why or why not?

2. Gitzin paints a bleak picture of the impact Jewish ortho-
   dox dominance has had on Israeli society. Yet, he also
   writes that it is not too late to shift the momentum. Have
   you or someone you know suffered the consequences of
   this dominance? What did that look like?

3. Rabbi Josh Weinberg writes about the inherent bias
   against non-Jews in biblical and Rabbinic texts and the
   many attempts of modern and contemporary Jewish
   thinkers to counterbalance these tendencies. Can you
   envision what Jewish pluralism in Israel would look like?
   What changes would need to be made in order to turn that
   vision into reality?

APPENDIX:

Protection of Holy Places Law

The Israeli law known as "Protection of Holy Places Law," which came into effect less than three weeks after Israel's triumph in the Six-Day War of 1967, states:

> The Holy Places shall be protected from desecration and any other violation and from anything likely to violate the freedom of access of the members of the different religions to the places sacred to them or their feelings with regard to those places.
>
> Whosoever desecrates or otherwise violates a Holy Place shall be liable to imprisonment for a term of seven years.
>
> Whosoever does anything likely to violate the freedom of access of the members of the different religions to the places sacred to them or their feelings with regard to those places shall be liable to imprisonment for a term of five years.
>
> This Law shall add to, and not derogate from, any other law.
>
> The Minister of Religious Affairs is charged with the implementation of this Law, and he may, after consultation with, or upon the proposal of, representatives of the religions concerned and with the consent of the Minister of Justice make regulations as to any matter relating to such implementation.
>
> This Law shall come into force on the date of its adoption by the Knesset.

NOTES

1. "No More Apologies" was the campaign slogan for Naftali Bennett and Ha-Bayit HaYehudi (the Jewish Home), the right-wing religious-settler party, for the 2015 elections. See Bennett's YouTube channel, December 16, 2014, https://youtu.be/PBNonqQX5xo.

2. The "warning" that the "Arabs are rushing to the polls in great numbers" was made by Netanyahu to spur on his voters on election day, a statement he later apologized for. See Netanyahu's YouTube channel, March 17, 2015, https://youtu.be/Q2cUoglR1yk.

3. See the text of Basic Law: Israel as the Nation-State of the Jewish people, Knesset website, https://fs.knesset.gov.il/20/law/20_lsr_504220.pdf.

4. Moran Azulai, "Netanyahu: The Left and the Media Are Trying to Overthrow the Government" (in Hebrew), Ynet, August 10, 2017, https://www.ynet.co.il/articles/0,7340,L-5000823,00.html.

5. About Viktor Orban's visit to Israel: Yanir Kozin, *Maariv*, July 19, 2018, https://www.maariv.co.il/news/politics/Article-652007.

6. Noa Landau and Ofer Aderet, regarding the joint statement to the prime ministers of Israel and Poland about the Polish responsibility for the massacre of Jews in the Holocaust, *Haaretz*, December 4, 2018, https://www.haaretz.co.il/news/world/europe/1.6219544.

7. Netanyahu was a guest of honor at the inauguration of Brazil's president. About his visit there and with the president of Honduras: Yaniv Kozin, *Maariv*, January 1, 2019, https://www.maariv.co.il/news/politics/Article-678287.

8. See, for instance, the words of Rabbi Yigal Levinstein, head of the Eli army-preparatory academy: Gili Cohen, Haaretz, July 18, 2016, https://www.haaretz.co.il/news/politics/.premium-1.3009796.

9. Moran Azoulai and Kobi Nachshoni, "A Victory for the Haredim: The Conversion Monopoly Will Stand, the Kotel Compromise Is Cancelled" (in Hebrew), Ynet, June 25, 2017, https://www.ynet.co.il/articles/0,7340,L-4980550,00.html.

10. See, for instance, Baruch Kara, Channel 10, "Married to the Rabbinate: The Nightmare of the Psulei Hittun" (in Hebrew), series of articles: https://www.10.tv/mmnews/128967.

11. Yaki Adamker et al., Walla!, July 19, 2018, https://news.walla.co.il/item/3174598.

12. "Power Grab: Orthodox Wedding outside the Rabbinate? Up to Two Years in Prison" (in Hebrew), *Hiddush*, November 6, 2013, https://bit.ly/2VTVtkH.

13. Ministry of Religious Services report, January 8, 2019, https://www.gov.il/he/Departments/news/ata_from_the_ministry_of_religious_services_reveald.

14. "Israeli Love Story" (in Hebrew) from the "Israel Hofsheet" YouTube channel, November 27, 2015, https://youtu.be/FoPWPDDyYGY.

15. Berl Katznelson, "Bizchut Hamevochah Uvgnut Hatiyach—Bizchut/ D'varim Bkinus Madrichei Aliyat Hanoar," July 8, 1940, in *Writings*, vol. 9 (1948), 262.

16. Available online at https://shemittahrediscovered.blogspot.com/2012/07/re-prof-paul-eidelberg-hebraic-origins.html?m=0, 9/20/2019.

17. There have been many instances of arrests of women attempting to pray with tallit and *t'fillin* or to carry a Torah scroll since 2012.

18. "The Bill of Rights: A Transcription," National Archives, https://www.archives.gov/founding-docs/bill-of-rights-transcript.

19. "Separation of Church and State," Legal Information Institute, https://www.law.cornell.edu/wex/separation_of_church_and_state.

20. The authors of the DOI were well aware of this as in the document itself is a call for a constitution: "WE DECLARE that, with effect from the moment of the termination of the Mandate being tonight, the eve of Sabbath, the 6th Iyar, 5708 (15th May, 1948), until the establishment of the elected, regular authorities of the State in accordance with the *Constitution which shall be adopted by the Elected Constituent Assembly not later than the 1st October 1948*, the People's Council shall act as a Provisional Council of State, and its executive organ, the People's Administration, shall be the Provisional Government of the Jewish State, to be called 'Israel'" (italics added).

21. Eliezer Schweid, *Ra'ayon ha'am ha-nivchar ve-ha-liberaliyut ha-chadasha* (Jerusalem: Hakibbutz Hameuchad, 2016), 35.

22. Michael Marmur, "Lightness in Times of Darkness," in *Defining Israel: The Jewish State, Democracy, and the Law*, ed. Simon Rabinovitch (Cincinnati: HUC Press, 2018), 138.

23. Article 137 of the former Weimar Constitution provides that there is no state church and that religious societies regulate and administer their affairs independently, thereby generally establishing a separation between church and state. The German state has to adhere to the principle of state neutrality, meaning the state is in general allowed neither to favor nor to discriminate against certain confessions and cannot define what constitutes a religion or religious behavior. On the other hand, the Basic Law does not establish a strict separation but a cooperation between the state and the religious societies. For example, it allows religious classes as part of the regular curriculum in public schools (Basic Law, art. 7, para. 3) and the establishment of private denominational schools (Basic Law, art. 7, para. 5), and religious societies may apply to register as public law corporations (art. 140 in conjunction with art. 137, para. 5 WRV) and levy taxes on their members as a result of that (art. 140 in conjunction with art. 137, para. 6 WRV). Associations whose purpose is to foster a philosophical view of the universe

(Weltanschauung) have the same status as religious societies (ideological associations) (art. 140 in conjunction with art. 137, para. 7 WRV).

24. Martin Buber, "Liberty and Destiny," in *Record and Destiny A* (Jerusalem 1934/5744), 216.

25. "Protection of Holy Places Law," 1967, https://mfa.gov.il/mfa/foreignpolicy/peace/guide/pages/protection%20of%20holy%20places%20law.aspx.

AFTERWORD

Where Do We Go from Here?

RABBI GILAD KARIV (*Israel*)
RABBI RICK JACOBS (*United States*)

RABBI GILAD KARIV

EARLY IN 1948, the Zionist movement's leadership debated the issue of a national anthem for the nascent state. At the same time, they were preparing the declaration of the establishment of the State of Israel and contending with violent efforts to thwart the realization of the United Nations' resolution.

One of the options suggested for the future anthem was Psalm 126—"A Song of Ascents, when God restored Zion's fortunes, we were like dreamers"—which describes the return of the Jewish people to its land after the Babylonian exile. The words of the psalm emphasize the link between the reborn nation and the ancient history of the Jewish people, and the choice of the psalm would have exemplified the eternal connection between the *Tanach* and the entirety of Jewish tradition. Though this compelling suggestion was rejected in favor of *HaTikvah*, the words of this psalm, which opens the *Birkat HaMazon* ("Blessing after Meals") on Shabbat and on holy days, have proved to be still relevant and thought-provoking today.

Most classical commentators suggest that the first words of Psalm 126 allegorically describe the feeling of those returning to Zion as ones who live "as though within a dream." Others suggest that the intention was to portray the escape from exile as a sudden and dramatic occurrence, akin to the sensation of suddenly waking up from a nightmare to discover a safe and comforting reality. Yet other commentators argue that the first verse of the psalm does not speak of dreams at all. They notice that the Hebrew root from which the verb *lachlom* ("to dream") is derived is the same root as the verb *hachlamah* ("to heal" or "recover"). These commentators suggest that the psalm's intent is to describe the return to the Land of Israel after long years of disconnect as the beginning of a process of healing and strengthening.

These two classical approaches to the psalm—the one that speaks of a rapid transition from one reality to its opposite, and the one that speaks of a gradual healing process—are more relevant today than ever when we consider the great challenges and opportunities facing the State of Israel. The fact that only three years after the conclusion of World War II the Jewish people were able to establish their sovereign state is a miracle; truly, a dream came true. It is doubtful that there is another example in human history of such a drastic transition from the depths of oppression and genocide to the heights of independence, liberty, and sovereignty.

Seventy-one years have passed since David Ben-Gurion announced the establishment of the State of Israel, and it is clear that the founding of the state did not conclude the journey of the Jewish people toward "the Promised Land," but instead opened a new phase of that journey. At the beginning of the eighth decade of Israel's existence, we have come to fully understand that the establishment of an independent and thriving state that sustains an exemplary society and realizes Judaism's prophetic values as envisaged in the Declaration of Independence is a protracted and complex process—akin to a gradual recovery from chronic condition of weakness and infirmity.

The understanding that we are dealing not with a sudden miracle, but with a long-term multigenerational process, leads us to three important and strategic insights that should shape our path in the coming decades:

1. We are in the midst of a long process. Therefore, patience and historical perspective are paramount.
2. Like any process of recovery, there are many moments of progress and success, and many moments of struggle, coping, and regression. We cannot take any of these moments lightly nor can we ignore them, but neither should they discourage us or lead us to despair. Our optimism, determination, and faith to return to the path of progress amidst moments of regression are essential elements in this long process.
3. Like any process of recovery, the support and marshaling of family members and friends of the sick person are a condition of success, no less than the person's own willpower.

Seventy-one years have passed since the establishment of the State of Israel, and many of us are privileged to raise and educate the fourth or fifth generation of Israelis. We obviously experience countless moments of pride, joy, and success. But alongside them are many moments of concern, frustration, and anxiety about the future. Despite its military strength, the State of Israel continues to contend with deadly and serious external existential threats. Simultaneously, we face fundamental challenges from within. Israeli society is on the threshold of several diverging paths that will determine its character for generations to come. We cannot and must not ignore these internal threats and challenges. However, we must also not despair on account of them.

All of us, Jews living in Israel and Jews living in the Diaspora, are lucky to live in an age when the Jewish people have a strong independent nation and the vast majority of world Jewry live in democratic societies. However, just as with the generation that founded the State of Israel, the work is far from being completed. It is our duty to continuously dedicate ourselves to the recovery and strengthening of the Jewish people. The founding generation of the State of Israel built a state and government institutions, defended the borders of the land, developed an economy, and absorbed millions of immigrants from the East and West. The current generation is called upon to continue these tasks and to reaffirm the foundational values of Israeli society; shape its character as a heterogeneous and multicultural democratic society; resolve its relationship with the Palestinian people and the surrounding Arab nations; and contend with significant social divides and threats to the organs of the social welfare state, the character of Israeli Judaism, and our relations with world Jewry.

It is not surprising that Israeli society in its eighth decade of sovereignty confronts decisions that are no less fateful than those faced by the founders' generation. According to popular belief, a single year of a dog's life is equal to seven human years. It might well be the case that a single human year is equal to seven years of sovereignty and statehood. Contemporary Israeli society can be likened to an adolescent who begins shaping his or her character and values in a profound way. Studying the Books of Ezra and Nehemiah teaches us that such was the fate of the Third Jewish Commonwealth, where seventy years after the return from Babylon and amidst difficult internal battles, the second and third generations of returnees turned their attention to shaping the character, faith, practice, and values of their society. This historical pattern is familiar to American citizens who know their nation's history. The third generation after the American Revolution attained independence, established the sovereign state, and then struggled in the Civil War. It was no different from today's third generation of Israelis, who still find themselves in a contentious debate and struggle over our future path and values.

It is no secret that in the founding years of the State of Israel, Reform Judaism had a minuscule presence in the Land of Israel, despite prominent Reform leaders such as Rabbi Abba Hillel Silver and Rabbi Stephen S. Wise playing a pivotal role in the international machinations behind the founding of the state. Many factors contributed to this reality—factors worthy of historical research—but one factor was the fact that in those difficult and challenging years, most of the efforts were devoted to the mere physical establishment and survival of the state. The non-orthodox Israeli public, devoted to fulfilling and realizing the dream of generations, expressed its Jewish identity by establishing the state—and sufficed with that. Keeping that in mind, it is not surprising that under the British Mandate, the responsibility for Jewish religious practice was handed to the orthodox rabbinate. Today, more and more Israelis understand that our generation must devote serious attention to the shaping of the character both of the state and of Israeli Judaism, as well as to cultivating the foundational values of Israeli society. These Israelis embrace the understanding that just as the physical existence of the state is not to be taken for granted, neither are its nature and values as a Jewish and democratic state.

In recent years, this understanding has led thousands of Israelis to view Reform congregations in Israel as their spiritual and cultural homes and to work with us in establishing new Reform communities throughout Israel. These communities provide spaces for non-orthodox Israelis who are yearning to integrate a meaningful connection to Jewish tradition into their lives and to communally and publicly cultivate the values of equality, inclusion, pluralism, and *tikkun olam* ("repairing the world"). Whereas the vision of a strong and vibrant Reform congregation in every major city in Israel seemed to be an unattainable dream to the last generation, we are now turning that dream into a reality.

Twenty years ago we gathered every few years to celebrate the ordination of one Israeli Reform rabbi. Recently, we marked the ordination of the hundredth rabbi in the Israel Rabbinical Program at Hebrew Union College–Jewish Institute of Religion (HUC-JIR) in Jerusalem. For many years, we believed that only a radical change in the relationship between religion and state and the end of the discriminatory policies of the Israeli government toward non-orthodox movements would lead to a flourishing Reform Judaism in Israel. Now we know that the opposite is true. Only a flourishing Reform Judaism can guarantee the freedom of religion and conscience in Israel and the strengthening of its democratic character. We are the guarantee of a reality in which the nation-state of the Jewish people treats all streams of Judaism and all citizens of the state with equality and dignity. More and more Israelis recognize that Reform Judaism (as an open, inclusive, and egalitarian Judaism committed to *tikkun olam*) provides an opportunity to contribute to the future of the State of Israel. This recognition might be the greatest achievement of the Reform Movement in the twenty-first century. In Israel, Reform Judaism is a source of proud, creative, and practical vitality. It offers a sense of belonging for liberal Jews in Israel and the Diaspora.

For many years, world Jewry helped to enliven the wilderness by planting trees across Israel. Today we have the historical opportunity to plant more and more Reform congregations, adult education programs, kindergartens, schools, youth groups, and organizations for *tikkun olam*—and eventually, these will turn into a future liberal character of Israeli society and Judaism.

I am convinced that creating a strong Israeli Reform Movement is vital not only for Israeli society but for liberal and progressive Jews around the world. This is most true for communities in which demographic factors give political and organizational power to an orthodox establishment (i.e., the overwhelming majority of communities outside of North America). The strengthening of Reform Judaism in Israel will help to legitimate and strengthen those Diaspora Reform communities that regularly experience discrimination and exclusion similar to their counterparts in Israel. At the same time, I want to emphasize the importance of such an effort for a vital future of Reform Judaism in North America. The last decades have shown how important the principle of *K'lal Yisrael* ("Jewish peoplehood") is for a liberal Jewish identity in North America. At a time when the connection of young American Jews to Israel is eroding (tied to long-term trends in American Judaism and to the state of affairs in Israel), Israeli Reform Judaism might inhibit that erosion and even reverse its trend. The growth of the Reform Movement in Israel conveys a clear message that despite the increasing influence of theocratic and nationalist forces in Israel, there is broad public commitment to democratic values—and to a liberal reading of the Jewish narrative. One of the characteristics of this time is an unwillingness to accept any kind of automatic belonging to a given group. Instead, interpersonal connections are primary drivers for the affiliation, belonging, and integration of an individual into larger groups. The large number of Israelis who perceive Reform Judaism as the expression of their Jewish identity creates a wonderful opportunity to create a new sense of Jewish peoplehood, based on interpersonal connections and shared perspectives.

This optimistic outlook on the decades to come is neither naïve nor innocent. It entails a full recognition of the challenges facing Israeli society as well as other democratic societies around the world (the United States among them). It is no secret that the liberal and progressive worldview is under significant attack from archconservative ideological and political forces embracing theocratic and nationalist agendas. We must acknowledge that the rise of these forces is a reaction to the significant achievements by the liberal and progressive movements generally and within the Jewish world in particular. The memory of these successes should remind us of our ability to impact and shape reality according to our values—if we are wise enough, if we broaden our circles, and if we act with sensitivity, openness, and for the sake of inclusion. Most importantly: we must act together and with appreciation of each other's contributions.

The establishment of the State of Israel, the revival of the Hebrew language, the thriving of the State of Israel, the robust Jewish American community, and the fact that Reform Judaism became a leading force in the Jewish world—these achievements seem to be abundant proof that history belongs to the dreamers and to those who do not despair at the perspective of long recovery processes. Twenty-six hundred years ago, the Psalmist concluded Psalm 126 with these words: "Though they move forward weeping, carrying the seed-bag, they shall come back with songs of joy, carrying their sheaves. Those who sow in tears shall reap with songs of joy."

Rabbi Rick Jacobs

The late Amos Oz wrote, "Fundamentalists live life with an exclamation point. I prefer to live my life with a question mark." Our world is plagued by righteous believers who think that they have a lock on what God wants and that it is therefore their right to coerce others to act accordingly. In contrast, this extraordinary volume was crafted by critical thinkers and courageous activists who display a tolerant and pluralistic spirit about religious beliefs and practices while wrestling with complicated questions regarding our love for Israel.

Polls affirm growing strains between North American Jewry and Israel—most significantly, a growing alienation of the young. These trends must be an alarm bell for all *ohavei Yisrael* ("lovers of Israel") who stand for the unity of the Jewish people and for the security and well-being of Israel. These trends are fueled by many of the dynamics spelled out by Israeli and North American figures whose essays grace this book:

- The continuing discrimination against non-orthodox Jews, their rabbis, and their institutions (the overwhelming majority of North American Jews and a majority of Israelis).
- The growing pressure on Israel's democratic institutions.
- The ongoing moral and political challenges of the continuing occupation, which poses nothing less than an existential threat to Israel as a Jewish and democratic state.

It is hardly a mystery how we got to a moment calling for a book such as this: an illiberal Israeli government in power for more than a decade tolerated and emboldened the illiberal segment of Israeli society. Intolerance, whether in the civic or religious sphere, violates the core values and principles of most American Jews.

North American Jewish commitment to Israel, including our Reform Jewish Movement—by far the largest stream of Jewish life in North America—has roots deeper than any one government, as this volume of essays illustrates. That is why, in June 2018, the North American Board of the Union for Reform Judaism (representing our nearly nine hundred synagogues, with 1.5 million members) strongly affirmed the Jerusalem Program of the World Zionist Organization, unanimously endorsing the importance of *aliyah* ("Jewish immigration to Israel"), the centrality of Hebrew in North American Jewish education, support for Israel as a Jewish, democratic, and pluralistic state, and support for Jewish peoplehood. In the coming years, the North American Reform Movement will continue to anchor its Zionism in Jewish peoplehood and the founding ideals of the Jewish state.

Particularly at a time of growing strains between Israel and Diaspora Jewry, described so incisively in this book's essays, we must strive every day to continue our long-standing efforts to inspire our people to fall in love with Israel, her diverse and remarkable people, the founders' vision, and her scientific, economic, and cultural achievements. To accomplish all this, we bring thousands of Reform Jews to Israel each year: we send teens on varied summer trips and the semester-long Heller High study program, we encourage all our eligible young adults to go on a Birthright trip, and we accompany hundreds of congregants of all ages on synagogue trips. To attract even more participants, we are expanding the range of Israel trips for youth to include options for science and technology, sports, and/or Hebrew immersion programs.

At the same time, we take our Israel engagement work in North America seriously. Our summer camp educators attend training sessions in Israel to ensure the most engaging Israel-related programming for the thousands of young people who annually attend our North American camps. We partner with the Jewish Agency to bring hundreds of Israeli *sh'lichim* ("emissaries") to these same camps and our congregations. In return, those Israeli *sh'lichim* experience a liberal Judaism—often for the first time in their lives—that is compelling and relevant and transformative. We celebrate the challenging reality that Israel-Diaspora relations are and forever must be a full partnership between equals. Both partners are vibrant, and each partner has much to learn from the other. God, impatient with injustice, calls us to live Jewish lives of depth and commitment. It is because of this call that we will not stop fighting for the Israel promised in Israel's Declaration of Independence. We do not shirk our obligation to object to policies that deny religious equality to all Jews and equitable treatment of Judaism's major streams; to policies that weaken Israel's Jewish democratic core and undermine prospects for Israeli-Palestinian peace.

K'lal Yisrael, the "unity of the Jewish people," is a magnificent notion that has resided at the heart of Jewish peoplehood for centuries. However, we will never embrace a Judaism that is empty tribalism. In keeping with the Zionist thoughts of Achad HaAm, A. D. Gordon, Henrietta Szold, and Rabbi Judah Magnes, we will continue to stand and fight for social justice and Jewish ethical commitment in both Israel and North America and to work for a Jewish state as a "light to the nations" (Isaiah 42:6 and 49:6).

Just as our Zionist values are embedded in the words of earlier prophetic Zionist leaders, so too are they embedded in our belief in the need to strengthen democracy, the rights of minorities, and the ability of each individual to live life to its fullest potential. In the United States and Canada, the Jewish people have known more rights, freedoms, and opportunities than ever in the history of Diaspora Jewish life. The robust religious, cultural, and scholarly Jewish life in North America has much to offer Jews throughout the world and Israel. The contributions of Diaspora communities are not a new phenomenon. Throughout every period of our people's history for the past two thousand years, more Jews have lived outside Israel than in our homeland. The most authoritative Jewish intellectual achievement, the Babylonian Talmud, was compiled in fifth-century Babylonia.

So, it is time to stop thinking that Israel ought unilaterally to be able to set the agenda for world Jewry and that we in the Diaspora are merely expected to toe the line. That paradigm is broken.

It is also time that we North American Jews open our hearts and minds to learn more about the Jewish experience of Israelis and the Israeliness of daily life there. When the hundreds of *sh'lichim* come to our camps and our congregations each year, we should engage in serious dialogue with them, learn about their concerns, lives, and aspirations. When we go to Israel, we must take time away from tourism and spend time getting to know Israelis and Israeli society. We have a unique advantage as an American Reform Movement: our partnership with the Israel Movement for Reform and Progressive Judaism. There is a growing roster of Israeli rabbis educated and ordained at our seminary in Jerusalem, HUC-JIR, and a burgeoning set of Reform congregations in large Israeli cities and smaller towns. Our Israeli Reform Movement is growing and creating communities that address the needs and desires of Israelis. We American Reform Jews can and will learn from our Israeli partners.

Solidarity is a critical part of the interdependent, mutually responsible partnership between Israeli Jews and North American Jewry, and that solidarity needs strengthening. When our North American Jewish community wept in the aftermath of the shooting in Pittsburgh's Tree of Life synagogue, we appreciated the visits by Israeli leaders offering condolence and solidarity. We did not appreciate their lectures telling us that the Trump administration was not responsible for the dramatic spike in hate and bigotry—including antisemitism—despite the facts that speak to the contrary. When Israel endures rocket attacks that injure and traumatize her people and burn her fields, Israelis want support and solidarity from their North American family, not sermons about the stalled peace process. The essays compiled in this book—by addressing common themes, seeking common ground where possible and a deeper understanding where differences exist—demonstrate that Jews and non-Jews living in Israel and Jews living in North America *can* work together in a meaningful and sensitive way, even as we express our respective concerns and differences.

A recent example: as robust defenders of Israel in North America, we cannot be expected to support the Nation-State Law. My predecessor as URJ president, Rabbi Eric Yoffie, wrote:

> While asserting that Israel is the nation-state of the Jewish people, it then affirmed Israel's right to involve itself in Diaspora

affairs while denying the Diaspora's right to involve itself in Israel's affairs. There is special irony in the fact that a law intended to promote Jewish unity succeeded primarily in distancing the Jewish state from Jews of the world.

Another example: in North America, we will not be silent about the proliferation of Jewish settlements throughout the West Bank. Those settlements endanger any possibility of a two-state solution, which is indispensable for a realistic peace agreement, and they undermine the Zionist enterprise of a safe and secure Jewish and democratic state. I am not naïve; although we are nowhere near a two-state solution, this much *is* clear: any legitimate Jewish state must also be a democracy. A one-state solution that denies Palestinians any claim to sovereignty abandons either the Jewish or the democratic essence of modern Israel. I cannot imagine losing either. Ariel Sharon, hardly a left-wing progressive Zionist, warned in 2003, "You cannot like the word, but what is happening is an occupation—to hold 3.5 million Palestinians under occupation. I believe that is a terrible thing for Israel and for the Palestinians."[1] One can be committed to Israel's security and well-being and fully supportive of the right of Palestinians to a homeland next to Israel. Rabbi Levi Weiman-Kelman reminds us of the Torah's injunction to have "one standard" for the stranger (non-citizen) and the citizen. The occupation erodes that fundamental Jewish ethical imperative: "In the West Bank, where Israeli Jews live under Israeli law and vote in the Israeli elections . . . these Jews live next to disenfranchised Palestinians who have no say in the basic aspects of their lives" (p. 68). We North Americans cannot and should not make Israel's policy decisions. The people of Israel live and die by those decisions. Nonetheless, we partners in the Zionist enterprise can and must offer critical perspectives.

The Reform Movement has a long track record of support for progressive causes. In progressive Jewish circles, we often are the voices opposing BDS. But Israeli policies on the West Bank, including the occupation itself and settlement expansion, make our efforts increasingly difficult. We are saddened when our young people support BDS, since at its core the BDS movement is anti-Israel. It aims for a one-state solution that will fatally compromise the Zionist dream of a Jewish state and a democracy. We Reform Jews must invite our young people to join us in a critical process that demands of all of us a willingness to explore, to debate, to probe, and to challenge how a Jewish and democratic state can create a truly shared society in Israel, and ensure that Israel hears our Reform voice demanding the equality of all Jewish streams. It is no surprise that undemocratic trends in Israel trouble our young people and that many then turn away. It is up to us to fight hard for their support, and it is simultaneously incumbent on the Israeli government to acknowledge the legal equality of Reform Jews and other non-orthodox Jewish streams in a democratic and Jewish state. Such acts of partnership would bring the next generation of American Jews a major step forward on its journey of love for Israel.

The Reform Movement programs are designed to bring more young people to Israel, enhance interactions between Israelis and North American Jews, and continue efforts to support those in Israel fighting for more humane and effective policies. Rabbi Shmuly Yanklowitz is right when he makes the case for strengthening the ties between Israel and North America "by reestablishing a focus on the ethical values of justice, liberty, and dignity as the core of the Israeli-American relationship. By reestablishing this focus, we move beyond the nationalistic land-idolatry that distorts contemporary Zionism" (p. 40). Pluralism and equality are not favors granted or denied by benevolent Israeli leaders. They are fundamental rights within a democracy. We will not tolerate the sale of our rights for political expediency. Israel can no longer remain the sole democracy in the world where we, as Reform and Conservative and Reconstructionist Jews (and increasingly Modern Orthodox Jews), are not legally recognized by the state to perform life-cycle events. In recent years, one part of this struggle has focused on the Kotel, where we hope to establish an egalitarian, pluralistic prayer space. A victory for equal rights at the Kotel is important both intrinsically and symbolically. Making the Western Wall a tangible example of Jewish equality creates momentum throughout the Jewish state toward ensuring religious and civil equality in all matters of marriage, conversion, support for synagogues, rabbis, and schools—for all streams of Judaism and for secular Jews. This book is a call for a partnership of equals to achieve such ends.

In the fall of 2018, the Jewish people Policy Institute (JPPI) released a study by Dan Feferman that detailed the demographic growth of the Reform and Conservative movements in Israel. Eight percent of Jewish Israelis now identify with the Reform Movement, and 8 percent with the Conservative Movement. Thirteen percent of Jewish Israelis identify with non-Orthodox Judaism, exceeding the total number of ultra-Orthodox Jews in all of Israel. These numbers are the result of Israelis having positive encounters and experiences with egalitarian and pluralistic Judaism. These encounters affect how they think, practice, and vote.

We are a diverse and strong people. We relish our multiplicity and celebrate the strength of our commitment to democratic values that has allowed our people to flourish through the centuries. We are guided by moral and ethical imperatives. The Jewish people came into the world with a deep purpose. Zionism must be more than just what Israeli politicians say and do. Whether we live in Israel or in another part of the world, we are all bearers of a wise and demanding tradition calling us to loving-kindness (*chesed*), justice (*tzedek*), and equality (*shivyon*). Together, let us celebrate two great centers of Jewish life bound together in shaping the destiny of the Jewish people, undergirded and uplifted by the core values enshrined in Israel's Declaration of Independence.

Study Questions

1. Rabbi Kariv writes about the fact that Reform Judaism played only a minor role in the founding years of the State of Israel. Today, he sees that changing. What might be the impact of more active progressive religious practice on Israeli society? Think about the impact on both civil society and religious rituals and celebrations.

2. Both Rabbi Kariv and Rabbi Jacobs write that they are not naïve. Why are many liberal and progressive visionaries often called "naïve"? What is your most "naïve" vision for the State of Israel; and in what ways would you need to change your vision in order to be less "naïve"?

3. Rabbi Jacobs and Rabbi Kariv write about the importance of personal connections and relationships both to the State of Israel and between Israelis and American Jews. In what ways can your synagogue community support you in establishing these relationships? What can you do independently?

Note

1. "Sharon Says 'Occupation' Not What He Meant," May 32, 2003, https://
    www.latimes.com/archives/la-xpm-2003-may-28-fg-mideast28-story.
    html.

Contributor Biographies

Rabbi Rachel Adler, PhD, is the Ellenson Professor of Modern Jewish Thought at Hebrew Union College-Jewish Institute of Religion in Los Angeles. She was one of the first to bring feminist perspectives to bear on Jewish texts and law. Her book *Engendering Judaism* (1998) is the first by a female theologian to win a National Jewish Book Award for Jewish Thought.

Hadeel Azzam-Jalajel, who was raised in Nazareth, was at the time of writing this essay co-director of the Racism Crisis Center and a lawyer with a private legal practice. She is a graduate of the Law School of the Hebrew University in Jerusalem. She interned at the civil rights organization Hamoked: Center for the Defense of the Individual, and since passing the bar in March of 2014, she has focused on administrative and constitutional law. Hadeel is a social and political activist, and a member of the leadership of the Jewish-Arab movement Standing Together, which works to promote peace, equality, and social justice. She also works as a content manager in both Hebrew and Arabic for the movement.

Ruth Calderon, PhD, is a former member of the Israeli Knesset, former vice-speaker of the Knesset of the opposition party Yesh Atid, a Jewish educator, and Talmud scholar. In 1989, she founded Beit Midrash ELUL and, in 1996, the secular Beit Midrash for Hebrew Culture, ALMA. She served as the head of the Division for Culture and Education of the Israeli National Library and on the faculty of the Mandel Institute for Nonprofit Leadership, where she also belonged to the first cohort of students to finish the program. She earned a PhD in Talmud at the Hebrew University in Jerusalem.

She was awarded the Beit Avi Chai Prize for Jewish Education, the Rothberg Prize for Jewish Education, and an honorary doctorate.

Rabbi Ayelet S. Cohen is the senior director of the New Israel Fund in New York. Rabbi Cohen served for a decade at Congregation Beit Simchat Torah, the world's LGBTQ synagogue serving Jews of all sexual orientations and sexual identities and was the inaugural director of the Center for Jewish Living and the David H. Sonabend Center for Israel at JCC Manhattan. Ordained by the Jewish Theological Seminary of America, she is the author of *Changing Lives, Making History: Congregation Beit Simchat Torah, The First Forty Years*, and co-editor of *Siddur B'chol L'vavcha*. Rabbi Cohen serves on the board of T'ruah: The Rabbinic Call for Human Rights. She and her partner, Rabbi Marc Margolius, have five children and live in New York City.

Rabbi Stanley M. Davids, is a Phi Beta Kappa graduate of Case Western Reserve University and was ordained by Hebrew Union College -Jewish Institute of Religion (HUC-JIR) in 1965. Following his service a chaplain in the U.S. Army, he served as senior rabbi in congregations in Massachusetts, New York, and Georgia before retiring in 2004 as rabbi emeritus of Temple Emanu-El of Greater Atlanta. He was chair of the CCAR Israel Committee, honorary life chair of the Israel Bonds Rabbinic Cabinet, a life member of NFTY, international president of Alpha Epsilon Pi fraternity, and past national chair of the Association of Reform Zionists of America. Following his aliyah, he served for many years as a member of the Board of Governors of the Jewish Agency and as a member of the Zionist Executive of the World Zionist Organization, and he continues to serve on the Board of Overseers of HUC-JIR's Los Angeles campus. Together with Rabbi Lawrence Englander, he was editor of *The Fragile Dialogue: New Voices of Liberal Zionism*. Resa and Stanley Davids have three children and eight grandchildren.

Ruth Gavison, PhD, is the Haim H. Cohn Professor Emerita of Human Rights at the Hebrew University in Jerusalem; a member of the Israel Academy of Sciences and the Humanities; a founding member of Association for Civil Right in Israel; co-author, with Yaacov Medan, of the New Covenant among Jews in Matters of Religion and State in Israel (The Gavison-Medan Covenant) a New Covenant Among Jews in Israel on state and religion issues (2003); a public intellectual, writing extensively on Israeli society and its challenges; and president of Metzilah: A center for Zionist, Jewish, Liberal and Humanist Thought.

Mickey Gitzin is the director of the New Israel Fund in Israel. Prior to joining NIF, he was the founding director of Israel Hofsheet (Be Free Israel), a leading grassroots organization fighting for separation of religion and state in Israel. Previously, he was the spokesperson for MK Ilan Gilon (Meretz) and the associate director of Festival BeShekel, an organization advancing arts and culture in Israel's geographic and socioeconomic periphery. After completing his military service as an intelligence officer, he served as a shaliach (emissary) in South Bend, Indiana, for the Jewish Agency for Israel. Mickey holds a master's in public policy from University College -London. In 2013, Mickey received NIF UK's Human Rights Award and, in 2015, NIF's Gallanter Prize for Emerging Israeli Social Justice Leaders.

Anat Hoffman became executive director of the Israel Religious Action Center in 2002. Previously, she served as a member of the Jerusalem City Council for fourteen years, carving out a niche for herself as an untiring warrior for justice and equality. She has dedicated her adult life to the Jewish principle of *tikkun olam*, which literally means "repairing the world." It is this commitment to social action and justice that has formed her career. Anat was a founding member of Women of the Wall, and she served on the boards of the Israel Women's Network, the Association for Civil Rights in Israel, and many other Israeli organizations for social change.

Rabbi Jill Jacobs is the executive director of T'ruah, which mobilizes more than two thousand rabbis, cantors, and their communities to protect human rights in North America, Israel, and the occupied Palestinian territories. She is the author of *Where Justice Dwells: A Hands-On Guide to Doing Social Justice in Your Jewish Community* and *There Shall Be No Needy: Pursuing Social Justice through Jewish Law and Tradition*. Rabbi Jacobs holds rabbinic ordination and an MA in Talmud from the Jewish Theological Seminary and an MS in urban affairs from Hunter College. She lives in New York with her husband, Rabbi Guy Austrian, and their two daughters.

Rabbi Rick Jacobs is the president of the Union for Reform Judaism (URJ), the largest Jewish movement in North America, with almost nine hundred congregations and nearly 1.5 million members. An innovative thought leader, dynamic visionary, and representative of progressive Judaism, he spent twenty years as the spiritual leader of Westchester Reform Temple in Scarsdale, New York. Deeply dedicated to global social justice issues, he has led disaster response efforts in Haiti and Darfur.

Rabbi Gilad Kariv is the president and CEO of the Israel Movement for Reform and Progressive Judaism. He studied in the Israel Rabbinical Program of Hebrew Union College -Jewish Institute of Religion and was ordained as a Reform rabbi in 2003. Prior to that, Rabbi Kariv served in the Israeli Defense Forces' special Talpiot project of the Intelligence Corps and graduated from the Faculty of Law at the Hebrew University, earning a combined degree with a BA in law and Jewish philosophy. He obtained his LLM in public and international law from the Northwestern University School of Law, has served as a member of the Constitution Committee for the State of Israel, and now sits on the board of Panim, an advocacy organization working to promote pluralistic Judaism in Israel. Recently, Rabbi Kariv led the negotiations on the Kotel issue, which resulted in a historic decision to create a pluralistic section of the wall. Rabbi Kariv lives in Ramat Gan with his wife Noa and their three children.

Tzachi Mezuman is the director of the Racism Crisis Center, in partnership with Hadeel Azaam-Jalajel. Tzachi also serves as a content editor and a scientific editor in the liberal arts. He founded and edited the journal *De'ot* of the Ne'emanai Torah Va'Avodah movement and was an editor for many popular and academic publications. Tzachi managed the translation department in the center for Bagrut (matriculation) exams at the Szold Institute, where he also coordinated the writing of the Talmud and Rabbinics exams. Since 2015, Tzachi has taken part in the battle against racism as part of the Israel Religious Action Center, and in 2017, he founded the Racism Crisis Center. Tzachi is one of the founders of Shoval, working for LGBT tolerance in the religious community; is an activist and past chairperson of the Israel Interfaith Association (IIA); and serves on the board of Tag Meir, combating racial hate crimes.

Rabbi Uri Regev is the president and CEO of an educational and advocacy Israel-Diaspora partnership, Hiddush—Freedom of Religion for Israel, and of its Israeli counterpart, "Hiddush --For Religious Freedom and Equality," which he founded in 2009. Prior to that, he served for seven years as president of the World Union for Progressive Judaism, a global umbrella organization of the Progressive, Reform, Liberal, and Reconstructionist Movements. A cum laude graduate of Tel Aviv University Law School and the Hebrew Union College -Institute of Religion in Jerusalem, where he was ordained in 1986, Rabbi Regev served in the IDF as an assistant legal advisor in the Gaza Strip and Sinai and as military prosecutor for the Israeli navy. He retired with the rank of lieutenant colonel and went on to serve as founding chair, and later as executive director and legal counsel, of the Israel Religious Action Center (IRAC). Rabbi Regev lives in Jerusalem with his wife, Garri. Their son, Yonatan, and daughter-in-law, Lara, are rabbis serving congregations in Northern California, and their daughter, Liron, is a pastry chef in Southern California.

Rabbi John L. Rosove is rabbi emeritus of Temple Israel of Hollywood. He served as the national chairperson of the Association of Reform Zionists of America (ARZA) (2016 -2018) and was national co-chair of the Rabbinic and Cantorial Cabinet of J Street from 2012 to 2016 and again from 2019. He received the World Union for Progressive Judaism International Humanitarian Award (2002) and special commendation from the State of Israel Bonds. In 2013 he was honored by J Street at its fifth anniversary celebration in Los Angeles. He is the author of *Why Judaism Matters: Letters of a Liberal Rabbi to His Children and the Millennial Generation* (2017) and of *Why Israel and its Future Matter: Letters of a Liberal Rabbi to His Children and the Millennial Generation* (forthcoming). He also writes a regular blog that appears on the *Times of Israel* Blog (https://blogs.timesofisrael. com/author/john-l-rosove/) and his own blog at http://rabbi-johnrosove.wordpress.com/.

Rabbi Noa Sattath is the director of the Israel Religious Action Center (IRAC), the social justice arm of the Israel Movement for Reform and Progressive Judaism (IMPJ). She is charged with leading the staff of the organization, developing and implementing social change strategies in the fields of separation of religion and state, women's rights, and the struggle against racism. Prior to her work in IRAC, Noa was the executive director of the Jerusalem Open House, the LGBT community center in Jerusalem. Noa was also the executive director of MEET, a nonprofit organization that uses technology to create a common language between Israeli and Palestinian young leaders. Prior to her work in civil society, Noa worked as a leader in the Israeli software industry. She is a graduate of Hebrew University and Gratz College. She was ordained by Hebrew Union College -Jewish Institute of Religion in 2014. She is a member of Congregation Kol HaNeshama in Jerusalem.

Rabbi Judith Schindler is the Sklut Professor of Jewish Studies and director of the Stan Greenspon Center for Peace and Social Justice at Queens University of Charlotte. She was named rabbi emerita in 2016 of Charlotte's Temple Beth El after serving as senior rabbi (2003 -2016) and as associate rabbi (1998–2003). She co-authored *Recharging Judaism: How Civic Engagement Is Good for Synagogues, Jews, and America* (CCAR Press, 2018). She is enrolled in the Doctor of Hebrew Letters program at Hebrew Union College -Jewish Institute of Religion, where she received her master's in 1993 and was ordained in 1995.

Rabbi Levi Weiman-Kelman is the founding rabbi of Congregation Kol HaNeshama in Jerusalem. He currently serves as president of Shomrei Mishpat: Rabbi for Human Rights.

Rabbi Joshua Weinberg serves as the vice president of the URJ for Israel and Reform Zionism and is the director of ARZA. A product of the Reform Movement, he came on aliyah to Israel in 2003 and was ordained from the Hebrew Union College -Jewish Institute of Religion Israeli Rabbinic Program in Jerusalem. Josh has previously served as the director of the Israel program for the Reconstructionist Rabbinical College and as a faculty member of Heller High School in Israel. He is married to Mara Getz Sheftel, and together they have four daughters.

Rabbi Dr. Shmuly Yanklowitz, is the president and dean of the Valley Beit Midrash, the founder and president of Uri L'Tzedek, the founder and CEO of the Shamayim V'Aretz Institute, the founder and president of YATOM, and the author of sixteen books on Jewish ethics. *Newsweek* named Rav Shmuly one of the top fifty rabbis in America, and the *Forward* named him one of the fifty most influential Jews.

Rabbi Eric H. Yoffie served as president of the Union for Reform Judaism from 1996 to 2012. He lectures and writes on Israel and the Middle East, Reform Judaism, and American religious life, and he contributes a regular opinion column to the Israeli daily *Haaretz*. His writings may be found at ericyoffie.com.

להעמיק את השיחה

ישראלים ויהודים אמריקאים
טווים חזון למדינה יהודית דמוקרטית

להעמיק את השיחה

ישראלים ויהודים אמריקאים
טווים חזון למדינה יהודית דמוקרטית

בעריכת הרב סטנלי מ׳ דיווידס
והרב ג׳ון ל׳ רוזוב

עורכות־יועצות הרב נועה סתת והרבה ג׳ודי שינדלר

תירגמו מאנגלית הרבה אפרת רותם והרב יוני רגב

הוצאת ספרים CCAR בע״מ, ניו יורק

RJP, חטיבה של הוצאת ספרים CCAR
שדרות לקסינגטון 355, ניו יורק, ניו יורק, 10017
212-972-3636
www.ccarpress.org

נדפס בארצות הברית
10 9 8 7 6 5 4 3 2 1

אם תרצו אין זו אגדה.

המשפחה שלנו ניצבת בראש סדר העדיפויות של אבי. שנית לערך הנעלה הזה ניצבת מחויבותו למדינת ישראל כמדינה יהודית ודמוקרטית, מחויבות שאמי, ילדיהם ונכדיהם חולקים אתו לחלוטין.

ילדיי ואני, מתוך אהבה וגאווה גדולה, מקדישים את הדף הזה

לרב סטנלי מ׳ דיווידס-

אבא. סבא. מבקש דרך. איש מעשה. תלמיד. מורה.
חובב ציון במלוא לבו.

להעמיק את השיחה הוא לא רק ספר. הוא אתגר שיעזור לנו לראות ולשמוע אלו את אלו, ואז לפעול יחד ולבנות שותפות פעילה, המבוססת על הבנה הדדית בין יהדות אמריקה לאזרחי ישראל. זהו החלום של אבי. וזו המשימה המשותפת שלנו.

שושנה דואק

ג׳יימס דואק   ג׳ושוע דואק   גבריאל דואק

יש יותר מדרך אחת להיות יהודי

ספר זה מוקדש לילדינו,
אבי וליז, בנג׳י וג׳ולי;
ולנכדינו,
דייוויד, לינה ואיזי
על מנת שיפתחו אהבה וגאווה במדינה היהודית,
בערכיה הדמוקרטיים ובליבתה היהודית.
הרבה קארן ל׳ פוקס ומייקל רוזן

ישראלים ליברלים כמהים לשמוע קולות ליברליים מאמריקה שאינם מגנים אותם אלא בונים איתם שותפות. יהודי צפון־אמריקה צריכים להחליף במסרים אחרים את הכותרות ואת הסיסמאות של מי שמחפשים להכפיש את ישראל. החזון של הספר **להעמיק את השיחה** והיוזמות הנלוות לו הוא לאפשר לכם לשמוע את קולות שותפיכם לדרך, אמריקאים וישראלים המחויבים לישראל צודקת, ליצור איתם קשר, ולאפשר להם לדבר דרככם כפי שאתם תדברו דרכם. מטרתנו היא לבנות שותפות חזקה יותר בין יהדות צפון־אמריקה ובין ישראלים המחויבים למדינה יהודית ודמוקרטית, המגלמת את הערכים הנטועים במגילת העצמאות.

אנחנו צריכים נרטיב חדש - נרטיב שמכיר במשבר המוסרי בישראל אבל מאמין גם ביכולתם של הישראלים ומוסדותיהם להתמודד עם האתגרים הללו, בעודם יוצרים ישראל צודקת יותר. אנחנו צריכות דרך חדשה, שותפות מלאת כוונה ומעורבות בין ליברלים בישראל ובצפון־אמריקה.

אין סיבה שנרגיש בדידות. אנחנו יכולות ויכולים לפעול יחד, בשיתוף פעולה.

~הרב נועה סתת והרבה ג'ודית שינדלר

תוכן העניינים

תודות

הרב סטנלי מ׳ דיווידס (ארצות הברית)

המורה והמנטור המכובד שלי, ד״ר דוד הרטמן ז״ל, הוא שהעניק לי - כפי שעשה לעתים כה קרובות - את המילים, את הדימויים ואת המטאפורות שמיטיבים לתאר את המסע שלי לציון. כמי שנולד בשנת 1939, שתי דרכים נפרשו לפניי: אחת שהובילה מאושוויץ לירושלים; ואחת שהובילה מסיני לירושלים.

הייתי בן עשר כשהבנתי שרבים מבני משפחתי הקרובים נרצחו בשואה. כמעט בו בזמן, הוכרזה הקמת מדינת ישראל. הבחירה שעמדה לפניי הייתה ברורה באכזריותה: אני יכול לבחור שהסיפור האישי שלי יהיה חלק מהמורשת הבלתי ניתנת לתיאור של אושוויץ, למלא את נפשי ביגון ובזעם, ולפעול לעצב את ישראל לכדי כלי צדק מעניש; או שביכולתי לבחור לדבוק בכתוב בוויקרא יט, לד ("כְּאֶזְרָח מִכֶּם יִהְיֶה לָכֶם הַגֵּר אִתְּכֶם וְאָהַבְתָּ לוֹ כָּמוֹךָ כִּי גֵרִים הֱיִיתֶם בְּאֶרֶץ מִצְרָיִם אֲנִי ה׳ אֱלֹהֵיכֶם"), לפעול לעצב את ישראל לכדי מדינה שתדרוש מאזרחיה לזכור את כל כאבנו וצערנו, ולהשתמש בזיכרונות הללו על מנת לעצב את ישראל לכדי דוגמה ומופת לצדק, לשוויון ולתקווה.

בחרתי בדרך סיני. פעמים רבות המדריכים שלי בדרך הזו היו חברים בפקולטות המכובדות במכון שלום הרטמן ובהיברו יוניון קולג׳. ואני מודה להם.

הספר הזה הוא ביטוי לחזון ולתשוקה של הרבה הרה פרסון. היא נתנה בי את אמונה שאשא קדימה בגאון את החזון ואת התשוקה הללו. עם זאת, תהליך כזה דורש שיתוף פעולה. התמזל מזלי שהרב נועה סתת והרבה ג׳ודית שינדלר הסכימו להצטרף למערכת מהרגע הראשון ולספק הן מחשבה צלולה והן את סוג היצירתיות הנחוץ לניווט בנתיבים לא סלולים. הרב ג׳ון ל׳ רוזוב הצטרף אליי בצומת קריטית כעורך־שותף ושיתף אתי פעולה

בתהליך העריכה המאיים. בכל פעם שתסכול וחוסר ודאות
חסמו את דרכי, ג׳ון היה הראשון לקבל ממני אימייל בשלוש
לפנות בוקר. הוא תמיד השיב מיד.

נדרשנו למתרגמים כדי להעביר את הטקסטים ממצב טיוטה
לעריכה ראשונה, שנייה ושלישית. תודתי הכנה נתונה לרבה
אפרת רותם ולרב יוני רגב, ולעורכת גנית מייר שסייעה בידם.

כמו כן, נדרשנו לצוות מקצועי שינחה אותנו. אין ביכולתי
להודות מספיק לעורכת בהוצאת CCAR Press (וכיום חברתי),
הרבה ד״ר סוניה ק׳ פילץ. היא עורכת נבונה, והבינה נכונה כיצד
להתמודד עם כותבים עמוסים ועם שורה של מועדים אחרונים
שלא מרפים. סוניה הרכיבה צוות מיומן ומנוסה שלא אכזב
אותנו אף לא פעם אחת.

ולמשפחתי, שנשאה במירב העול בשנה וחצי האחרונות שהוק־
דשו ליצירת הספר הזה: אני מתנצל שדעתי הוסחה לתקופה כה
ארוכה, ואני מודה לכם על ההבנה והעידוד המתמידים. ריסה,
אשתי האהובה ושותפתי, גם לתשוקתי לציונות. היא כוח טבע
אמיתי, מנהיגה קהילתית יוצאת דופן בזכות עצמה, ומקור
כוחי והשראתי. לילדינו, הרב רון דיוויס (וניקול), שושנה דואק
ואביבה לוין (וג׳ייסון). אתם מראים לי בקביעות מה כוחה של
הדרך מסיני לירושלים. אני אוהב את כולכם.

יותר מכל, הספר הזה הוא הזמנה לנכדינו ונכדותינו: אליזבת׳
(בת׳) והאנה דיוויס; ג׳יימס (ג׳יי־ג׳יי), ג׳ושוע וגבריאל דואק;
זיק, מיה וקול לוין להצטרף אלינו במסענו לציון. נצעד איתכם
בדרך הזו לעד. אני מבטיח.

הרב ג׳ון ל׳ רוזוב (ארצות הברית)

בשנת 1956 הייתי בן שש, ואז נתקלתי לראשונה בנושא הציונות ובמדינת ישראל. דודי מדרגה שלישית, אברהם שפירא (אז בן שמונים וחמש), השומר הראשון של היישוב ובן לאחת המשפחות המייסדות של פתח תקווה, בא ללוס אנג׳לס לבקר את ענף המשפחה שאליו השתייכתי. ענפי שתי המשפחות התפצלו באוקראינה, בשנות השמונים של המאה ה־19. המשפחות לא היו בקשר כלל עד שדודי ודודתי מארצות הברית, פיי ומקס וו. ביי, נסעו לישראל בשנת 1953 וחידשו את הקשר עם בני דודינו. הדוד אברהם בא אלינו לביקור גומלין בלוס אנג׳לס שלוש שנים לאחר מכן.

באותו הזמן חידשנו את הקשר גם עם בני דודים אחרים, בני משפחת ריבלין מירושלים. בשנת 1973, כסטודנט לרבנות בשנתו הראשונה, ביליתי מספר שבתות בביתה של ריי ריבלין (בעלה היה ד״ר יוסף ריבלין, פרופסור ללימודי האסלאם באוניברסיטה העברית). אני זוכר את בנה הנדיב והמעורב פוליטית, הנשיא הנוכחי של ישראל, ראובן (רובי) ריבלין.

בשנת 1970, באוניברסיטת קליפורניה שבברקלי, התאהבתי בקבוצת סטודנטים שהשתייכו לשמאל הציוני וקראו לעצמם ״האיגוד היהודי הרדיקלי״. ביניהם היו קן בוב, הנשיא הנוכחי של עמותת ״עמנו״, ובראדלי ברסטון, הכותב בעיתון ״הארץ״. דרכם, ובשל הניסיון שצברתי במכון ״ברנדייס קמפ״ בניהול ד״ר שלמה ברדין, פגשתי את לנרד (לייבל) פיין שעורר בי השראה לצעוד בנתיב הציונות הליברלית והצדק החברתי.

רבים השפיעו עליי מאז וגם נעשו לחבריי. ביניהם הרב ריצ׳רד (דיק) הירש, הרב עמי הירש, ענת הופמן, הרב אורי רגב, הרב גלעד קריב, הרב מאיר אזרי, הרב מיה ומנחם ליבוביץ׳, הרבה גלית כהן־קדם, ירון קריב, ראובן מרקו, הרב אריק יופה, הרב ריק ג׳ייקובס, ג׳רמי בן־עמי, הרב יהושע ויינברג, הרב בנט מילר, הרב סטנלי דיווידס, הרבה לאה מולשטיין, חברי הוועד המנהל שלי ב״ארצה״, וחברי הוועד המנהל של ״ארצנו״.

תודתי הלבבית נתונה לרבה אפרת רותם ולרב יוני רגב על עבודת התרגום מאנגלית לעברית ולהפך; לרבה ד״ר ליסה גרנט, על הדרכתה בהיבט החינוכי של הספר שלנו; ולרב נועה סתת ולרבה ג׳ודית שינדלר על תרומתן שכללה הדרכה זהירה, אתגור אוהב של דעותינו ושאילת שאלות בלתי נדלות. אני מודה להן על מנהיגותן ועל ההשראה שהיוו לנו. ובעיקר, לרב סטנלי דיווידס ולרבה סוניה פילץ, אשר עריכתם את הספר ההיסטורי הזה מייצגת את המיטב שביהדות הרפורמית ובתנועה הציונית.

הטקסט המכונן: מגילת העצמאות
הכרזה על הקמת מדינת ישראל[1]

ה׳ באייר תש״ח, 14 במאי, 1948

בארץ־ישראל קם העם היהודי, בה עוצבה דמותו הרוחנית, הדתית והמדינית, בה חי חיי קוממיות ממלכתית, בה יצר נכסי תרבות לאומיים וכלל־אנושיים והוריש לעולם כולו את ספר הספרים הנצחי.

לאחר שהוגלה העם מארצו בכוח הזרוע שמר לה אמונים בכל ארצות פזוריו, ולא חדל מתפילה ומתקוה לשוב לארצו ולחדש בתוכה את חירותו המדינית.

מתוך קשר היסטורי ומסורתי זה חתרו היהודים בכל דור לשוב ולהאחז במולדתם העתיקה; ובדורות האחרונים שבו לארצם בהמונים, וחלוצים, מעפילים ומגינים הפריחו נשמות, החיו שפתם העברית, בנו כפרים וערים, והקימו ישוב גדל והולך השליט על משקו ותרבותו, שוחר שלום ומגן על עצמו, מביא ברכת הקידמה לכל תושבי הארץ ונושא נפשו לעצמאות ממלכתית.

בשנת תרנ״ז (1897) נתכנס הקונגרס הציוני לקול קריאתו של הוגה חזון המדינה היהודית תיאודור הרצל והכריז על זכות העם היהודי לתקומה לאומית בארצו.

זכות זו הוכרה בהצהרת בלפור מיום ב׳ בנובמבר 1917 ואושרה במנדט מטעם חבר הלאומים, אשר נתן במיוחד תוקף בין־לאומי לקשר ההיסטורי שבין העם היהודי לבין ארץ־ישראל ולזכות העם היהודי להקים מחדש את ביתו הלאומי.

השואה שנתחוללה על עם ישראל בזמן האחרון, בה הוכרעו לטבח מיליונים יהודים באירופה, הוכיחה מחדש בעליל את ההכרח בפתרון בעית העם היהודי מחוסר המולדת והעצמאות על־ידי חידוש המדינה היהודית בארץ־ישראל, אשר תפתח לרווחה את שערי המולדת לכל יהודי ותעניק לעם היהודי מעמד של אומה שוות־זכויות בתוך משפחת העמים.

שארית הפליטה שניצלה מהטבח הנאצי האיום באירופה ויהודי ארצות אחרות לא חדלו להעפיל לארץ-ישראל, על אף כל קושי, מניעה וסכנה, ולא פסקו לתבוע את זכותם לחיי כבוד, חירות ועמל-ישרים במולדת עמם.

במלחמת העולם השניה תרם הישוב העברי בארץ את מלוא-חלקו למאבק האומות השוחרות חירות ושלום נגד כוחות הרשע הנאצי, ובדם חייליו ובמאמצו המלחמתי קנה לו את הזכות להמנות עם העמים מייסדי ברית האומות המאוחדות.

ב-29 בנובמבר 1947 קיבלה עצרת האומות המאוחדות החלטה המחייבת הקמת מדינה יהודית בארץ-ישראל; העצרת תבעה מאת תושבי ארץ-ישראל לאחוז בעצמם בכל הצעדים הנדרשים מצדם הם לביצוע ההחלטה. הכרה זו של האומות המאוחדות בזכות העם היהודי להקים את מדינתו אינה ניתנת להפקעה.

זוהי זכותו הטבעית של העם היהודי להיות ככל עם ועם עומד ברשות עצמו במדינתו הריבונית.

לפיכך נתכנסנו, אנו חברי מועצת העם, נציגי הישוב העברי והתנועה הציונית, ביום סיום המנדט הבריטי על ארץ-ישראל, ובתוקף זכותנו הטבעית וההיסטורית ועל יסוד החלטת עצרת האומות המאוחדות אנו מכריזים בזאת על הקמת מדינה יהודית בארץ ישראל, היא מדינת ישראל.

אנו קובעים שהחל מרגע סיום המנדט, הלילה, אור ליום שבת ו' אייר תש"ח, 15 במאי 1948, ועד להקמת השלטונות הנבחרים והסדירים של המדינה בהתאם לחוקה שתיקבע על-ידי האספה המכוננת הנבחרת לא יאוחר מ-1 באוקטובר 1948 – תפעל מועצת העם כמועצת מדינה זמנית, ומוסד הביצוע שלה, מנהלת-העם, יהווה את הממשלה הזמנית של המדינה היהודית, אשר תיקרא בשם ישראל.

מדינת ישראל תהא פתוחה לעליה יהודית ולקיבוץ גלויות; תשקוד על פיתוח הארץ לטובת כל תושביה; תהא מושתתה על יסודות החירות, הצדק והשלום לאור חזונם של נביאי ישראל; תקיים שויון זכויות חברתי ומדיני גמור לכל אזרחיה בלי הבדל דת, גזע ומין;   תבטיח חופש דת, מצפון, לשון, חינוך ותרבות; תשמור על המקומות הקדושים של כל הדתות; ותהיה נאמנה לעקרונותיה של מגילת האומות המאוחדות. מדינת ישראל

תהא מוכנה לשתף פעולה עם המוסדות והנציגים של האומות המאוחדות בהגשמת החלטת העצרת מיום 29 בנובמבר 1947 ותפעל להקמת האחדות הכלכלית של ארץ־ישראל בשלמותה.

אנו קוראים לאומות המאוחדות לתת יד לעם היהודי בבנין מדינתו ולקבל את מדינת ישראל לתוך משפחת העמים.

אנו קוראים – גם בתוך התקפת־הדמים הנערכת עלינו זה חדשים – לבני העם הערבי תושבי מדינת ישראל לשמור על שלום וליטול חלקם בבנין המדינה על יסוד אזרחות מלאה ושווה ועל יסוד נציגות מתאימה בכל מוסדותיה, הזמניים והקבועים.

אנו מושיטים יד שלום ושכנות טובה לכל המדינות השכנות ועמיהן, וקוראים להם לשיתוף פעולה ועזרה הדדית עם העם העברי העצמאי בארצו. מדינת ישראל מוכנה לתרום חלקה במאמץ משותף לקידמת המזרח התיכון כולו.

אנו קוראים אל העם היהודי בכל התפוצות להתלכד סביב הישוב בעליה ובבנין ולעמוד לימינו במערכה הגדולה על הגשמת שאיפת הדורות לגאולת ישראל.

מתוך בטחון בצור ישראל הננו חותמים בחתימת ידינו לעדות על הכרזה זו, במושב מועצת המדינה הזמנית, על אדמת המולדת, בעיר תל־אביב, היום הזה, ערב שבת, ה׳ אייר תש״ח, 14 במאי 1948.

דוד בן־גוריון, דניאל אוסטר, מרדכי בנטוב, יצחק בן־צבי, אליהו ברלין, פריץ ברנשטיין, הרב וולף גולד, מאיר גרבובסקי, יצחק גרינבוים, ד״ר אברהם גרנובסקי, אליהו דובקין, מאיר וילנר־קובנר, זרח ורהפטיג, הרצל ורדי, רחל כהן, הרב קלמן כהנא, סעדיה כובאשי, הרב יצחק מאיר לוין, מאיר דוד לוינשטיין, צבי לוריא, גולדה מאירסון, נחום ניר, צבי סגל, הרב יהודה ליב הכהן פישמן, דוד צבי פנקס, אהרן ציזלינג, משה קולודני, אליעזר קפלן, אברהם קצנלסון, פליכס רוזנבליט, דוד רמז, ברל רפטור, מרדכי שטנר, בן־ציון שטרנברג, בכור שיטרית, משה שפירא, משה שרתוק.

1. הכרזה על הקמת מדינת ישראל, ע״ר התש״ח 1. אוחזר מאתר הכנסת: https://tinyurl.com/yyrvnplp.

מבוא

הרב סטנלי מ׳ דיווידס (ארצות הברית)

"הלב מאמין שיום אחד אנחנו נתגבר..."[1]

בשנת 2018, ההוצאה לאור של ה־CCAR פרסמה את הספר *The Fragile Dialogue: New Voices of Liberal Zionism* **(הדיאלוג השברירי: קולות חדשים בציונות הליברלית)** הרב לורנס א. אנגלנדר ואני ידענו שהבאנו לעולם ספר שיוכל לשמש כמורה נבוכים עכשווי לכל מי שרוצים למצוא את דרכם אל השיחה של יהודי אמריקה על אודות ישראל אבל לא רוצים להיכוות באש העימותים האידיאולוגיים. תחילה הרכבנו קבוצה של מחברים מגוונים ומעוררי מחשבה. אחר כך ביקשנו להדגים כיצד דווקא חילוקי דעות בנושאים מורכבים ורציניים יכולים להתגלות כאבני בניין לדיאלוג בונה.

את מה שעשינו, עשינו היטב. *The Fragile Dialogue* נעשה חלק משיחות שהתנהלו בקהילות רבות ואפילו מצא את דרכו אל תכניות הלימודים בבתי ספר קהילתיים לבני נוער ובחינוך למבוגרים. הספר הזה היה צעד ראשון הכרחי וחשוב במסע שידענו שרק ילך ויתפתח. בהדרכתה של הרַבָּה הרה פרסון למדנו שבצעד הבא יהיה עלינו להעמיק את השיחה ובה בעת לפתוח אותה לשותפינו בישראל. הספר **להעמיק את השיחה** הוא תוצר של מאמצינו המשותפים לפתוח בשיחה על אחת השאלות המרכזיות והמורכבות ביותר של זמננו, ולבנות שותפות של אמת בין שתי הקהילות היהודיות הגדולות ביותר בעולם.

השאלה המנחה שהוצבה לפני צוות מערכת הספר החדש שלנו הייתה: "מהם האתגרים העיקריים העומדים לפני ישראל במאבקה להיות מדינה יהודית ודמוקרטית גם יחד?", התחייבות שנטבעה במילותיה של מגילת העצמאות משנת 1948. הזמנו את המשתתפים להשוות בין המציאות הפוליטית והחברתית של ישראל בשנת 2019, לבין החזון והערכים הנשגבים הבאים לידי ביטוי במגילת העצמאות.

מרכזיותה של מגילת העצמאות

ב־24 באוקטובר 2018, כאשר ביקש חבר הנאמנים של הסוכנות היהודית לארץ ישראל, לחגוג את יום העצמאות השבעים למדינת ישראל, הם העבירו החלטה אשר שבה ואישרה את מחויבותה של הסוכנות לעקרונות היסוד של מגילת העצמאות. ההחלטה קבעה כי "מגילת העצמאות מכילה פרק המפרט את עקרונותיה של מדינת ישראל כמדינה יהודית ודמוקרטית", וכן, כי "הכרזת העצמאות היא המסמך המכונן של מדינת ישראל. בית המשפט העליון ציין לא אחת כי הקביעות שבתוכה הן שמאפיינות וקובעות את דמותה של המדינה כמדינה יהודית ודמוקרטית."

בזכות הניסוח הבהיר הזה, הכיר צוות מערכת הספר במרכזיותה של מגילת העצמאות למיזם שלנו. לכן ביססנו את השיחות שבספר הזה על ניתוח קטעי מפתח ממגילת העצמאות, ביטויים כמו "עליה יהודית", "לטובת כל תושביה", "יסודות החירות, הצדק והשלום", "בלי הבדל דת, גזע ומין", "חופש דת, מצפון, לשון", והענקת "אזרחות מלאה ושווה" ל"בני העם הערבי תושבי מדינת ישראל". בדיאלוג העשיר שביניהם, המתנהל בפרק 2, הרב אריק יופה והד"ר רות גביזון שואלים האם בשל חששות עכשוויים יש להרחיב את הטקסט של מגילת העצמאות ולתקנו כדי שיאשר בבהירות רבה יותר את ההגנה על זכויות הפרט ועל זכויות המיעוטים בישראל.

בחיפוש אחר שפה משותפת

פרעה שאל את משה: "מִי וָמִי הַהֹלְכִים?" (שמות י, ח)

לראשונה, ייעדנו את ספרנו לקהל של ציונים ליברלים ופרוגרסיביים בישראל ובארצות הברית גם יחד. יצרנו שיתופי פעולה פעילים בין המשתתפים, מחברי המאמרים הישראלים והאמריקאים: אנשי אקדמיה מלאי התלהבות, הוגים מובילים ואקטיביסטים; ביניהם כאלו המחזיקים בתפקידים בכירים בארגונים גדולים, וכאלו המחויבים לחיזוקה של ישראל כמדינה יהודית ודמוקרטית. פרקי הספר מעידים על מערכות היחסים הכנות והישירות שהספר הזה כבר הספיק לטפח. ואחרון חביב,

אנחנו מחפשים אחר דרכים חדשות לתמוך במחברים שלנו ולעודד אותם להמשיך לשתף פעולה, כדי להשפיע על החברה הישראלית ברגע זה ובעתיד המשותף שלנו.

המחברים הישראלים הגישו את הפרקים שכתבו בעברית. המחברים האמריקאים הגישו את הפרקים שכתבו באנגלית. בספר **להעמיק את השיחה** פורסמו כל הפרקים בשתי השפות כדי ששני צדי השיחה - שתי נקודות המבט - יהיו זמינים פורסמו לקוראינו המיועדים. ועדיין, מספר שאלות המשיכו לאתגר אותנו בעת יצירת הספר הזה.[2]

בכתבתה שהתפרסמה בעיתון "הגרדיאן" בשבעה במרץ 2009, הכירה קת׳רין ג׳ונס בכך שמילים וביטויים יכולים לשאת משמעויות שונות מאד. בשל כך, כמעט כל דבר שנאמר יכול להתפרש לשתי פנים לפחות, בכוונה או שלא בכוונה. במובן זה, שפה יכולה להיות "מגלה ומסתירה" בעת ובעונה אחת. ג׳ונס טענה כי המשמעות שאנחנו מעניקים למילותינו אינה תמיד נהירה וברורה לאחרים, וכי המשמעות הזו היא לעתים קרובות ביטוי להיסטוריה האינטלקטואלית והאישית שלנו עצמנו, כמו גם לתת־המודע שלנו.

טוויית החזון לספר הזה העניקה לנו הזדמנות להעריך את הצלחותיה של ישראל (ואת כישלונותיה) בהיות מדינה יהודית ודמוקרטית גם יחד, כמו גם ליצור מיזמים מגוונים ומשמ־עותיים שיספקו תמיכה נוספת למטרות הספר.

אין הגדרה מוסכמת בתשובה לשאלה מהי מדינה "יהודית" או כיצד עליה להיראות, ובמונח "דמוקרטית" משתמשים בדרכים שונות ברחבי העולם. בתחילת שנת 2019 ארגנתי קבוצת מיקוד בעיר פולרטון שבקליפורניה. שאלתי קהל יהודי מגוון: מה יעשה מדינה יהודית ל"יהודית"? התשובות הראשונות היו רחבות מאוד וידועות: חגים ומועדים משותפים; ערכים משותפים; זיכרונות היסטוריים משותפים; מחויבות ליצירת מדינה שתהיה לְאוֹר גּוֹיִם (ישעיהו מב, ו; מט, ו); לשון משותפת; ספרייה משותפת של טקסטים קנוניים; ומחויבות להישרדותו של העם היהודי ברחבי העולם. משתתפים אחרים תמכו במה שניתן לתאר רק כמדינת הלכה, מדינה שבה ההלכה

היהודית היא החוק. אחרים נדמו מרוצים ממדינה שיהיה בה רוב ודאי של אזרחים יהודים. ואחרים עדיין התעקשו שמדינה יהודית היא מדינה שפתוחה ליהודים המחפשים מקלט מכל מקום שהוא בעולם. ככל שהמשכנו לדבר, הלכו ההבדלים בינינו והתחדדו. השפה המשיכה להכשיל אותנו. כולם התעקשו להשתמש בגוף ראשון רבים, "אנחנו". התברר שישנן לפחות שלוש קבוצות בחדר שטענו לזכות לומר "אנחנו": "אנחנו" יהודים אמריקאים; "אנחנו" יהודים ישראלים; "אנחנו" יהודים אמריקאים־ישראלים.

כללנו בספר פרק שנכתב על ידי שני אקטיביסטים ישראלים (אחת מהם פלסטינית־ישראלית), אשר מתרכזים בחייהם המקצועיים בקידום שוויון מלא לפלסטינים־ישראלים. הפרק המסוים הזה סובב סביב הנכבה, ההגדרה הפלסטינית את מלחמת העצמאות הישראלית כ"קטסטרופה" או כ"אסון". מקומו של המונח "נכבה" בנרטיב הפלסטיני, כמו גם האירועים שהוא מייצג, מובנים רק במעומעם לרוב יהודי ישראל. אלה תופסים את המושג כייצוג מעוות במתכוון של אירועי מלחמת העצמאות הישראלית ב־1948. נקודות מבט שונות קיצונית זו מזו והעדרן של הגדרות משותפות למציאות הן אמת עמוקה וקשה, מחסום מאתגר בדרך לפיתוח הבנה הדדית לנרטיב האחר. איך נדון בתפיסות ציוניות ליברליות של צדק חברתי, כאשר המילים שבהן משתמשת קבוצה אחת לתיאור תפיסת העולם והחוויה הלאומית שלה, הפגיעות ותחושת האובדן שלה, רק בקושי מובנות על ידי האחרת? לכל הפחות, עלינו ללמוד להקשיב בקפידה רבה יותר ולשאול שאלות רבות וטובות יותר. למטרה זו הוספנו אחרי כל פרק רשימת שאלות, אשר נועדה להזמין את הקוראים להעמיק את קריאתם בטקסט ולהוסיף חקור.

בארבעה במרץ 2019, פרסם ד"ר יונה הסנפלד מאמר דעה[3] התוהה מדוע יהודים אמריקאים ויהודים ישראלים מבינים דמוקרטיה באופן שונה. הסנפלד טען שאמריקאים (ואי לכך יהודים אמריקאים) רואים את הדמוקרטיה כמוסד המספק הגנה בְּצוּרָה לזכויות האזרח של כל פרט, בעוד ישראלים תופסים את זכויות הפרט כפחות מרכזיות בהיות מדינה דמוקרטית.

הסנפלד מציין שבן־גוריון דאג בעיקר לבניית ממשל חזק ויציב ופחות להגנה על זכויות האזרח של הפרט. מתוך השקפת עולם כזו, ניתן להבין מדוע הפרדת דת ומדינה לא עמדה בראש סדר העדיפויות של ראש הממשלה הראשון, ומדוע הוא לא חשב שהכרחי להגן על הפלורליזם הדתי־יהודי במדינה שזה עתה נולדה. מבחינת בן־גוריון, העם היהודי הוא שחשוב – לא הביטוי היהודי האישי של כל יהודי/ה.

גם אלו מאתנו הרואים את עצמם כציונים מסורים ביותר אולי אינם מודעים לחלוטין להצהרה הזו של בן־גוריון:

> מרדנו בכל המשטרים, הדתות, החוקים, והמשפטים שתקיפי־עולם ניסו להטיל עלינו. שמרנו על ייחודנו ויעודנו, הלאומי והמוסרי. ובאלה תיבחן מדינת־ישראל. היא תיבחן בדמות המוסרית שתשווה לאזרחיה, בערכים האנושיים שיקבעו את יחסיה הפנימיים והחיצוניים, בנאמנותה, הלכה למעשה, לצו העליון של היהדות: "ואהבת לרעך כמוך". בשלוש מלים אלו נתגבשה התורה האנושית הנצחית של היהדות, וכל ספרות המוסר שבעולם לא יכלה לומר יותר מאשר נאמר בשלוש מלים אלו. מדינת־ישראל תהיה ראויה לשמה רק אם משטרה החברתי והמשקי, המדיני והמשפטי, יהיה מיוסד על שלוש מלים נצחיות אלו. "ואהבת לרעך כמוך" – זה יותר ממצוות החוק. עיקרון חוקי אפשר לפרש פירוש פסיבי ושלילי: לא לקפח, לא לגזול, לא לעשוק, לא לפגוע.[4]

בן גוריון היה מודע היטב למה שיהפוך, בעשורים שיבואו, לאתגר הגדול ביותר של ישראל.

הסנפלד מאמין שיש להבין את ההבדלים העמוקים בתפיסת תפקידו של הליברליזם במדינה דמוקרטית בהקשר לסיפור הראשית השונה בתכלית של הקמת ארצות הברית וישראל. בזמן הקמת המדינה, ישראל ואזרחיה היהודים היו עדיין מסוחררים מעוצמת פגיעת השואה. עצם הישרדותו של העם היהודי היה בסכנה. היה צורך לדאוג לקולקטיב אף יותר מאשר לפרטים המרכיבים אותו. בניגוד למצב זה, בסיפור ראשיתה של ארצות הברית ישנו דגש חזק על דחיית הכוח האבסולוטי של מלכים.

מייסדי הדמוקרטיה האמריקאית התחייבו לבנות ממשל שיגן על זכויותיו של הפרט מפני תביעותיה של הסמכות המרכזית.

ההבדלים הבסיסיים הללו בנקודת המבט הפוליטית רק העמיקו לאור העובדה שישראלים יהודים מהווים 80 אחוזים מאוכלוסיית המדינה, ואילו יהודי ארצות הברית מייצגים שני אחוזים לערך מן האוכלוסייה בארצות הברית. יהודים אמריקאים הם מיעוט תרבותי. המציאות הדמוגרפית מעצבת את הבנתם ואת הצורך שלהם במערכת דמוקרטית המתמקדת בזכויות הפרט.

שני סיפורי ראשית שונים; שתי דרכים שונות להבין דמוקרטיה. איך נכון להסביר חברה המבוססת על ביטחון קולקטיבי, למי שמשתייך לחברה המחויבת לזכויות ליברליות ואישיות? דניאל גורדיס מבקש מקהילת יהודי ישראל ומקהילת יהודי ארצות הברית להכיר בכך "ששתי הקהילות היהודיות הגדולות שונות מהותית [ולכן עליהן] להפסיק לכפות את ראיית העולם שלהן האחת על השנייה." מסיבה זו, גורדיס מבקש מכל מי שקורא לשותפות בין שתי הקהילות להכיר בכך שלא יכולה להיווצר שותפות משמעותית "בלי גישה לשיח הישראלי על אותו נושא".[5]

צוות המערכת ואני מסכימים, ומוסיפים את הברור מאליו: לא יכולה להיווצר שותפות משמעותית גם מבלי שתהיה לשותפינו הישראלים גישה לשיח האמריקאי על הנושא.

קריאתה של קת׳רין ג׳ונס לחפש בהירות בשפה משכנעת מאוד. עלינו לנסח הבנות משותפות בכדי שלספר הזה יהיה סיכוי לחולל שינוי חברתי ופוליטי. אנחנו צריכים להבין את סיפורי הראשית המעצבים את השפה ואת הציפיות שלנו. עלינו להקשיב לנרטיבים האלה שעוזרים לקבוצה, לשבט, לקהילה, ללאום, להבין את עצמם ואז את האחרים.

עֲשׂוֹת סְפָרִים הַרְבֵּה אֵין קֵץ:[6]
ישראלים ויהודים אמריקאים מדברים על חששות מרכזיים

נדירים הספרים שהציתו שינוי חברתי בכוחות עצמם. למרות זאת, ייעודו של הספר **להעמיק את השיחה** הוא להשיק תהליך חדש, ולא רק לשמש כמגבר לדיון קיים.

מוסדות קהילתיים יהודיים מרכזיים רבים בארצות הברית
עמלים "להמציא את עצמם מחדש", בזמן שיותר ויותר
מחבריהם תופסים את הארגונים הללו כבלתי־מתפקדים, כלא
רלוונטיים או כמיושנים. בבתי כנסת ובפדרציות מחפשים חזון
מושך, כזה שיחזק את יומרתם ההולכת ונחלשת לייצג את
קהילת יהודי אמריקה. מובילי זרמים דתיים מגלים שהם לא
מתחרים זה בזה על חברי קהילה, אלא שמספר גדל והולך של
יהודים חיים את חייהם בנוחות יחסית מבלי להשתייך רשמית
לבית כנסת כזה או אחר. נעשה קשה יותר ויותר לאחד את יהודי
אמריקה לכדי קול פוליטי, ולכן כמעט בלתי אפשרי לדבר בקול
הזה בעת פעולה לשינוי פוליטי. לעתים קרובות למדי, שיחה
שעניינה ישראל נתפסת כמקור לעימותים ולחיכוכים.

מייסדיה של ישראל התעלמו מאתגרים רבים שעמדו לפניהם.
אולי היה הדבר הכרחי ב־1948. אף על פי כן, בשנת 2019 – הגיע
זמנם. איננו יכולים עוד להזניח את הטיפול בחילוקי הדעות
העזים אודות זהות לאומית, באפליה כלכלית וגזעית, באיומים
על זכויות אדם ואזרח, בשנאת זרים גואה, בבדלנות, באפליה
מגדרית ובצמצום חופש הדת. הם דורשים מענה עכשיו, ואם לא,
ישראל צפויה לשלם מחיר יקר להחריד.

מתוך התחשבות, סבלנות והבנה עלינו לבחון את המבוכה,
הבלבול ואי־הוודאות בשתי הקהילות היהודיות הגדולות
בעולם, ולעשות זאת מתוך מודעות ברורה לכך שאנחנו מעצבים
יחד את גורלנו המשותף.

הספר הזה אמנם מתמקד בישראל העכשווית, אך אנו מקווים
שלמיזמים שיצמחו מל**העמיק את השיחה** תהיה תהודה רחבה
וחיובית גם בקרב קהילת יהודי אמריקה. מדינה יהודית אשר
תנווט בהצלחה בין הקטבים "יהודית" ו"דמוקרטית" תפנה
גם לחברי קהילות התפוצות, המעריכים ביטויים קהילתיים
משמעותיים לזהות יהודית.

בפרק הפותח את הספר, הרבה ג'ודית שינדלר והרב נועה סתת
משיקות את המיזם שלנו בחקרן הגדרה אפשרית חדשה לסוג
עכשווי של ציונות – "ציונות צדק". אם ישראל תאמץ את ערכי
הצדק החברתי כ"כוכב הצפון" שלה בעודה מגינה בתקיפות על
גבולותיה, תוכל להיבנות מחדש תחושת החיבור עם קהילות

התפוצות, קהילות אשר לעתים קרובות חשות מודרות מהשיח
הפוליטי בישראל. דאגותינו המשותפות ותמיכתנו ההדדית
ירחיבו את אופקינו, וימריצו את אלו מאתנו הרואים בציונות
ליברלית ביטוי לרצונות האנושיים הראויים והאציליים ביותר.
זה חלומנו. זו תקוותנו בת שנות אלפיים.
הבה נתחיל בעבודה.

שאלות להרחבה:

1. הרב דיווידס מדגיש כמה חשוב לראות את הדברים
משתי נקודות המבט, הן האמריקאית והן הישראלית,
כשמדברים על מדינת ישראל. בשיחות משותפות
כאלה, מהם ההבדלים המרכזיים בין ישראלים לבין
יהודים אמריקאים? ובין השיחות המתנהלות בישראל
לשיחות המתנהלות בארצות הברית? האם השתתפתם
פעם בשיחה משותפת כזו? במה עליכם להצטייד ועל
מה עליכם לוותר כדי לנהל שיחה כזו?

2. תארו את החזון האישי שלכם בנוגע למדינה יהודית
ודמוקרטית. כיצד משתלבים בו זכויותיהם של אזרחים
לא־יהודים?

3. חשבו על אירועי עשר השנים האחרונות ביחסי
ישראל וארצות הברית. אתם יכולים להצביע על מספר
התפתחויות שייתכן והובילו את הרב דיווידס ושותפיו
לפרסם את **להעמיק את השיחה** דווקא כעת?

הערות

1. פרפרזה על מילות השיר של פיט סיגר, "We Shall Overcome".
2. ארגון פרקי הספר היווה אתגר מעניין. האם הספר הדו־לשוני הזה ייקרא משמאל לימין או מימין לשמאל? כספר החוגג שותפות אמיתית, האם על הטקסט העברי של כל פרק להקדים את מקבילו האנגלי או לבוא אחריו? האם כציונים ליברלים עלינו להעניק קדימות לעברית מפני שאנחנו רואים בשפה העברית יסוד מרכזי בכל פעולותינו העתידיות? כעורכים, ככל שנענו מן האידיאולוגיה אל המעשה, הענקנו קדימות לאנגלית באופן סידור המהדורה הנוכחית, היוצאת לאור בארצות הברית. עם זאת, בין דפי הספר אנו חוגגים בשמחה את החשיבות התיאולוגית, התרבותית והלאומית של השפה העברית.
3. Jonah Hassenfeld, "Divided We Stand: American Jews and Israeli Democracy," *Sh'ma Now*, March 4, 2019, https://forward.com/shma-now/bekhira/420190/divided-we-stand-american-jews-amp-israeli-democracy
4. בן־גוריון, ד' (תשי"א). מהפכת הרוח. בתוך **חזון ודרך** (כרך א', עמ' 33-34). תל אביב.
5. Daniel Gordis, "The American 'Zionist' Assault on Israel," *Times of Israel*, January 8, 2019, https://blogs.timesofisrael.com/the-american-zionist-assault-on-israel
6. קהלת יב, יב.

פרק ראשון

להתגבר על הבדידות: לנוע קדימה יחד

הרב נועה סתת (ישראל)
והרבה ג׳ודית שינדלר (ארצות הברית)

טוֹבִים הַשְּׁנַיִם מִן־הָאֶחָד אֲשֶׁר יֵשׁ־לָהֶם שָׂכָר טוֹב בַּעֲמָלָם׃
כִּי אִם־יִפֹּלוּ הָאֶחָד יָקִים אֶת־חֲבֵרוֹ וְאִילוֹ הָאֶחָד שֶׁיִּפּוֹל
וְאֵין שֵׁנִי לַהֲקִימוֹ׃ גַּם אִם־יִשְׁכְּבוּ שְׁנַיִם וְחַם לָהֶם וּלְאֶחָד
אֵיךְ יֵחָם׃ וְאִם־יִתְקְפוֹ הָאֶחָד הַשְּׁנַיִם יַעַמְדוּ נֶגְדּוֹ וְהַחוּט
הַמְשֻׁלָּשׁ לֹא בִמְהֵרָה יִנָּתֵק׃ (קֹהֶלֶת ד, ט־יב)

הרב נועה סתת

אקטיביסטים ליברלים[1] בישראל ניצבים מול אתגרים עצומים - ממשלה עוינת, גופים בירוקרטיים מסובכים וסכסוך מתמשך.

בעשור האחרון אנחנו מרגישים מבודדים יותר ויותר. הימין בישראל זוכה לתמיכה מסיבית הולכת וגדלה מציבור בוחרים יהודי בצפון־אמריקה. בעוד התמיכה השמרנית הזו הולכת וגדלה גידול מעריכי, תמיכת הליברלים האמריקאים הולכת ומצטמצמת. אף על פי שרוב הקהילה היהודית בצפון־אמריקה מחזיקה בדעות ליברליות בתחומי הפוליטיקה והדת ומזדהה כ״פרו־ישראלית״[2], תמיכתם של יהודי אמריקה בפעילויות ליברליות בישראל פוחתת. לאור מגמות קיצוניות ואנטי־דמוקרטיות[3] המתקיימות כיום בישראל, יהודים אמריקאים רבים נאבקים למצוא איזון בין עמדותיהם הפוליטיות והדתיות הליברליות לבין תמיכתם בישראל. לעתים קרובות מדי, מאבקם זה מסתיים בהתנתקות מישראל. כתוצאה מכך, אקטיביסטים וארגונים ליברלים ישראליים מאבדים תמיכה מוראלית, תמי־כה פוליטית ותמיכה כלכלית.

כדי להשתחרר מן הבידוד הזה, אני מאמינה שעלינו להגדיר מחדש את משמעות המושג ״פרו־ישראלי״. אם ״פרו־ישראלי״ הוא מי שתומך בכל מדיניות של ממשלת ישראל, הרי שיהודים ליברלים רבים מדי לא יוכלו לזהות עצמם ככאלה. הבה נגדיר מחדש ״פרו־ישראליות״ כתמיכה במגילת העצמאות של ישראל; כתמיכה בישראל המגשימה את חלומות מייסדיה; כתמיכה באקטיביסטיות ובארגונים ישראליים המאמינים בתפיסת עולם ליברלית כשלנו ופועלים להגנתה.

ברחבי העולם, כוחות אנטי־דמוקרטיים עושים שימוש בפחד ככלי המאפשר למנהיגי הלאום לצבור כוח רב יותר, להסית נגד מיעוטים, לתקוף תהליכי שוויון מגדרי - והכול במטרה לשמר או להשיב על כנם את מבני הכוח, את עליונות האליטות הישנות. מגמות כאלו נצפות לא רק בישראל, אלא גם בצפון־אמריקה, באירופה ובמקומות נוספים בעולם.

השנים האחרונות תובעניות במיוחד מבחינתנו, אקטיביסטים ואקטיביסטיות משני צדי האוקיינוס, החותרים לקידום חזוננו היהודי לחברה צודקת. אל מול תגובת הנגד החריפה והעוצמתית, שומה עלינו לפעול בדרכים ממוקדות, אסטרטגיות וחדשניות יותר.

בישראל, המגמה האנטי־דמוקרטית נמשכת מזה עשור כמעט. מתנגדינו מהימין הישראלי פועלים לבנות מדינה גזענית ושמרנית, שתמשיך את הכיבוש בשטח שבו חיים מיליוני פל־סטינים. הם עושים זאת בסיוע גורמים מקהילת יהודי צפון־אמריקה; סיוע שעליו המחנה הליברלי בישראל יכול רק לחלום. המתנחלים זוכים למימון מתורמים יהודים מצפון־אמריקה, כאשר אין כמעט התנחלות שתוכל לשרוד ללא תמיכה כלכלית שכזו. שלדון אדלסון מוציא מיליארדי דולרים למימון העיתון הנקרא ביותר בישראל, המחולק חינם, ומחזק את עמדות הממשלה הנוכחית. יריבינו הפוליטיים עובדים בישראל וברחבי העולם - בסיוע יהודים מצפון־אמריקה - בכדי להציג את היהדות האורתודוקסית כביטוי יהודי דתי אותנטי יחיד שאין בלתו, ובכדי לכפות גישה זו על הציבור הישראלי כולו.

רובה של קהילת יהודי צפון־אמריקה, קהילה ליברלית מהבחינה הפוליטית והדתית גם יחד, מתרחקת יותר ויותר מישראל. השוואה בין השפעתן הגדולה של קבוצות מהימין הצפון־אמריקאי לבין השפעתם הפוחתת והולכת של עמיתיהם הליברלים, מציירת תמונה מזעזעת למדי; זו אחת הסיבות המרכזיות לכוחו ההולך ומצטמצם של המחנה הליברלי בישראל. אנו שבויים במעגל קסמים - מאחר שגורמים משמעותיים בקהילה הצפון־אמריקאית מגדילים את תמיכתם במחנה האנטי־דמוקרטי, ממשלת ישראל יכולה לנקוט עמדות ולפעול בהתאם כנגד המחנה הדמוקרטי־שוויוני. בתגובה, יהודי צפון־אמריקה הליברלים נסוגים עוד יותר, ומחזקים בכך את המחנה האנטי־דמוקרטי. הדבר בתורו מוביל לעמדות פוליטיות ניציות יותר של ישראל, וכן הלאה. כאקטיביסטיות וכאקטיביסטים בישראל אנו לפעמים מרגישים שאחינו ואחיותינו בצפון־אמריקה נטשו אותנו. אנחנו חייבות לשבור את המעגל.

שני נרטיבים בנוגע למצב בישראל ובפלסטין שולטים בשיח

בצפון־אמריקה. הראשון הוא הנרטיב המאפיין את יחסי
החוץ של ממשלת ישראל: ישראל איננה מעוולת; צה"ל הוא
הצבא המוסרי ביותר בעולם; אין פתרון לסכסוך הישראלי־
פלסטיני; בקיפאון התהליך המדיני אשמים הפלסטינים;
ובנוגע לקונפליקט הפנים־ישראלי בנושאים אלה – זה לא קיים
או לא חשוב. יהודים רפורמים, בעיקר יהודים רפורמים צעירים,
מאמינים פחות ופחות בנרטיב הזה.

לפי הנרטיב השני, היחס הדכאני של ישראל לפלסטינים
בגדה המערבית ובעזה הוא בעיה מוסרית כבירה, אשר התגובות
היחידות המתאימות לפעולה כנגדו הן חרם, משיכת ומניעת
השקעות והטלת עיצומים (BDS). יהודים רפורמים, בעיקר
יהודים רפורמים צעירים, מאמינים יותר ויותר בנרטיב הזה.

תנועתנו פועלת למען צדק חברתי בצפון־אמריקה ובישראל.
בניית נרטיב שלישי היא משימה התלויה בנו; נרטיב שלא
מתעלם מן האתגר המוסרי, ונחוש לשרטט פתרון המבוסס על
שותפות מכוונת ואסטרטגית יותר בין אקטיביסטים ישראלים
וצפון־אמריקאים.

כציוניות וכציונים ליברלים, מטרתנו שהחברה שלנו תהיה
"לְאוֹר גּוֹיִם" (ישעיהו מב, ו; מט, ו). אנו שואפות להגשים את
חזון נביאי ישראל בדבר עולם מתוקן וחברה צודקת. אנו לא
רוצים להימדד רק בהשוואה למדינות השכנות, או למדינות
אחרות המפרות זכויות אדם.

דיון בסוגיות צדק חברתי משמעו בחינה מדוקדקת וניתוח
של מבני כוח מורכבים, מסורות מקובלות ומערכות אמונה.
כפי שפרקי הספר הזה מדגימים, ישנן שאלות רבות ומרובות
רבדים לדון בהן בנוגע לצדק חברתי בישראל, או כאלה המערבות
את ישראל. יהודים רבים בצפון־אמריקה מתרחקים מישראל
מפני שהם מאוכזבים ממדיניות הממשלה, אך גם כדרך להימנע
מהתמודדות עם עניינים מורכבים ומסובכים כל כך. כאשר
מדברים על צדק חברתי בישראל לא ניתן לצפות לפתרונות
פשוטים ומהירים. אך בל ניתן לדבר לרפות את ידינו.

ליברלים רבים בצפון־אמריקה רגישים לדקויות השוויון
המגדרי והצדק הגזעי, וחשים מחויבות עמוקה לעשייה שתבסס
את הערכים הללו בישראל. הם מבינים שהדבר ידרוש מאמצים

ממושכים לטווח ארוך. אנחנו, לצד חברי התנועה הרפורמית בצפון־אמריקה, מתמודדים עם מערכות מעוולות שיידרשו עבודה וזמן כבירים בכדי לשנותן. הדבר יימשך עשרות שנים. עם זאת, בכל פעם שאנחנו לא מצליחים להציע תשובה לשאלה "מה נעשה עם ישראל?" אנו מזינים את תחושות התסכול והניתוק הגוברות. עלינו למצוא את האיזון בין הטמעת התיקונים ההכרחיים בטווח הקצר לבין עבודה היוצרת שינויים מבניים וממסדיים בטווח הארוך יותר.

הרבה ג׳ודית שינדלר

הדברים המאתגרים שאמרה לילה ווטסון, אמנית ואקטיביסטית אבוריג׳נית, בנוגע לעשיית צדק, מהדהדים בי תכופות. "אם באתם לפה כדי לעזור לי, אתם מבזבזים את הזמן שלכם," היא אמרה. "אבל אם באתם כי החירות שלכם כרוכה בשלי, בואו נעבוד ביחד."[4] כיהודים־אמריקאים וכישראלים, גאולתנו תלויה אלה באלה.

הצהרת העצמאות של ישראל ייצגה צעד כביר בדרך לגאולה. אחרי אלפי שנות גלות, יהודים זכו סוף סוף לבית שקיבל הכרה בין־לאומית. מגילת העצמאות קוראת ליהודי התפוצות "להתלכד סביב הישוב" בקליטת עלייה ובבניין, ולתמוך בו במאבקו להגשמת אותה "גאולה".

כיהודים־אמריקאים וכישראלים, אנחנו חוגגים את הגאולה הזו ואת החירות הפוליטית שבצדה, החירות הגדולה ביותר שידענו מאז ריבונותנו האחרונה לפני כמעט אלפיים שנה. הישגי הקהילות שלנו מעוררים יראת כבוד. יחד עם זאת, אנחנו עדיין עמלים ללא לאות וללא הפסקה בכדי להבטיח צדק, שוויון וביטחון לעצמינו ולשכנינו. אנו עושים זאת מפני שהזיכרונות מהחיים כ"אחרים" שסבלו מדיכוי, קורבנות לאפליה ולאלימות, עודם חלק מרכזי בתודעה היהודית הקולקטיבית.

אלו מאתנו הפועלים לקידום צדק חברתי בערי ארצות הברית מתמודדים עם מציאות קשה של התנגדות גוברת לציונות. כשאני מלמדת יהדות ומתייחסת לנושאים חברתיים - מפלי־טים ועד גזענות, ממענה לאנטישמיות ועד להרחבת הגישה לדיור בר־השגה - כבר למדתי לצפות לשאלות ולהערות בנוגע לישראל וליחסה לפלסטינים. לפעמים זו שאלה המונעת מרצון להבין יותר ולפתוח בדיאלוג. לעתים תבוא ההערה המאשימה: "איך את יכולה לתמוך **בעשיית צדק** וגם לתמוך **בישראל**?!". לפעמים ההצהרה נאמרת על במה בזמן הפגנה, עצרת או אירוע הנערכים לפני מאות או אלפי אנשים. הביטוי "הדיכוי הישראלי של הפלסטינים", המוזכר לצד שורת עוולות חברתיות שונות, מותיר אותי מתגוננת ופגועה.

כאמריקאים, אנו מתמודדים בקביעות עם גינויים של ישראל אשר הוצאו מהקשרם בעיתונים שלנו, ברשתות החברתיות שלנו וברחובות אליהם אנחנו יוצאים כדי לתמוך באחרים. כותבות וכותבים, מנהיגות ומנהיגים אמריקאים נערצים כגון מישל אלכסנדר, אליס ווקר ואנג׳לה דייוויס מגנות בפומבי את מצבם המצער של הפלסטינים, לעיתים קרובות על בסיס הערכות לא מאוזנות או חד־צדדיות. אנחנו מתאמצים אך מתקשים להגיב ביעילות.

מה נוכל לומר כדי להדגיש את ההיסטוריה המורכבת של ישראל, לייצג את חוסר ההסכמה שלנו עם חלק ממדיניות ישראל, ובה בעת להמשיך ולתמוך במדינה היהודית שאנחנו אוהבים? מה נוכל לעשות בכדי לחזק את המחויבות שלנו לצדק חברתי בעולם, מבלי להוסיף דלק למדורת האנטי־ציונות והאנטישמיות המאיימת על כולנו? חבר הכנסת לשעבר ומתנגד השלטון הסובייטי, נתן שרנסקי, הציע לדייק ולהבהיר את הדיאלוג הזה שעלינו לנהל באמצעות מודעות תמידית לשלושת מאפייני האנטישמיות החדשה: דה־לגיטימציה (Delegitimization), דמוניזציה (Demonization) ומוסר כפול (Double standards).[5] ביקורת על ישראל אינה אנטישמיות כשלעצמה, אך בעלי גישה אנטישמית משתמשים לעתים קרובות בביקורת על ממשלת ישראל כדי להסתיר את כוונותיהם האמיתיות. כציונים ליברלים, אנחנו רואים את המשבר המוסרי הטמון בנוכחות הצבאית הישראלית המתמשכת בגדה המערבית, ומבקשים להביא שלום וצדק לישראלים ולפלסטינים גם יחד. תפיסת האקטיביזם שלנו מאפשרת להחזיק בשתי האמיתות המורכבות הללו בו בזמן.

ההתקפה על ערך השוויון בישראל אינה מכוונת רק כלפי מי שאינו יהודי; היא מכוונת גם כלפי מי שאינו יהודי־אורתודוקסי. בנובמבר 2017, כאשר פורסמו בתקשורת תמונות של מנהיגים יהודים רפורמים אמריקאים וישראלים מוכים מפני שנשאו ספרי תורה אל רחבת הכותל המערבי, כתב של סוכנות הידיעות היהודית (ה־JTA) פנה אליי לריאיון. הוא ניסה לדחוק בי לומר שמנהיגי ישראל הרחיקו לכת, ושיש גבולות למערכת היחסים שלנו ולתמיכה שנציע. תגובתי הייתה הפוכה. בזמנים שבהם ממשלת ישראל מפחיתה בערכנו כיהודים ליברלים או מקדמת

מדיניות הסותרת את הפלורליזם ואת השוויון שאנחנו דורשים, עלינו להכפיל ולשלש את מאמצינו - להגביר את קולותינו, לממש את השפעתנו ולהעמיק את השותפות הישראלית־אמריקאית. בדיוק כפי שאנחנו, יהודי צפון אמריקה, תומכים בישראל, אנו פונים אל אחיותינו ואל אחינו הישראלים בבקשנו תמיכה. אנחנו זקוקים למערכת יחסים עמוקה והדדית.

אנו זקוקים לנרטיב חדש, כפי שניסחה זאת היטב הרב נועה סתת בדבריה היפים; לא לנרטיב האתנוצנטרי של תומכי הימין או של האורתודוקסים ולא לנרטיב המבודד והמנוכר של תנועות הבי־די־אס, אלא לנרטיב אשר מכיר במשבר המוסרי בישראל וקורא למעורבות במטרה ליצור שינוי. בדיוק כפי שאקטיביסטים למען צדק חברתי מבינים שגזענות מערכתית ומבני כוח נבנו במשך מאות שנים, כך גם מערכות אי־השוויון הישראליות נוצרו במשך הזמן. זמן יידרש בכדי לפרק אותן - מדיניות אחר מדיניות. כאקטיביסטים, אנו מבינים ששינוי מתחיל בסיפור, וברקימת מערכות יחסים.

ציונים ליברלים מצפון־אמריקה מרגישים בודדים כאשר הם מגנים על ישראל ברחובות ובמפגשים יום־יומיים. ציונים ליברלים ישראלים מרגישים שעמיתיהם מצפון־אמריקה נוטשים אותם. אל נא לנו לחוש בודדות; ביכולתנו לעבוד ביחד ולבנות שותפות.

הרב נועה סתת והרבה ג׳ודית שינדלר

כיצד נוכל אנחנו, ליברלים ישראלים וצפון־אמריקאים, לפעול יחד לקידום צדק?

עקרונות ההתארגנות למען צדק חברתי יכולים להוות מדריך ליצירת קשר עמוק יותר בין יהודים ליברלים ישראלים ואמריקאים. הדבר לא יתאפשר אם כל אחת תתמקד במדינתה בלבד. בספרן *Recharging Judaism: How Civic Engagement is Good for Synagogues, Jews, and America*, (**לטעון מחדש את היהדות: כיצד מעורבות אזרחית טובה לבתי הכנסת, ליהודים ולאמריקה**) ג׳ודי סלדין־כהן וג׳ודית שינדלר משרטטות סולם צדק חברתי[6] שיכול לשמש מודל.

סולם הצדק החברתי

הצטרפות לתנועה
התארגנות
גיוס תמיכה
לתרום כדי לשנות
חינוך
בניית מערכות יחסים

מתוך: *Recharging Judaism*, CCAR Press, 2018

נקודת ההתחלה היא **בניית מערכות יחסים**. נתחיל את עבודת השינוי החברתי על ידי ביסוס קשרים וחברויות עם אלו שחייהם קשורים עמוקות בנושא המעסיק אותנו. אמריקאים המתמודדים מדי יום עם הצורך להגן על ישראל צריכים לבנות מערכות יחסים איתנות יותר עם שותפים ישראלים ליברלים החולקים איתם את אותם הערכים. אקטיביסטים ישראלים ליברלים חשים מבודדים וזקוקים לתמיכה רבה יותר בעודם נאבקים. לאמריקאים יש השפעה גדולה על המציאות ועל הפוליטיקה הישראלית. חיזוק מערכות היחסים האישיות בינינו יחזק את העבודה שלנו. העמקת הדיאלוג מתחילה

במחויבות למצוא שותפים שאתם נוכל לדון בדאגותינו המשותפות - התחייבות לשוחח באמצעים דיגיטליים או פנים אל פנים לפחות פעם בחודש.[7] המשימה פשוטה: לדבר על החיים המקצועיים והאישיים של כל אחת ואחד. לספר על דבר אחד שאתם מעריכים במדינה שלכם. לחלוק כותרת אחת, פוסט אחד מרשת חברתית, או קטע מוקלט קצר שמאתגר אתכם הנוגע למדינה של השותף או השותפה. סביר להניח שהשיחה החודשית הזו תעזור לכם לראות את הנושא באור חדש, תסייע לכל אחת להעריך את המורכבות במדינתה של האחרת. יתאפשר לכם לשמוע סיפורים שתוכלו לשתף עם אחרים, ודרכם לרכוש שפה שתסייע לכם להשיב תשובות טובות יותר לכשתשאלו לדעותיכם. אנחנו מדמיינות פורומים רבעוניים מקוונים שבהם קבוצות גדולות יותר יוכלו לבחון את הנושאים המשותפים שעלו בשיחות; למשל, פורומים לעורכי דין העוסקים בנושאי הגירה.

השלב השני בסולם הצדק החברתי הוא **חינוך**. עלינו לדעת יותר על נושאי הצדק החברתי שישראל מתמודדת אתם, ועל ההקשר ההיסטורי שיצר את המציאויות האלו: כאמריקאית, הרבה ג׳ודית שינדלר פגשה אנשים ב"מצעד הנשים", באירועי תנועת Black Lives Matter ובשכונה שלה, המפרשים את הסכסוך הפלסטיני־ישראלי כגזענות המבוססת על צבע עור. הם חושבים בטעות שלכל הישראלים עור בהיר ושלפלסטינים צבע עור חום או שחור.

- היא מסבירה שהיא חיה בישראל בשנת 1991, בתקופת מבצע שלמה, שסייע ליותר מ־14,000 יהודים אתיופים לעלות לישראל.
- אביה, הרב אלכסנדר שינדלר ז״ל, אמר: "זו הפעם הראשונה שבעלי עור כהה באו מיבשת אחת לשנייה לא בשלשלאות אלא מתוך אהבה."
- הרבה שניידר מציינת גם שמזרחים, יהודים מצפון אפריקה או מאסיה, לצד בני ישראל או בני המנשה מהודו, מהווים יחד יותר מ־25 אחוזים מהאוכלוסייה בישראל.[8]

בתגובה, הרב נועה סתת מוסיפה עצה מועילה: הגזענות בארצות הברית שונה מהגזענות בישראל. בישראל, גזענות אנטי־ערבית ואנטי־יהודית מתקיימת משני צדי המתרס. הסכסוך האלים והמתמשך בין הישראלים והפלסטינים מזין את הגזענות הזו.

- לא תהיה זו טעות לומר שאנחנו דורשים צדק לפלסטין. עם זאת, כפיית סיפור זכויות השחורים בארצות הברית על המבנה הפלסטיני/ישראלי לא עובדת. מבני הכוח בישראל דומים למבני הכוח בארצות הברית אבל גם שונים מהם.
- בישראל, ה"אחר" האולטימטיבי הוא פלסטיני או ערבי.
- מזרחים סובלים מאפליה דומה לזו שאנשים לא־לבנים חשופים אליה בצפון־אמריקה (כמו יחס מפלה מהמשטרה ואפליה במקום העבודה).
- האתוס של הזרם המרכזי בישראל מגנה את האפליה כלפי מזרחים ומנסה לתת לו מענה, בעודו מאמץ את ההדרה, הדה־הומניזציה והאפליה כנגד ערבים ככלי להנצחת הכיבוש.

אם כן, עלינו ללמוד על האיומים הביטחוניים לשלומה של ישראל, ועל נושאי הצדק החברתי שכולנו מתמודדים אתם. עלינו ליצור מאגר מידע בכדי לחלוק אלה עם אלה ידע על נושאים משותפים בתחום הצדק החברתי, למשל: היבטים סביבתיים, הגירה, דיור ציבורי, חופש דת, גזענות ושלום בין הפלסטינים לישראלים, בכדי שנוכל להרחיב את בסיס הידע שלנו ולתמוך האחת בשנייה.

כיום, לאור התחושה ש"הציונות" מותקפת ברחבי העולם, עלינו למצוא שם חדש עבור הציונות שאנחנו מאמצים לליבנו; שם שגם הקהל הרחב יוכל להבין. ללא שם כזה, הציונות שלנו בלתי נראית. אנחנו מאמינות שהכותרת "ציונות צדק" מבטאת ציונות שאקטיביסטים אמריקאים לצדק חברתי יוכלו לאמץ במהירות, וכך יתאפשר דיון רחב יותר לקראת היווצרותו של קונצנזוס. אנו זקוקים לכנסים ולתהליכים משותפים כדי לחקור את המאבקים של ישראל לצדק חברתי מנקודת מבט ציונית

ליברלית. עלינו להרחיב את מנעד הכלים העומדים לרשותנו ליצירת שינוי באמצעות שיתוף פעולה.

השלב השלישי בסולם ליצירת שינוי חברתי פעיל הוא **לתרום כדי לשנות**. השימוש בכסף הוא משמעותי לא רק כתשובה לשאלה "איך", איך אנחנו חיים, אלא גם לשאלה "מה", מה אנחנו תורמים. כאמריקאים וכישראלים ליברלים, עלינו לחבור לאנשי שטח ולארגונים היוצרים את השינוי שאנחנו מאמינים בו. אנשי הימין הציוני יודעים בדיוק לאן לתרום את כספם. כציונים ליברלים עלינו להקצות מחדש את משאבינו כך שייצרו שינוי. מה יקרה אם נשקיע כסף ביעדים ישראליים המשקפים את רצוננו העמוק בצדק חברתי? האם זה יספיק? אם אנחנו עורגים באמת לשלום ולצדק לכל בני האדם, עלינו להרחיב את השקעותינו כך שיסייעו למימוש הערכים האלה בישראל ובין ישראל לשכנותיה. ציונות צדק קוראת לנו להשקיע את הוננו הכלכלי, הרוחני והחברתי בארגונים הפועלים להגשמת החזון שמבטאת מגילת העצמאות של ישראל. רוב הנושאים הללו נדונים בלהט בספר שלפניכם.

השלב הרביעי בסולם הוא **גיוס תמיכה**, או תמיכה בקול רם. אנחנו יכולים להשתמש בקולות שלנו כדי לקדם שינוי. בזכות תמיכתם הפומבית, ליהודי צפון־אמריקה יש השפעה רבה בתוך ישראל.

- כאמריקאים, אנחנו יכולים להזמין אל הקהילות שלנו פוליטיקאים ישראלים המבקרים בצפון־אמריקה, כמו גם את הקונסולים והשגרירים הישראלים לאזור, כדי לדון בנושאים בוערים. בצפון אמריקה ישנן 12 קונסוליות ושגרירויות ישראליות.
- אנחנו יכולים לשתף פרסומים ישראליים ופוסטים ברשתות החברתיות המשקפים קולות ישראליים שחולקים את החזון הציוני שלנו, ופועלים למימושו.
- אנחנו יכולים לכתוב ולפרסם בעצמנו, או לכתוב במשותף עם שותפים ישראלים פוסטים שכאלו.

- בכל פעם שפעולות של פוליטיקאים אמריקאים עשויות להשפיע על המצב, אנחנו יכולים לבקש את תמיכתם. אם נתאם זאת עם עמיתינו הישראלים, נוכל להגביר את כוחם.

- אנחנו יכולים ללמד את התלמידים שלנו לעמוד בקשר עם ישראל. לו נערת בת מצווה אמריקאית הייתה כותבת לשר בממשלת ישראל באמרה "כפי שערכתי את בת המצווה השוויונית שלי בישראל, ארצה לערוך חתונה שוויונית בישראל בעוד כמה שנים", הייתה לכך השפעה.

- אנחנו יכולים לעודד את תלמידי התיכון או את הסטו־דנטים שלנו להשמיע את קולם ולנסח את עמדותיהם, כדי שיוכלו לגייס תמיכה לחזון שלהם ביחס לישראל.

אם הרב סתת תערוך בכנסת כנס בנושא מבקשי מקלט ותציג חתימות, תמונות וסרטונים המביעים את תמיכתה של קהילת צפון־אמריקה, תהיה לכך השפעה. באמצעות עבודה משותפת עם עמיתינו הישראלים, נוכל להרחיב את הכוח שלנו וליצור שינוי.

השלבים האחרונים בסולם הצדק החברתי דורשים התארגנות **והצטרפות לתנועה**. הביטו סביב, חפשו בעיר שלכם וברשת. עם מי נוכל לשתף פעולה ברמה המקומית, הלאומית והעולמית כדי לממש את החזון הליברלי שלנו לישראל? בשתי המדינות, ישנם ארגונים רבים שביכולתם לעזור לנו לצבור ידע ולחדד את החזון שלנו, וכך למצוא את הדרך הטובה ביותר לקדמו. רבים מהארגונים מיוצגים כאן, על ידי האנשים שתרמו בכתיבתם לספר זה.

איך נוכל להתייצב יחד למען צדק חברתי בישראל? בעבר, רבים מאתנו האמינו בערכים המקודשים של מגילת העצמאות ובמחויבות המפורשת שבה לערכים דמוקרטיים ויהודיים גם יחד. עם זאת, ממשלת ישראל מעניקה חשיבות גדולה יותר לצד היהודי במשוואה. כליברלים אמריקאים וישר־אלים, במה אנחנו יכולים להאמין כעת?

אנחנו יכולים להאמין בסיפורים, בקולות, ברעיונות ובחזון של המנהיגים הישראלים והאמריקאים המשתתפים בספר הזה. אנחנו יכולים להאמין בפרספקטיבות של עמיתינו וחברינו שאתם אנחנו בקשר. אנחנו יכולים להאמין בארגונים הפועלים לממש את חזון מגילת העצמאות ואת החזון המקראי של צדק ושוויון, מהר סיני ועד לנביא עמוס. אנחנו יכולים להאמין בעבודה שאנחנו עושים. אנחנו יכולים להאמין בשותפות שלנו.

ליברלים ישראלים כמהים לשמוע קולות ליברליים אמריקאים שאינם מגנים אותם אלא מתאמצים לבנות אתם שותפות. יהודי צפון־אמריקה צריכים להחליף במסרים אחרים את הכותרות ואת הסיסמאות של מי שמחפשים להכפיש את ישראל. חזוננו הנפרש כאן בספר **להעמיק את השיחה** וביוזמות הנלוות לו, הוא לאפשר לכם לשמוע את קולות שותפיכם לדרך, אמריקאים וישראלים המחויבים לישראל צודקת, ליצור אתם קשר ולאפשר לקולותיהם לדבר דרככם כפי שאתם תדברו דרכם. מטרתנו היא לבנות שותפות חזקה יותר בין יהדות צפון־אמריקה ובין ישראלים המחויבים למדינה יהודית ודמוקרטית, כזו המגלמת את הערכים הנטועים במגילת העצמאות.

כשתי רבות העוסקות בנושאי צדק חברתי מדי יום, עצם ההדדיות שבכתיבת הפרק הזה, תוצאת שיחות רבות שגישרו על פני אזורי הזמן השונים ועל פני האוקיינוס, מדגימה את סוג שיתוף הפעולה שאנחנו שואפות אליו. הרעיונות שלנו, התשוקה שלנו, נקודות המבט שלנו השפיעו אלו על אלו. התלמוד מלמד "כל ישראל ערבים זה בזה" (ספרא בחוקותי ז, ה) - בסופו של דבר, אנחנו אחראים אלו לאלו כקהילה יהודית גלובלית. הספר מציע דרך להעמקת התמיכה ההדדית הזו.

בפגישה קהילתית שנערכה לאחרונה בשכונה מוחלשת בעיר שרלוט, אמרה אישה מבוגרת שהתרגשה מאוד מהנושא המדובר, "לא באתי לעשות את זה בשבילי, אלא בשבילנו". העבודה הזו היא בשבילנו – כקולקטיב משני צדי האוקיינוס, הפועל לחזק את ישראל ולתמוך בה במאבקה המתמשך למימוש הגאולה.

למול האתגרים העצומים אשר גדלים ומתרבים, עלינו להיות יעילים, חדשניים ומחויבים יותר מתמיד. המסורת הציונית

שלנו מלמדת שהתארגנות ונקיטת פעולה יכולות לממש חזון שנראה בלתי־אפשרי.

כפי שקהלת מייעץ לנו, "טוֹבִים הַשְּׁנַיִם מִן־הָאֶחָד: אֲשֶׁר יֵשׁ־לָהֶם שָׂכָר טוֹב בַּעֲמָלָם" (ד, ט). יהי רצון ונגבר על בידודנו ועל בדידותנו באמצעות שיתוף פעולה הדוק, וניצור עתיד בטוח וצודק יותר משני צדי האוקיינוס, בעודנו סוללים דרך חדשה.

שאלות להרחבה:

1. הרב סתת מדברת על הצורך הגדל והולך של ישראלים ליברלים, אשר קולותיהם לא תמיד נשמעים בתקשורת בארצות הברית, בתמיכה אמריקאית. באילו מובנים מתבטאת הפגיעות של הישראלים הליברלים? כיצד הם עשויים להתחזק?

2. הרבה שינדלר מתארת רגעים שבהם יהודים מרגישים לעתים לא בנוח או פגיעים בארצות הברית. האם גם אתם חוויתם חוויות דומות? בדקו ברשת: האם התחושות הללו משותפות ליהודים רבים?

3. הרב סתת והרבה שינדלר מציגות את סולם הצדק החברתי. היכן אתם ממוקמים על הסולם הזה? איך ייראה השלב הבא בסולם האישי שלכם?

הערות

1. בספר זה המילה ליברלי משמשת כתרגום למילה progressive – מי שדוגלים בתפיסת עולם הומניסטית, דמוקרטית, התומכת בזכויות אדם (הערת המתרגמת).
2. מבין יהודי ארצות הברית, 49 אחוזים מזדהים עם האידיאולוגיה הפוליטית הליברלית, 29 אחוזים מזדהים כמתונים, ו־19 אחוזים מזדהים כשמרנים:
"American and Israeli Jews: Twin Portrait", Pew Research Center: Religion & Public Life, January 24, 2017, https://www.pewforum.org/essay/american-and-israeli-jews-twin-portraits-from-pew-research-center-surveys
35 אחוזים מזדהים כרפורמים, 18 אחוזים כקונסרבטיבים, 10 אחוזים כאורתודוקסים, ו־30 אחוזים אינם מזדהים עם אף זרם. 69 אחוזים מיהודי ארצות הברית מדווחים שהם "קשורים מאוד" או "קשורים במידה מסוימת" לישראל:
"A Portrait of Jewish Americans", Pew Research Center: Religion & Public Life, October 1, 2013, https://www.pewforum.org/2013/10/01/jewish-american-beliefs-attitudes-culture-survey
3. מגמות הכוללות ניסיונות לגרש פליטים, לקצץ בסמכויות בית המשפט העליון, העברת "חוק הלאום" ותמיכתו של ראש הממשלה נתניהו בחברי מפלגת "עוצמה יהודית", תומכי משנתו של כהנא, בבחירות לכנסת (אם כי הודות לתביעה שהוגשה על ידי **המרכז הרפורמי לדת ומדינה**, בית המשפט העליון אסר על ראש המפלגה להתמודד בבחירות).
4. Lilla Watson, quoted in Geoffrey B. Nelson and Isaac Prilleltensky, *Community Psychology: In Pursuit of Liberation and Well-Being* (New York: Palgrave Macmillan, 2010), 29.
5. Natan Sharansky, "3D Test of Anti-Semitism: Demonization, Double Standards, Delegitimization," *Jewish Political Studies Review* 16:3-4 (Fall 2004).
6. Schindler, R. J., & Seldin-Cohen, J. (2017). *Recharging Judaism: How Civic Engagement is Good for Synagogues, Jews, and America*. CCAR Press.
7. אתר *Deepening the Dialogue* של ה־CCAR הוקם במטרה לסייע לכם למצוא עמית מתאים בהתבסס על מכנה משותף כמו מקצוע או אורח חיים.
8. הלשכה המרכזית לסטטיסטיקה (2015). **יהודים לפי ארץ מוצא וגיל** (טבלה מספר 2.8). אוחזר מתוך https://www.cbs.gov.il/he/publications/DocLib/2016/2.ShnatonPopulation/st02_08x.pdf

פרק שני

מרכזיותה של מגילת העצמאות

הרב אריק ה׳ יופה (ארצות הברית)
וד״ר רות גביזון (ישראל)

הרב אריק ה׳ יופה

למדינות מצליחות יש חזון. החזון של מדינת ישראל נוסח במגילת העצמאות שנחתמה על ידי מייסדי ישראל ב־14 במאי, 1948.

מגילת העצמאות היא מסמך נאדר, איתן ומעורר השראה גם יחד. כוחה והרלוונטיות שלה נובעים משני מרכיבים: ראשית, היא מנסחת במונחים רחבים את הערכים הבסיסיים של ישראל – מחויבות ליהדותה של המדינה, לדמותה הדמוקרטית, ולזכויות אדם לכל אזרחיה. שנית, היא תובעת שהמתחים והסתירות הפוטנציאליות בין ובקרב הערכים האלו יידונו במסגרת המדינה שזה־עתה־נוסדה. המתחים האלו אינם מפורטים בהכרזה. למעשה, השפה המרוממת והטון הישיר של מגילת העצמאות מסתירים אותם. ואף על פי כן, לאחר מחשבה, קל לזהותם. היכן הם מתגלים?

מדינת ישראל נוסדה כדי לייצג ולהגן על הצרכים, האינטרסים והערכים של העם היהודי, הן על חלקו המתגורר בארץ ישראל והן על חלקו המתגורר בתפוצות. הזכות לייסד לאום ריבוני הייתה חיונית לרווחתו של העם היהודי, ולמעשה דרכו העם היהודי יחזור להיסטוריה ויהיה כעמים האחרים האמונים על גורלם שלהם.

מגילת העצמאות מצהירה על יצירתו של לאום כזה, ומסבירה מדוע על ארץ ישראל ההיסטורית להיות מקומה של המולדת היהודית החדשה. כדי להבטיח שהמולדת היהודית תהיה למציאות, מגילת העצמאות מתחייבת שליהודים מכל מקום תהיה זכות להגר למדינה היהודית החדשה ללא סייגים או הגבלות – זכות שלא ניתנה לאחרים.

עם זאת, במגילת העצמאות מתחייבת ישראל לכונן מערכת של דמוקרטיה ליברלית ובה יהיו כל אזרחיה, יהודים ולא־יהודים, שווים לפני החוק. היוצאת מהכלל היחידה תהיה הזכות להגר אליה, שנזכרה לעיל. מדינת ישראל, כך מבהירה מגילת העצמאות, "תקיים שוויון זכויות חברתי ומדיני גמור לכל אזרחיה בלי הבדל דת, גזע ומין." יתר על כן, היא "תבטיח

חופש דת, מצפון, לשון, חינוך ותרבות." במילים אחרות, זכויות אדם וחירויות אזרחיות אינם נושאים משניים במדינה שייסד העם היהודי בעת שיבתו לציון. מגילת העצמאות ראויה לציון מפני שהיא מתקפת את העמדה לפיה ערכי היסוד של ישראל אינם ניתנים לחלוקה: יש לאמץ את ריבונות העם היהודי, את האופי הדמוקרטי של ממשלת ישראל, את החירות ואת הזכויות האישיות של אזרחי ישראל כולם כמכלול אחד. כפי שמגילת העצמאות מבהירה, אסור שאף אחד מהיסודות הללו יבוא על חשבון האחר.

אך כיצד מוציאים לפועל מעשה גבורה שכזה?

אחרי הכול, כמדינה יהודית, האם לא תתפתה ישראל להעניק לאזרחיה היהודים יתרונות, משפטיים או אחרים? האם לא תטה להעמיד את רווחתם של היהודים, בישראל ובמקומות אחרים, לפני רווחת תושביה הלא־יהודים של ישראל? האם חברי המיעוט הערבי לא ירגישו מודרים או מנוכרים בשל ההזדהות היהודית הרשמית של מדינתם ובשל האפליה שעלולה להיות מכוונת, ואכן כְּוָנָה, נגדם לעתים?

ומה בנוגע למעמדם הבעייתי של יהודי התפוצות? מצד אחד, הייתכן שאזרחי ישראל הלא־יהודים, אשר נמנעו מהם פריווילגיות אלה, לא ינטרו טינה ליהודי התפוצות על עמדתם הפריווילגית שמגילת העצמאות ממסדת? מצד שני, אולי יהודי התפוצות עצמם הם שינטרו טינה לישראל על המציאות האמביוולנטית, שבה ישראל מחבקת בעיקרון אבל דוחה בפועל את חששותיהם, בעיקר בנושאים דתיים?

התשובה לשאלות אלו היא שאכן, כל הבעיות הללו קיימות, בתיאוריה ובפועל גם יחד. (הבעיות הללו אינן ייחודיות לישראל. מדינות רב־אתניות ורב־לשוניות, באירופה ובמקומות אחרים, מתלבטות בנושאים דומים, וכמו ישראל נאבקות כל העת בניסיון לפתור אותם.) יחד עם זאת, מגילת העצמאות נמצאת עדיין בלב הקונצנזוס מבחינת יהודים ורבים מאזרחי ישראל הלא־יהודים. מייסדי ישראל הבינו שיסודות המובחנות הלאומית והדמוקרטיה אינם יסודות סותרים, גם אם אינם מתקיימים זה לצד זה ללא קשיים. למעשה, גאונות המגילה טמונה בנקודה

זו בדיוק: בהנחה שיש חפיפה בסיסית בין ערכים דמוקרטיים לבין ערכים יהודיים לאומיים.

החפיפה הזו בין הערכים אומצה במגילת העצמאות ללא פירוט מעשי שיסביר כיצד תתפקד המערכת. בקצרה, בראותם את מגילת העצמאות לא כתכנית מעשית אלא כהצהרה על אידיאלים גדולים שאינם פתוחים למשא־ומתן, קיבלו המייסדים את הניסוחים הגורפים ואת השפה הכללית שביטאו את האידיאלים הללו, והשאירו את מלאכת השלמת הפערים להיסטוריה ולדורות הבאים.

האם הגשימה מגילת העצמאות את כוונות המייסדים?

עד לאחרונה האמנתי שכן. ניתן לטעון שאת חוזקו המדהים של הניסוי הישראלי, הניצב למול אויבים מרובים בגבולותיו ולמול מיעוט חסר מנוחה בתוכו, יש לזקוף לזכות קווי המתאר המקוריים ששורטטו במגילת העצמאות. האידיאלים לא התגשמו. אך מאבק מתמיד מבקש למצוא את השילוב הראוי בין שלושת יסודות החזון.

מגילת העצמאות אינה מסמך משפטי, אבל היא הצהרה ששוררת סביבה הסכמה, המשמשת בסיס למרבית המבנה המשפטי ומערכת הערכים של המדינה היהודית.

הצלחות המדינה היהודית מגמדות את כישלונותיה. רוב הישראלים, יהודים ולא־יהודים, נאמנים למדינתם ומאמינים כי היא מקדמת את האינטרסים שלהם ואת רווחתם. רובם לוקחים כמובן מאליו את אופייה הדמוקרטי ואת זכויות האדם שהיא מעניקה. רובם חשים סולידריות עם עמיתיהם האזרחים, בלי קשר לדתם או לזהותם האתנית. ורובם חשים הכרת תודה למדינה ומידה של אמון במוסדות השלטון.

האם מכך עולה כי נפתרה הבעיה של בניית אזרחות משותפת משמעותית? לא. אופייה היהודי של המדינה, שאותו קידשה מגילת העצמאות, נתפס כחיוני מבחינת כמעט כל אזרחיה היהודים – והדבר צודק והכרחי. אבל הוא בעייתי מבחינת אזרחיה הלא־יהודים. הפילוג הזה בקרב אזרחי ישראל לא ייפתר במהירות או בקלות. דיון פנימי מר מתנהל בנוגע לטבעה של היהדות, ונעשו ניסיונות להשתמש במנגנוני המדינה כדי

לכפות תשובות מסוימות, אורתודוקסיות, על המדינה כולה.

למרות זאת, ועל אף התפתחויות מדאיגות בעת האחרונה, רוב הישראלים מעריכים מאוד את מגילת העצמאות ורואים בה שיקוף של רוב, אם לא כל, שאיפותיהם. רובם מבינים כי התקווה היחידה לפתור אי פעם את הבעיות העקשניות ביותר של ישראל - מעמדם של אזרחיה הערבים, המונופול הכפוי של הממסד הדתי האורתודוקסי, מעמדם הבלתי־פתור של השטחים הפלסטינים - נסמכת על ערכי הדמוקרטיה, זכויות האדם וריבונות העם היהודי, שהם ליבת מגילת העצמאות.

מהי ההתפתחות החדשה המאיימת לערער את מעמד מגילת העצמאות וכנראה דורשת פעולה מתקנת?

למגילת העצמאות אין תוקף משפטי, ועדיין היא לב הברית הישראלית, מפני שהיא מכילה את הערכים המגדירים את המדינה היהודית. מערכת המשפט הישראלית - המורכבת מחקיקה רגילה ומחוקי יסוד, הנתפסים כיום כבעלי סטטוס משפטי עדיף ולעתים דורשים רוב מוחלט כדי לשנותם - בנויה על החזון שבמגילת העצמאות, ומתרגמת, עד כמה שהפוליטיקה מתירה, את חזונה של מגילת העצמאות למציאות משפטית יום־יומית.

ועדיין, לישראל אין חוקה שכן פרטים בחזון עודם שנויים במחלוקת. למשל, כפי שציינתי קודם, המחלוקת בשאלה מהי המשמעות המדויקת של היות ישראל מדינה יהודית. עקב כך, במשך שבעים שנה, אמצעי השמירה העיקרי על שלמות מגילת העצמאות היה נכונותם הכללית של הכנסת ושל בתי המשפט, בזמן קבלת החלטות שיפוטיות וחקיקתיות, לפרסם הצהרות משפטיות המאשרות ומחזקות את המסגרת הרחבה של מגילת העצמאות, בעודם נמנעים מהחלטות הקוראות תגר מהותי על ערכי הלאומיות היהודית, הדמוקרטיה וזכויות האדם, שעליהם המגילה מבוססת.

ההנחה הייתה שישראל יכולה להכיל עמימות משפטית בנושאים בלתי־פתורים, שאין להם תשובות ברורות מאליהן או פתרונות קצרי־טווח. חוקה אינה הכרחית. אולי טוב יותר להותיר את ערכי מגילת העצמאות על מכונם ולהמתין

לקונצנזוס תחיקתי בנושאים רגישים וקשים, כזה שינבע מתהליכים פוליטיים וחינוכיים שעדיין לא הסתיימו, ובמקרים מסוימים אף לא התחילו.

כך או כך, ביולי 2018 ניפצה הכנסת את הגישה הזהירה הזו וחוקקה את החוק המכונה "חוק הלאום", ומטרתו להגדיר את אופייה של מדינת ישראל על ידי הכרזה עליה כמדינת הלאום היהודי. מקדמי החוק טענו שחוק הלאום אינו אלא מעשה אשרור של ערכי מגילת העצמאות. הם טענו **שחוק־יסוד: כבוד האדם וחירותו**, שהתקבל בשנת 1992, סיפק בסיס חוקי יציב לערכי הדמוקרטיה ולזכויות האדם. מטרתו של חוק הלאום היא בפשטות לעשות את אותו הדבר לאופייה של ישראל כמדינה יהודית.

אבל ההפך הוא הנכון, חוק הלאום חתר תחת מגילת העצמאות ולא חיזק אותה. העברת החוק הייתה טעות נוראית ואולי אפילו קטסטרופלית, שעקרה את איזון הערכים הזהיר שבלב מגילת העצמאות, איזון שעליו בנו בדי עמל מייסדי המדינה את הזהות הלאומית הישראלית.

מתנגדי החוק ציינו את הנקודות הבאות, לצד הסתייגויות אחרות:

- הטיוטות הראשוניות של חוק הלאום לא רק הגדירו את ישראל כמדינת הלאום של העם היהודי, אלא גם כללו בטוחות לזכויות האדם ולזכויות דמוקרטיות לכל אזרחי ישראל. אם הסעיפים האלו היו נותרים בנוסח החוק, העברתו לא הייתה מעוררת מהומה רבה; אבל לאחר שהמחוקקים הימנים התעקשו, הבטוחות לשוויון לכל הוסרו מהחוק. למעשה, חלק מהמחוקקים אמרו בפומבי שכוונתם בקידום החוק הייתה לעודד את בית המשפט העליון להעדיף את זכויות היהודים על פני זכויות האדם והדמוקרטיה. אם כך, הבעיה אינה הגדרתה של ישראל כ"בית הלאומי של העם היהודי", הגדרה שכמעט כל יהודי ישראל מאמצים ולפחות חלק מהישראלים הלא־יהודים מקבלים. הבעיה הייתה בכוונה המוצהרת לפגוע בזכויות הפרט של לא־יהודים.

- **חוק־יסוד: כבוד האדם וחירותו** הוא חוק ראוי להערצה שיושם על ידי בית המשפט העליון לקידום זכויות אדם בקרב כל אזרחי ישראל. עם זאת, המילה "שוויון" אינה מופיעה בו. כך נפתחת דלת לאפליה בבתי המשפט ולכן חשוב במיוחד שהנושא ייכלל בחוק הלאום.
- החוק אינו הכרחי. מכיוון שאיש אינו מטיל ספק בכך שישראל היא מדינה יהודית, מדוע יש לתקף זאת עכשיו?
- חוק הלאום פגע ברוב רובם של יהודי התפוצות. בעודו טוען כי ישראל היא מדינת הלאום של העם היהודי, הוא מתקף את זכותה של ישראל להתערב בענייני התפוצות ובאותה נשימה מכחיש את זכותן של התפוצות להתערב בענייניה של ישראל. אירוניה נאה טמונה בכך שחוק שכוונתו לקדם אחדות יהודית הצליח בראש ובראשונה להרחיק את המדינה היהודית מיהודי העולם.

הנקודה היא, בקצרה, שחוק הלאום מזיק ביותר ונתפס על ידי רבים כמאמץ לפרום את מצוות היסוד של מגילת העצמאות. מגילת העצמאות מזמינה וכוללנית, מתקפת את הזכויות הלאומיות של העם היהודי, מבטיחה חירות ושוויון לכל אזרחי ישראל, מקדמת את האופי הדמוקרטי של מדינת ישראל, ומושיטה יד של סולידריות ומאור פנים ליהודי העולם.

חוק הלאום עושה בדיוק את ההפך. הוא מביא לפילוג, לשבטיות ולבידוד. הוא מדיר יותר מאשר מכליל. הוא מסית שבט נגד שבט, ערבי נגד יהודי, ואת ישראל נגד יהודי התפוצות. מטרתו אינה לקדם מדינה יהודית ודמוקרטית, אלא מדינה שהיא בעיקרה יהודית ולה, אולי, מספר יסודות דמוקרטיים או חזות דמוקרטית. מוביליו מתייחסים לחוק כבסיס לחקיקה נרחבת יותר שתקדם אינטרסים יהודיים על חשבון אלו של לא־יהודים, כמו גם תגביל את סמכויות בית המשפט העליון.

אם הם יצליחו, מה יישאר ממגילת העצמאות?

למי שמבין את הסכנה לא ברור מה בדיוק יש לעשות.

אפשרות אחת היא להוסיף לחוק הלאום חוק־יסוד נוסף שיצהיר על מה שנשמט ממנו: במדינת ישראל, מדינה יהודית ודמוקרטית, כל האזרחים זכאים לשוויון לפני החוק.

אפשרות נוספת היא שישראל תחוקק את "חוק המגילה", חוק־יסוד המורכב מהטקסט השלם של מגילת העצמאות. בעבר, גם מבין מי שהזדהו ביותר עם עקרונות מגילת העצמאות, התנגדו רבים לצעד כזה. הם ציינו כי מגילת העצמאות היא מסמך חזון, ורק לעתים רחוקות הגדרת מסמך חזון כחוק תהיה הדרך הטובה ביותר להתמודד עם בעיית חקיקה.

יחד עם זאת, כאשר אנו ניצבים למול מציאות חוק הלאום, הרגשות הללו אולי משתנים. יותר ויותר, תומכי ישראל כמדינה יהודית ודמוקרטית מזהים שזהו מצב חירום; עקרונות הציונות הליברלית מותקפים, ומעשה דרמטי לתיקוף כל מרכיבי מגילת העצמאות – ריבונות יהודית, הגורל הקולקטיבי של העם היהודי, זכויות פרט וחירות לכל אזרחי ישראל – נדרש נואשות.

במצב עניינים זה, אולי הכרחי שנבחרי ישראל ינסחו חוק־יסוד שיחזור מילה במילה על נוסח מגילת העצמאות כפי שהוכרזה על ידי מייסדי ישראל לפני יותר משבעים שנה. צעד כזה לא יפתור את כל בעיותיה של ישראל, אבל זהו העיתוי הנכון להזכיר שמגילת העצמאות שירתה את מדינת ישראל ואת עם ישראל היטב, והגדירה טוב יותר מכל מסמך אחר מי הם הישראלים ומה מדינת ישראל חייבת להיות.

ד"ר רות גביזון

האם מגילת העצמאות של ישראל חשובה ורלוונטית כיום? התשובה הקצרה שלי היא: כן. מאוד. במנותק מחוק הלאום שהתקבל ב־2018 ובו דן באריכות אריק יופה, אבל גם למרות החוק הזה, ואפילו בשל החוק הזה.

מגילת העצמאות היא מסמך החזון המכונן ומעורר ההשראה של ישראל, שנחתם על ידי מייסדיה היהודים כחלק מדרישות הצהרת החלוקה שהתקבלה ב־29 (כ"ט) בנובמבר, 1947. למגילה חלקים הצהרתיים וחלקים משפטיים־מעשיים. זהו המסמך ההיסטורי שהכריז על הקמת מדינת ישראל וחוקק את הוראות המעבר העיקריות בין המנדט הבריטי היוצא ובין מדינת ישראל שזה עתה נולדה. לחלק המשפטי־מעשי יש כיום חשיבות היסטורית בלבד. לעומת זאת, ההצהרות הנוגעות לטבעה של המדינה, ועקרונות היסוד שאליהם התחייבו מייסדיה, רלוונטיים מאוד גם כיום. אותי ואת רבים אחרים הם עדיין מרגשים ומלהיבים.

אריק יופה הרחיב בנושא החזון שמבטאת מגילת העצמאות, אז אני יכולה לקצר:

1. מגילת העצמאות היא אכן אמירה גדולה ומרגשת. היא נפתחת בהצהרת התוקף והעוצמה של רעיון ההגדרה־העצמית היהודית ב(חלק מ...)ארץ ישראל, בהתבסס על ההיסטוריה היהודית ועל מעשיהם של יהודים, כמו גם על החלטות ועקרונות של המשפט הבין־לאומי. היא מביעה מחויבות ברורה לזכויות אדם (אישיות ותרבותיות) ולעקרונות דמוקרטיים; והיא משרטטת את היחסים שאליהם היא שואפת בין המדינה החדשה לבין שכנותיה, הערבים החיים בארץ והיהודים החיים מחוץ לישראל. היא כוללת הצהרה ברורה בנוגע להגנה על זכויותיהם ורווחתם של כל אזרחי ישראל ותושביה (בשלב שבו לא היו כלל אזרחים לישראל). יש בה קריאה מפורשת לחברי העם הערבי בישראל לשמור על השלום ולקחת חלק

בממשלה על יסוד "אזרחות מלאה ושווה ועל יסוד נציגות מתאימה לכל מוסדותיה". הטקסט אינו מזכיר את אלוהים או את ההלכה ואת תפקידם במדינה שזה עתה יוסדה, אך מגילת העצמאות מדגישה את השורשים היהודיים של תרבות ישראל ושל ההיסטוריה שלה. אזכור התנ"ך ונביאי ישראל מוודא שהמדינה היהודית לא תהיה רק מדינת היהודים אלא מדינתו של העם המוגדר על ידי הטקסטים הקושרים אותו לארץ ישראל. זו מדינה יהודית במודגש; עם זאת, היא אינה קובעת תפקיד מסוים שיהיה בה לדת היהודית. בדומה, היא נחתמת מתוך בטחון ב"צור ישראל" (ביטוי שאין לו בעברית משמעות דתית, בעיקר כאשר משמיטים ממנו את ההמשך "וגואלו", ובכל זאת הוא מתורגם לעתים לאנגלית כ"אלוהים"). במלים אחרות, הטקסט של מגילת העצמאות כולל פשרות מכריעות שהשאירו בכוונה שאלות רבות ללא מענה. הפשרות האלה יצרו טקסט כללי ועמום ביותר, שמטרתו לעורר השראה ולכידות. יהודים בעלי גישות דתיות, כלכליות ופוליטיות שונות ואף מנוגדות חתמו עליו והיו יכולים לתמוך בו.

2. מגילת העצמאות מכירה בחשיבות של מה שאני מכנה "שלושה מעגלי סולידריות",[1] שנתפסו כהכרחיים להצלחתה של ישראל: (1) הזיקה בין כל אזרחי המדינה ותושביה - בסיס הלגיטימציה של הממשלה שלה - ללא תלות בדת, בגזע או בלאום; (2) הזיקה לכל היהודים שרואים את עצמם כחלק מהעם היהודי (בין אם הם מתגוררים בישראל ובין אם לא) ושעבורם הקמת מקום שבו יהודים הם הרוב הוא אלמנט קריטי בהזדהותם ובזהותם; ו־(3) הזיקה בין היהודים בישראל, שהאנרגיה והמחויבות שלהם הגיעו לשיא בהקמת המדינה, ולכן נושאים באחריות מיוחדת להצלחת המדינה ולאופן שבו היא מממשת את חזונה. בהיותם רוב אזרחי ישראל, ליהודים־ישראלים גם אחריות מיוחדת כלפי המיעוטים החיים בקרבם.

מגילת העצמאות מאשרת שלא רק אפשר, אלא גם רצוי, לחזק את כל מעגלי הזהות האלו יחדיו, וכי פעולה זו היא חלק מרכזי מהחזון עצמו. במלים אחרות, היא מבטיחה לייסד מסגרת פוליטית שתאפשר למדינה לתרגם את סוגי הסולידריות השונים האלו להסדרים מתאימים ומוגדרים.

3. מגילת העצמאות הבטיחה גם חוקה. רשויות השלטון הזמניות היו אמורות לפעול עד שתקבע האספה המכוננת את החוקה. חוקה כוללת בדרך כלל מבוא, הוראות המתייחסות לכללי המשחק: רשויות השל־טון העיקריות וסמכויותיהן, ומגילת זכויות. למרות זאת, ב־1950, האספה המכוננת (שפעלה גם כרשות המחוקקת הראשונה – הכנסת) החליטה שלא לחוקק חוקה מלאה בשלב זה, ולאמץ בהדרגה "חוקי יסוד" שהיו אמורים להפוך לחוקה לאחר השלמתם.

כפי שטען אריק יופה, היו פשוט יותר מדי מחלוקות אידיאולוגיות ופוליטיות שלא אפשרו אימוץ חוקה. הכנסת העדיפה להתמודד עם מחלוקות אלה שלב־שלב, בלי לקבוע הסדר כולל שתהיה לו עדיפות על חוקי הכנסת.

בדומה לאריק יופה, אני חושבת על מגילת העצמאות כהצהרת החזון הקנונית של מדינת ישראל. היא אחראית למרבית הצלחתה של מדינת ישראל בהתמודדות הנמשכת על החזון המורכב של הגדרה־עצמית יהודית בישראל לצד דמוקרטיה הדורשת אזרחות שווה ומלאה לכל האזרחים, כמו גם זכויות אדם לכולם. אני גם מסכימה עם אריק יופה שהמייסדים, כמו גם עצרת האו"ם בהחלטת החלוקה משנת 1947, ורוב הישראלים והמתבוננים מן החוץ באותה תקופה, האמינו ששלושת המרכיבים בחזונה של ישראל יכולים וצריכים להתקיים יחד כך שכל אחד מהם יזכה למשקל נכבד ומשמעותי בקבלת ההחלטות, בהצהרות ובשאיפות של המדינה. לבסוף, אני מאמינה שמגילת העצמאות הצליחה במשימתה בדיוק משום שהיא לא הפכה לחוק מחייב או לחוק־יסוד. במקום לחייב, היא אפשרה שינויים,

תהליכים, מגמות ותנועות (לרוב לטובה) מבלי לדרוש אותם.
קביעת ההסדרים, כמו גם כיוון השינויים, נותרו בידי היחסים
המורכבים והדינמיים שבין בחירות חופשיות ושוות, חקיקה,
פסיקה, חינוך ותנועות רעיוניות, תרבותיות ודתיות.

לבסוף, אני מסכימה עם אריק יופה שחוק הלאום לא צריך
היה להיחקק (הסברתי בפירוט רב את עמדתי בהמלצות שהגשתי
באוקטובר 2014 לשרת המשפטים דאז, ציפי לבני, שביקשה ממני
לבחון את החוקים השונים שעמדו אז על הפרק).[2] המצב שיצר
החוק   רע בעיניי. אני מסכימה גם שאולי יש צורך בתגובה
חקיקתית מסוימת לחוק. עם זאת, אני מעדיפה לא לתקן את
חוק הלאום על ידי העברה פזיזה של חוקים נוספים בנושאים
המורכבים מאוד והקריטיים האלו. (אני גם לא בטוחה שחקיקה
מתקנת סבירה אפשרית מבחינה פוליטית. אם אני צודקת,
ניסיון כושל לתקן (או לבטל) את החוק עלול להיות מפלג יותר
מתגובות אחרות). עם זאת, אני דוחה את הצעתו של אריק יופה
שמתבקש לחוקק מיד את מגילת העצמאות, כדי לתקן את נזקי
חוק הלאום. זאת הן מפני שאיני רואה את ההיסטוריה של
ישראל כתקופה בת 70 שנה שבה ״שלטה״ מגילת העצמאות ביד
נדיבה וטובה עד שחוק הלאום שעבר לאחרונה ערער לחלוטין
את מגילת העצמאות ואת הישגיה. והן מפני שהמגילה היא
מסמך יפה לתקופתו, וכוחו בכך שאינו מסמך משפטי מחייב,
וכיום חקיקה בישראל כבר לא נכתבת לפני הקמת המדינה ורק
על ידי המנהיגות היהודית של היישוב. כתוצאה מכך, ההמלצות
שלי בנוגע למשימה הדחופה של שימור, החייאה ועדכון של
החזון המקורי והמורכב של מגילת העצמאות, הגדרה-עצמית
יהודית, דמוקרטיה וזכויות אדם, לא כוללות בהכרח תגובות
חקיקה ברמה החוקתית.

מגילת העצמאות, כמו כל הצהרת חזון, היא מסמך פתוח.
היא מצפה ודורשת ממוסדות דמוקרטיים ומהחברה האזרחית
התוססת בישראל לפעול יחד על מנת להשלים את הפערים
בחזון, ולטפל במתחים הקיימים בתוך ובין מרכיבים שונים של
החזון ברגישות לצרכים ולשאיפות של החברה הישראלית על
כל חלקיה. היא מציבה שלושה עוגנים למדינה - הגדרה-עצמית
יהודית, דמוקרטיה, זכויות אדם. שלושת העוגנים האלו אמורים

להגביל את סוג ההסדרים שהמדינה תשקול לאמץ. כיום, ישראל אכן ביטלה חלק גדול מהסדרי העבר שלא תאמו חלק משלושת העוגנים האלו. על רקע זה, הפגם בחוק הלאום הוא שהוא מבקש לבודד ולאשרר רק את מרכיבי הציונות וההגדרה־העצמית היהודית בישראל העכשווית. הוא אינו נותן שום ביטוי בחוק לעוגנים של דמוקרטיה ושל זכויות אדם, וכאילו מתעלם מקיומם וממקומם בישראל של מי שאינם שותפים לחזונה של ישראל כמקום שבו רק יהודים מממשים זכותם להגדרה־עצמית לאומית מדינתית.

בדיון הפנימי הוותיק על האיזון הנכון בין הגדרה־עצמית יהודית ועקרונות הדמוקרטיה, זכויות אדם ושוויון אזרחי, הפגם העיקרי בחוק הלאום הוא האדישות שלו להדרה הבוטה של האזרחים הלא־יהודים של ישראל (גישת החוק גם אינה מפגינה כבוד רב כלפי חששותיהם של יהודים לא־אורתודוקסים ויהודים לא־ישראלים). אף טיעון משפטי לא יכול לתת תשובה מספקת לתחושת ההדרה שיצר הטקסט של החוק, ובמיוחד ל"טון" שלו. החוק מחליש באופן דרמטי את המחויבות לסולידריות בין אזרחי המדינה בלי הבדל דת ולאום, שמגילת העצמאות מגדירה כערך מכונן של המדינה. זה המסר שלו; וזו המציאות גם אם פטרוני החוק ותומכיו צודקים ולחוק, כשלעצמו, לא תהיינה השלכות מעשיות, מפני שמערכת המשפט הישראלית מבטיחה שוויון אזרחי בסיסי, וחוק הלאום אינו פוגע בחוקי היסוד האחרים ובזכויות אישיות ואף תרבותיות של כל אזרחי המדינה.

בעיה גדולה לא פחות ואולי יותר היא שהחוק יצר לגיטימציה לדיון אחר, מאיים הרבה יותר: בישראל של היום וגם מחוץ לה, לא־יהודים רבים וגם מיעוט של יהודים טוענים שישראל אינה יכולה להיות גם יהודית, גם דמוקרטית וגם מגנה על זכויות האדם. זה איננו דיון על האיזון הנכון בין מרכיבי החזון. זו הכחשה של האפשרות שישראל יכולה ואפילו מבקשת למצוא איזון שכזה. כאשר הדיון השני מתמזג עם הדיון הראשון שתיארתי לעיל, כל מי שהתנגד לחוק הלאום מוכרז כאנטי־ציוני, למרות מחאותיו. לשים בסל אחד את המתנגדים לחוק הלאום מפני שהם רוצים לערער על הלגיטימיות של הגדרתה

של ישראל כמדינה יהודית בכל מובן, עם אלו המתנגדים לחוק הלאום מפני שהוא מערער על החזון המורכב המובע במגילת העצמאות, מחליש את היכולת של ציונים יהודים ולא־יהודים בישראל ובמקומות אחרים להצדיק ולחגוג את ההישגים של ישראל כמדינת הלאום של היהודים, תוך שהיא פועלת כדמוקרטיה המבטיחה שוויון אזרחי מלא ומכבדת את זכויות האדם של כל תושביה.

אלו המבקשים, כמוני, שישראל תישאר מחויבת לחזון המורכב של הגדרה־עצמית יהודית בישראל, דמוקרטיה הדורשת אזרחות שווה ומלאה לכל אזרחיה, וזכויות אדם לכל, חייבים להדגיש את הרלוונטיות ואת העוצמה של מגילת העצמאות. מגילת העצמאות צריכה להמשיך ולהיות הטקסט הראשון שלומדים בשיעור אזרחות בכל בתי הספר הממלכתיים בישראל. יש לדון בכל אחד משלושת המרכיבים בנפרד אבל גם כחלקים ממכלול. יש לאמוד את הישגי המדינה מתוך התבוננות בכל שלושת המרכיבים יחד, ולא בכל אחד בנפרד. באופן זה, תמשיך מגילת העצמאות להעניק לישראל את ההשראה והתמיכה הנחוצים להצלחתה, כפי שעשתה בעבר. חוק הלאום הוא חוק אחד. הוא אינו יכול למחוק את כל העבר החוקתי של ישראל והוא לא עשה זאת. תקלות הן חלק מההיסטוריה של עמים רבים. למרבה המזל, חלקם מצאו כוחות לנוע קדימה, וללמוד מן התקלה. אני מאמינה שאף ישראל והחברה הישראלית מחזיקות ביכולות כאלו. החברה הישראלית היא חברה חופשית, דמוקרטית, הנהנית ממגוון דעות וגישות וממערכת משפטית עצמאית. החברה האזרחית בישראל נמרצת וחזקה מאוד. עדיף לתת למכלול הכוחות האלה, שיחד הביאו את ישראל להישגיה, לעצב את החזון המורכב של המדינה על כל שלושת עוגניו.

ותרשו לי הערה אחרונה בנוגע לניסיון בספר הזה לפתוח בשיחה שתהפוך לשותפות פעילה בין יהודים ישראלים ולא־ישראלים. שיחה שכזאת היא רבת־חשיבות בעיניי. אני חוששת שמערכת היחסים הקיימת בין שתי הקהילות האלו היא איום רציני על הסולידריות בין מדינת ישראל, יהודי ישראל והקהילות היהודיות ברחבי העולם. מעגלי הסולידריות האלו קריטיים

ליכולתה של ישראל להמשיך לתפקד, במובן מסוים, כמדינה היחידה בעולם שהיא "בית לאומי לעם היהודי".

הדיאלוג בינינו רק מתחיל. תהיה זו טעות למקד את הדיאלוג הזה בחוק הלאום. כחלק מהמלצותיי הנוגעות להצעות חוק־היסוד ביקשתי לערוך סקר על עמדותיהן של קהילות יהודיות מחוץ לישראל בנוגע לחזון הכולל של ישראל. המכון למדיניות העם היהודי ערך סקר כזה עבורי. תוצאותיו מרתקות ואכן מראות שישנה הסכמה רחבה בקרב קהילות יהודיות ברחבי העולם שישראל אכן יכולה וצריכה להישאר יהודית, דמוקרטית ומחויבת לזכויות אדם.[3] נרשמה גם הסכמה על כך שיש להשאיר (במידה רבה) את המשא־ומתן על יסודות אלו לכוחות החברתיים והפוליטיים בקהילות אלו. במובן מסוים, השיחה בין אריק יופה וביני מדגימה את כוחה של הסולידריות הזו. אנחנו מסכימים על דברים רבים, וההבדלים בנקודות המבט שלנו (בנוגע לשאלה אם מגילת העצמאות צריכה להיחקק במלואה בתגובה לחוק הלאום) אינם נובעים מהעובדה שאני יהודייה־ישראלית והוא יהודי־אמריקאי. יש לי מחלוקות דומות עם לא מעט יהודים ישראלים.

מצד שני, ישנם כמה מתחים מעניינים בין חובותיה של מדינת ישראל לאזרחיה לבין מערכת היחסים שלה עם העם היהודי בכללותו (כולל קהילות יהדות התפוצות). יתר על כן, עשויים להיות מתחים בין המחויבות של יהודים לא־ישראלים לישראל ולמדינות שבהן הם אזרחים. שני המתחים האלו אינם נחקרים רבות. אלו נושאים חשובים. יש להם השלכות שעשויות להיות ארוכות־טווח. ראוי שנוכל לדון בהם בפתיחות ובכנות וכך להבין את מבנה מערכת היחסים בין יהודים וקהילות יהודיות ברחבי העולם.

מגילת העצמאות מניחה שנערוך דיאלוגים, דיונים וויכוחים רבים על הנושאים האלו. התקווה הזו עוד לא התממשה במלואה. אף פעם לא מאוחר להתחיל. מגילת העצמאות מצפה מאתנו לעשות גם את זה. בכנות. ביושר. באומץ. ומתוך אחריות להמשך קיומו של העם היהודי בישראל ומחוצה לה.

שאלות להרחבה:

1. הרב יופה משרטט את המתחים הטבועים במגילת העצמאות. המתחים עולים מהבטחתה של מגילת העצמאות שמדינת ישראל תשמור במלואן על ריבונות העם היהודי, על הדמוקרטיה ועל זכויות האדם. האם תוכלו לחשוב על שלושה מקרים שבהם הערכים הללו סותרים זה את זה?

2. ד״ר גביזון כותבת על גישת "שלושה מעגלי סולידריות": "(1) הזיקה בין כל אזרחי המדינה ותושביה [...] ללא תלות בדת, בגזע או בלאום; (2) הזיקה לכל היהודים שרואים את עצמם כחלק מהעם היהודי (בין אם הם מתגוררים בישראל ובין אם לא) [...] ו-(3) [...] אחריות מיוחדת כלפי המיעוטים [...]."

   עד כמה אתם מחוברים למעגלים שאליהם אתם שייכים? איך אתם מבטאים את הסולידריות שלכם בתוכם?

3. קראו את הכרזת העצמאות של ארצות הברית.[4] כיצד שתי ההצהרות, של ישראל ושל ארצות הברית, שונות זו מזו? במה הן דומות זו לזו? בתשובתכם חשבו גם על ההקשרים ההיסטוריים שבהם נוצרו שני המסמכים, הערך התרבותי שהוענק להם והיישומים המשפטיים שלהם כיום.

הערות

1. Ruth Gavison, "Israel's Nation-State Law and the Three Circles of Solidarity: A Round Table with Ruth Gavison," *Fathom*, September 2018, http://fathomjournal.org/israels-nation-state-law-and-three-circles-of-solidarity-a-round-table-with-ruth-gavison
2. ראו גביזון, ר' (2014). **עיגון חוקתי של חזון המדינה: המלצות לשרת המשפטים**. אוחזר מתוך https://tinyurl.com/y4mqjq35.
3. בפרסום שהוזכר לעיל ניתן לראות את סיכום הדוח. לדוח המלא ראו דוח המכון למדיניות העם היהודי (2014). **ישראל כמדינה יהודית ודמוקרטית: עמדות יהודי העולם**. אוחזר מתוך https://tinyurl.com/y3ngjs88
4. לטקסט המלא בתרגום לעברית ראו הכרזת העצמאות של ארצות הברית (2018). בתוך וויקיטקסט. אוחזר 4 יולי, 2019, מתוך https://he.wikisource.org/wiki/הכרזת_העצמאות_של_ארצות_הברית.

37

פרק שלישי

"החירות, הצדק והשלום"
בראי מקורות יהודיים

ד"ר רות קלדרון (ישראל)
והרב ד"ר שמולי ינקלביץ' (ארצות הברית)

מדינת ישראל תהא פתוחה לעליה יהודית ולקיבוץ גלויות; תשקוד על פיתוח הארץ לטובת כל תושביה; **תהא מושתתה על יסודות החירות, הצדק והשלום לאור חזונם של נביאי ישראל**; תקיים שויון זכויות חברתי ומדיני גמור לכל אזרחיה בלי הבדל דת, גזע ומין; תבטיח חופש דת, מצפון, לשון, חינוך ותרבות; תשמור על המקומות הקדושים של כל הדתות; ותהיה נאמנה לעקרונותיה של מגילת האומות המאוחדות.

ד״ר רות קלדרון

בין נקודות מבט

לכבוד הוא לי להוסיף את קולי לספר החשוב הזה, שמחבר קולות של ישראלים ויהודים צפון־אמריקאים, בנושא החשוב ביותר לעתידנו - שאלת הזהות: זהות העם וזהות המדינה. נתבקשתי לעסוק בערכי החירות, הצדק והשוויון, בתשתית העמוקה שקיימת להם בעולמם הרוחני של חז״ל ובהכרח לקיומם במדינת ישראל כמדינה יהודית.

לפני הכול אני מבקשת לומר עד כמה יקרה לי השותפות בין יהודי ישראל והתפוצות, וכן לומר כי בעיניי מדינת ישראל היא קודם כל בית לאומי לכל יהודי העולם. רק כשנלמד להעניק לכל יהודי תחושת בית נשלים את בנייתה. עד אז חשוב ופורה בעיניי לאפשר דיון אמיץ וכן על דרכה של המדינה, דיון שלכל יהודי בעולם צריך להיות בו קול. ובמילים אחרות, אני מודה על ההזדמנות לקחת חלק בשיחה.

אני כמובן שותפה להבנת חשיבות קיומם של ערכים אלו בחוק הישראלי ובחוקה העתידית של ישראל. בשנותיי בכנסת השקעתי מאמצים רבים בניסיון להעניק מעמד חוקי מיוחד למגילת העצמאות, מעמד של מבוא לחוקה, דווקא משום הימצאם של ערכי השוויון, השלום והחירות במגילה. עם זאת, ישנה מורכבות עדינה בעצם השתתפותי במאמץ תרבותי־פוליטי זה, שמבקש להשפיע גם על מציאות חיינו. ואנסה להסביר:

בעקבות עשרות שנים של חברות ושיח עם עמיתים העוסקים בחינוך יהודי בתנועות יהדות צפון אמריקה, נדמה לי שאחד ההבדלים המקשים על השיח בינינו עד היום הוא שיהדותן של קהילות צפון אמריקה, ובמיוחד אלו הפלורליסטיות, מבוססת בעיקר על "ערכים יהודיים"; ואכן, אלו ערכים כמו שוויון, שלום וצדק. הפעולות המעשיות הנגזרות מהם הן פעולות במרחב הפרטי והקהילתי, של טקסיות דתית מכאן ו"תיקון עולם" מכאן. לעומתן, קהילות ישראליות (בין אם הן מסורתיות, חילוניות או אורתודוקסיות) השותפות לאותם ערכים, מדגישות על פי רוב את ההוויה היומיומית היהודית־ישראלית

הכולית. את המעשים, את המנהגים ואת ההכרעות. את המעשה שמתחייב מהיותם יהודים לא רק בבית הכנסת ובהקשר "דתי", אלא בכל מקום ובכל רגע. המרחב היהודי־הישראלי־הטוטאלי שמקיף אותם – המרחב העשוי מחיבור מקום יהודי וזמן יהודי ופוליטיקה יהודית וכלכלה יהודית וצבא יהודי וחברה יהודית, מהאחריות על המרחב הציבורי ועל הריבונות הפוליטית – הוא מה ש"היהדות" היא עבורם. וכמו כל מציאות, אין אפשרות לשפוט אותה דרך עדשת ערך זה או אחר בלבד, מפני שהיא כוללת טוב ורע, רצוי ומצוי. המציאות היא תהליך, היא מאמץ לעתיד נכון יותר.

השוני בנקודות המבט ביחס למקומם של הערכים עלול להוביל לאי־הבנה עמוקה. הביקורת מצד יהודי צפון אמריקה על העדרם של שוויון, צדק ושלום מהמדינה שהייתה גם חלומם מובנת ותקפה, אך היא שונה במהותה מהביקורת של יהודים ישראלים הנאבקים להכללת אותם ערכים ממש בתוך החוק הישראלי. אי־ההבנה הזו נובעת מההבדל בין יהודיות המתקיימת בעיקר במרחב הפרטי, כמיעוט בתוך רוב שאינו יהודי ושאין לקהילה היהודית אחריות כלפיו, לבין יהודיות המתקיימת במרחב הציבורי של מדינה יהודית. מדינה שכל מרחביה וכל מעשיה הם ביטויים ליהודיות. מרחב שיש בו אחריות כוללת.

בעודי לוחמת להכללת ערכי השוויון והצדק בחוקה ובחוקים הישראליים, הטון שנדמה לי שאני שומעת מצד עמיתיי מצפון אמריקה מאתגר אותי. הזעם המוצדק על עמדת הרבנות הראשית והמדינה כלפי רבני התנועות הפלורליסטיות, כלפי סמכותם, זכויותיהם וכלפי תקפות הגיור הליברלי, מביא לא פעם לשיפוט גורף ופשטני של ההישגים שנרשמו בשנות קיומה של המדינה כמדינה יהודית־דמוקרטית, ועוד יותר להחמצת ההישגים העצומים ביהודיותה, ובמיוחד ביהודיותו של המרחב הציבורי הישראלי.

במשך שבעים שנה מתנהלת המדינה היהודית בכלים דמוקרטיים. ההבדל בין ניהול קהילה עצמאית לבין ניהול מרחב ציבורי הוא שמקשה על ניסוח החוקה. קשה עד בלתי אפשרי ליצור מרחב משותף אחד שבו קהילות ישראל השונות,

מן החילונים ועד החרדים, יוכלו להרגיש בבית, לחגוג בו את חגיהם ולחנך בו את ילדיהם. ישנן פרשנויות שונות ליהודיות, ומכל פרשנות תיבנה מדינה יהודית קצת אחרת. ההכרעה שלנו להכיל את שבטי ישראל כולם ולחיות עם ערביי ישראל במדינה דמוקרטית, מביאה לסדרה של פשרות ולהצבת מחסומים שעוד לא למדנו לפרק.

אחת הדוגמאות לצומת חסום שעוד לא מצאנו דרך לשחרר הוא יחסם של נבחרי הציבור למגילת העצמאות. המגילה חשובה לבניית מדינת ישראל כמדינה יהודית ודמוקרטית דווקא משום שיש בה שיח של ערכים, שאינו יומיומי בחיים היהודיים בישראל. היא מייצגת רגע נדיר של הסכמה, ולכן מתעורר מתח כאשר מגיעה השעה לגזור ממנה פסיקות מעשיות.

ערכי מגילת העצמאות

כאמור, בשנות שרותי בכנסת ניסיתי לקדם את "הכרזת העצמאות" כמבוא לחוקה. להפתעתי ולצערי, למרות מאמצים רבים, לא מצאתי רוב של חברי כנסת, אפילו במפלגות הציוניות, שיסכימו לשוב אל מגילת העצמאות כתשתית לזהות היהודית בישראל. בתהליך ארוך שכלל שיחות ומפגשים למדתי על חשש של נבחרי ציבור מסוימים מן המילה "שוויון". שמעתי חששות לזהותה של המדינה במקרה שכל תושביה הערביים יבקשו לממש את זכותם לביטוי לאומי שוויוני. חששות שאני לא שותפה להם, כל עוד נישאר בתוך גבולות "הקו הירוק", אבל גם אני איני יכולה להכחישם לגמרי.[1]

הכרזת העצמאות, ההסכם הייחודי הזה, שנכתב ונחתם בחיפזון ולאור לחצים מבפנים ומחוץ, היה אמור לשמש בסיס לחוקה שתיכתב ותיחתם בתוך כמה חודשים. כתיבת החוקה לא התאפשרה, בתחילה בשל מלחמת העצמאות שפרצה וטרפה את הקלפים, ובהמשך בשל הפרגמנטריות של הפוליטיקה הישראלית. מצב עניינים זה אכן מייצר עושר ומגוון קולות, אך גם מציב אתגר קשה לניסיון לייצר קואליציות והסכמות לקראת טוב משותף.

מאז אותו יום באייר, כששעט דוד בן־גוריון מן המונית אל היכל העצמאות ובידו נוסח המגילה האחרון, נוסח שטרחו עליו

רבים ועוּבַּד ושונה עד לרגע האחרון, מחכה מגילת העצמאות להמשכה - החוקה הישראלית. לא זו בלבד שאין בישראל קונצנזוס המאפשר כתיבת חוקה שיעמוד מאחוריה רוב חזק, בשנים האחרונות נראה גם שמעמדה של הכרזת העצמאות נחלש והולך, ומה שנראה אפשרי באותו יום בשנת 1948 נראה בלתי־אפשרי בשנת 2019.

מפני מה אין היום קונצנזוס ישראלי בנוגע למגילת העצמאות, הטקסט החגיגי המחבר בין עם ישראל העתיק לבין הקמת מדינתו והשבת ריבונותו? ומה מעמדם הנוכחי של הערכים צדק, שוויון וחופש בישראל?

צדק

מחד, נדמה כי ערך "הצדק" מקובל על כל הציבור ועל כל נציגי הציבור בישראל. מערכת המשפט הישראלית, גם לאחר האתגר שהעמידה לפניה שרת המשפטים בכנסת האחרונה, מקובלת על כלל האזרחים. השופטים בישראל זוכים לכבוד ולאמון, ואין עוררין על כך שנעשה בה דין צדק. ומאידך, המחנה הליברלי והמחנה הסוציאל־דמוקרטי מפרשים אחרת את המושג "צדק". אצל האחרונים "צדק" מופיע בדרך כלל במשמעותו כ"צדק חלוקתי" או כ"צדק חברתי". בשמו יצאו המונים לרחובות ועשו את מרכזי הערים למחנות אוהלים, ולשם מימושו קמו מפלגות חדשות הצוברות כוח משמעותי. לעומת זאת, המחנה הליברלי אינו רואה בשוק החופשי ובקפיטליזם מציאות הסותרת צדק. עבורם מערכת משפט מקצועית היא מימושו של הערך "צדק" במציאות.

שלום

כמו השאיפה לצדק, גם השאיפה לשלום היא שאיפה משותפת לכל, וגם כאן מתקיימת מחלוקת עמוקה בין אלו המאמינים כי יש לנקוט בפעולה מידית, יש להמשיך את דרכן של תנועות השלום, ועל הדרג המדיני להוביל בטווח הקרוב לשיחות שכוללות היפרדות לשתי מדינות מן הפלסטינים; לבין אלו המאמינים כי הדרך לשלום רחוקה, ותלויה דווקא בחוסנה ובעוצמתה של ישראל וביכולתה "לנהל" את המערכה כחלק ממאזן הכוחות במזרח התיכון ובעולם.

שוויון

המחלוקת המהותית חריפה עוד יותר סביב הפרשנות שמעניקים אזרחי ישראל לערך השוויון. וכך מופיע ערך השוויון במגילה:

> שויון אזרחי מלא לכל אזרחיה בלי הבדל דת גזע ומין.
>
> וערך החופש, ובמיוחד חופש הדת והחופש מדת-
>
> מדינת ישראל [...] תבטיח חופש דת, מצפון, לשון, חינוך ותרבות; תשמור על המקומות הקדושים של כל הדתות.

ערך השוויון המפורש במגילה סותר את מהות ההסכמה שנתן ראש הממשלה הראשון דוד בן־גוריון לרב קרליץ, "החזון איש", לפיה תהיה הרבנות האורתודוקסית הסמכות הממלכתית לענייני אישות ולענייני גיור, ותוקם "הרבנות הראשית". בן־גוריון יצר את הסתירה הזאת בשל גישתו היהודית שהייתה מורכבת, גישה לאומית שהיה בה כבוד לדת. אפשר שעשה זאת מתוך הנחה כי היהדות החרדית הולכת ונעלמת מן העולם, ואפשר גם שמתוך הצורך הפוליטי בשותפים חרדים, לצד תקווה שדווקא מתוך העברת סמכות לידיהם יתקרבו וייקחו חלק בבניית "הבית השלישי".

בסופו של דבר ולאחר שבעים שנה, אנחנו עומדים במדינה שאין לה חוקה ואין בה שוויון. לא בין גברים לנשים, לא בין יהודים לערבים ולא בין דתיים אורתודוקסים ליהודים פלורליסטים או חילונים.

הבסיס לשוויון במקורות חז"ל

את ערך השוויון ואת השאיפה לשוויון אזרחי לכל הישראלים אפשר למצוא בנקל במקורות הקנוניים: למשל במשנה הקלאסית במסכת סנהדרין, המציגה את נאום האזהרה של השופטים לעדי התביעה, חלק מהליך המשפטי בעבירות שהעונש עליהן הוא עונש מוות ("דיני נפשות", בלשון חכמים). בנאומם מבהירים השופטים (או בעל המשנה המדבר בשמם) לעדים מהו ערך חיי אדם, ומדגישים את שוויון ערך חיי כל אדם:

לפיכך נברא אדם יחידי, ללמדך, שכל המאבד נפש אחת, מעלה עליו הכתוב כאילו איבד עולם מלא. וכל המקיים נפש אחת, מעלה עליו הכתוב כאלו קיים עולם מלא. ומפני שלום הבריות, שלא יאמר אדם לחברו אבא גדול מאביך. ושלא יהו מינין אומרים, הרבה רשויות בשמים. ולהגיד גדולתו של הקדוש ברוך הוא, שאדם טובע כמה מטבעות בחותם אחד וכולן דומין זה לזה, ומלך מלכי המלכים הקדוש ברוך הוא טבע כל אדם בחותמו של אדם הראשון ואין אחד מהן דומה לחבירו. לפיכך כל אחד ואחד חייב לומר, בשבילי נברא העולם. (משנה, מסכת סנהדרין, פרק ד, משנה ה)

הזהירות העצומה שבה נוקטים חכמים בבית דין שעלול לפסוק עונש מוות מעידה על מקומו המרכזי של ערך חיי האדם, כל אדם, בעולמם הרוחני. מתוך עוצמתו של ערך חיי אדם בכתבי חכמים, נתקבל במסורת היהודית כי כל אדם הוא עולם שלם, ואין הבדל ערך בין אדם לאדם.

ערך השוויון מופיע גם במקור הבא העוסק בשאלת המעמדות בתוך החברה. גם בין כהן גדול, המחזיק במעמד הדתי הגבוה ביותר, לבין מי שחי מחוץ לקהילה, עובד כוכבים למשל, אין הבדל ערכי אלא לפי מעשיו. "קילוף" המעמד החיצוני והדגשת "האדם" הוא הבסיס לשוויון הערך של כל בן אנוש.

היה רבי מאיר אומר: מנין שאפילו עובד כוכבים ועוסק בתורה שהוא ככהן גדול? תלמוד לומר: "אשר יעשה אותם האדם וחי בהם" (ויקרא יח, ה); "כהנים, לוים וישראלים" לא נאמר, אלא "האדם". הא למדת שאפילו עובד כוכבים ועוסק בתורה הרי הוא ככהן גדול. (תלמוד בבלי, מסכת עבודה זרה, דף ג, עמוד א)

המצב הפוליטי העכשווי סותר את המקורות. הכוח הפוליטי שניתן בידי הרבנות הראשית סותר את ערכיה עצמה, וגורם לאנומליה אזרחית. לטובתה, יש לשחרר את היהדות הישראלית מן הרבנות הראשית.

חופש דת וחופש מדת

ערך החופש היסודי, היות האדם חופשי ולא עבד, הוא בעיניי תשתית האמונה היהודית. כך בסיפורו של אברהם העברי שפרש מאלילי אביו, מעבדות רוחנית שבה כפר, והתרחק מבית אם ואב וממשפחה כדי לצאת לחופשי ולקיים את אמונתו; כמו גם בסיפורם של אבותינו ואמותינו שבחרו לסכן את עצמם, לעזוב את החיים הרעים אך המוכרים במצרים ולצאת לאימת המדבר, ובכך נעשו לעם. בכל מעשה טקסי ובכל ארוחה כיהודים אנחנו מזכירים את היציאה הזאת מעבדות לחירות.

ועם זאת, מקורות לחופש דת לא נוכל למצוא במקרא ובספרות חכמים. אותם לוחמי חירות שברחו מן האלילות ומן העבדות קיבלו על עצמם, חד־צדדית, מרות אלוהית וחיים של מצוות - "הר כגיגית" (תלמוד בבלי, מסכת שבת, דף פח, עמוד א). משוחררי מצרים נעשו עבדי ה', "כי לי בני ישראל עבדים" (ויקרא כה, נה). ג'ון לוק, לא חז"ל, הוא שחידש את המחשבה כי מעשה דתי שנעשה בכפייה אין בו ממש, וכי החופש הכרחי לאמונה.

אני יהודייה. ואני אסירת תודה על הזכות לחיות בפרקי־ההמשך של הסיפור היהודי הגדול, אבל אני לא מקבלת תמיד את כל ערכיו. הדתיות שלי, מסיבות היסטוריות ומתוך בחירה, היא דתיות חופשית. אני מרגישה שאני מממשת את יְהוּדִיּוּתִי בהתנערות מסמכות רבנית שהתאבנה, שאין בה תום לב, שמדירה את בני עמי ופוגעת בשותפות המקודשת של "כלל ישראל". גם זו יציאת מצרים. אני יהודייה לא רבנית. אני חיה בדרך חיים שיש בה בחירה ויש בה מחויבות ואפילו "מצוות" שקיבלתי עלי, אבל אין בה קבלת עול מצוות לכתחילה. ואין בה קבלת סמכות ההלכה.

חירות, צדק ושוויון. האם ישראל יכולה להיות מדינה דמוקרטית אם היא לא מממשת את שלשת הערכים החשובים הללו? בינתיים כן.

אני מבינה את הֱיוֹת ישראל מדינה יהודית דמוקרטית כתיאור של פעולה, כתהליך. אנחנו עדיין בונים את המולדת שלנו. אנחנו לומדים לחיות בפלורליזם, במרחב ציבורי יהודי

ששותפים לו יהודים ולא יהודים, אורתודוקסים וחילונים,
ליברלים ושמרנים, סוציאל־דמוקרטים וקפיטליסטים. הערכים
הם כוכבי הצפון שלאורם אנחנו מנווטים, והדרך עוד נכתבת
בימי חיינו כהמשך דברי הימים של עם ישראל.

הרב ד"ר שמולי ינקלביץ'

בשנת 1950 כתב דוד בן־גוריון מכתב. כאשר מדינת ישראל הייתה עדיין בחיתוליה, ראש הממשלה המהולל ואבי האומה כתב כך:

> יהודי ארה"ב [...] לא חלה עליהם כל נאמנות מדינית לישראל... אנחנו, העם בישראל, אין לנו כל רצון או כוונה להתערב בצורה כלשהיא בענייניהן הפנימיים של קהילות ישראל בחו"ל. הממשלה והעם בישראל מכבדים ביותר את זכותן ושלמותן של העדות היהודיות בארצות אחרות לפתח צורת חייהן שלהן ואת המוסדות הסוציאליים, הכלכליים והתרבותיים המקומיים שלהן, בהתאם לצרכיהן ולשאיפותיהן.[2]

מילים אלו אכן רואות את הנולד. ההסמכה העיקרית שלי היא מבית הספר לרבנות ב"ישיבת חובבי תורה". העולם שלי ממוקד ברוחניות יהודית, בצדק חברתי ובאתיקה. אני מאמין שאנחנו ניצבים בצומת קריטית במערכת היחסים בין ישראל ובני בריתה באמריקה ובתפוצות. יהודים אמריקאים למדו שחשיבותה של ישראל כה גדולה עד כי, למרבה הצער, הלאומנות מחליפה לאטה את הדת. ויכוחים סוערים אינם נסובים עוד על אלוהים, הלכה, זרמים ביהדות, חדשנות או ערכים יהודיים, אלא על הפוליטיקה בישראל. העמדה הפוליטית בנוגע לישראל שאדם מחזיק בה היא שקובעת אם מישהו שייך או לא שייך למעגלים חברתיים מסוימים. אנחנו עדים כיום לקרע אידיאולוגי חסר תקדים בין ממשלת ישראל לבין התפוצה היהודית. למעשה, הקרע הזה מסכן את מערכת היחסים בין ישראל ובין קהילות יהודי ארצות הברית. הכרחי שנכיר בכך שהציונות הניצבת בלב לבה של הזהות הישראלית אינה מקדמת את הצדק ואינה אמונה עליו עוד. כתוצאה מכך, אנחנו מאבדים ציונים ליברלים נלהבים בישראל ובתפוצות.

איך נחזיר את האתיקה של הצדק החברתי למרכז הניסוי הציוני? איך נערב בדבר את הציונים הליברלים שחושבים שהם לא יכולים להמשיך לקחת חלק ביוזמה הציונית?

התשובה פשוטה: על ידי התמקדות מחודשת וביסוס ליבת

מערכת היחסים הישראלית־אמריקאית על ערכים אתיים כמו צדק, חירות וכבוד. כך ננוע אל מעבר ללאומנות הטמונה בעבודה הזרה של האדמה שמעוותת את הציונות העכשווית, ונשוב לאתוס הרחב שניסח הרצל בחזונו – אומה המגוננת על אנשים פגיעים. השורה המשמעותית ביותר בהצהרת העצמאות של ישראל מכריזה כי ישראל

> תשקוד על פיתוח הארץ לטובת כל תושביה; תהא מושתתה על יסודות החירות, הצדק והשלום לאור חזונם של נביאי ישראל; תקיים שויון זכויות חברתי ומדיני גמור לכל אזרחיה בלי הבדל דת, גזע ומין; תבטיח חופש דת, מצפון, לשון, חינוך ותרבות...

החזון הזה מאת ישראל עצמה הוא הנכס החשוב ביותר לשליחות שלה, הבאת צדק והגינות לעולם. אנחנו יכולים להתגאות ביכולתנו לגדל עצים, במגזר הטכנולוגי המצליח שלנו ובכוחו של הצבא שלנו, אבל המטרה המרכזית שלנו היא מחויבותנו לערכים יהודיים ולאתיקה יהודית. במקום לחזור בגאווה על המנטרה החבוטה לפיה ישראל היא המדינה המוסרית ביותר בעולם, עלינו להמשיך לפעול למען צמיחה מוסרית. למרבה הצער, אנחנו מאבדים במהירות יהודים אמריקאים צעירים לטובת תנועות אנטי־ציוניות הפועלות בקמפוסים בארצות הברית, בעיקר בשל קנאים קצרי ראות, אך גם בשל אופורטוניסטים המוכנים לנצל את הקרע האידיאולוגי לטובת רווח פוליטי. בכדי לבנות עתיד יהודי מלא חיים, השיח היהודי חייב להיות עשיר, כן, ומשותף לכל.

הרמב"ם מסביר שמטרת ההלכה היא לשכלל לכדי שלמות את הגוף ואת הנפש. במונחים אפלטוניים, כאשר הרמב"ם מדבר על "תיקון הגוף" כוונתו ליצירת מצב נכון, מתוקן; וב"תיקון הנפש" כוונתו לשלמות התודעה. הוא ממשיך ומסביר שמטרתה העיקרית של ההלכה היא ליצור מצב מתוקן "לפי שלא תושג המטרה הראשונה (תיקון הנפש), כי אם לאחר השגת זו השנייה (תיקון הגוף)".[3] החזון הציוני מאפשר ליהודים לממש במלואם ערכים יהודיים כמו צדקה (צדק חברתי), משפט (משפט צדק), רחמים (אמפתיה/חמלה) וחסד (אהבה/טוב

לב). כשומריה של מולדת מובטחת אנחנו מופקדים על שמירת הערכים האלו, גם אם מפרידים בינינו אוקיינוסים או שאיפות שהתפצלו, אך בשל גורלנו המשותף צריכות איכשהו להשלים זו את זו.

במשך אלפי שנים, ישראל לא הייתה מקום של ממש אלא רעיון רוחני יותר. למדנו ולימדנו שאלוהים ישנו בכל מקום, ושניתן רוחנית למצוא את אלוהים בכל סביבה שהיא. יצירת הפאר החסידית, ספר התניא, מלמדת שיש חסד מיוחד בעבודת האלוהים מחוץ לישראל. החסד הזה אינו מתקיים כשהפולחן נעשה בארץ ישראל, מפני שיש ערך גדול יותר בהבאת האור האלוהי למקום חשוך, מאשר בהוספת אור למקום מואר כבר. אם כך, אין זה רק העושר החומרי של התפוצה היהודית שמקיים את הקהילה היהודית בישראל, אלא גם האור הרוחני והשפע שלה. הרב נחמן מברסלב לימד שבכל פעם שאנחנו מטפחים את האנרגיה הרוחנית שלנו, אנחנו ״בישראל״.

הציונות היא חלק מהאתגר הגדול, יצירת מדינה צודקת שהערכים היהודיים הנצחיים הם נר לרגליה. ברור להכאיב שהחזון הציוני אינו ממומש רק מעצם השגתה ותחזוקתה של ריבונות לאומית. במקום זאת, יש לממשו על ידי בניית חברה שתתבסס על אידיאלים שחורגים מגבולותיה הגיאוגרפיים, והפיכת ישראל למגדלור עולמי לתקווה ולהשראה. המדרש מתייחס לירושלים כאל ״עיר צדק״, מכיוון שאידיאלית על העיר להיות לְאוֹר גּוֹיִם (ישעיהו מב, ו; מט, ו). כאשר יהודים - בכל מקום שבו אנו גרים - לא עומדים בסטנדרטים של צדק המהותיים לפרדיגמה הציונית דתית, אנו חשים צער קולקטיבי, ואנו גם נישא בתוצאות. ישראל הכרחית לעם היהודי ולעולם כסמל להמשכיות האור הקדוש בעולם, ולאפשרות להגשים חלומות. על האומה להיעשות לְאוֹר גּוֹיִם, ולייצג את הערכים הנצחיים שלנו.

חובה על ציונים מכל הסוגים והזרמים, בכל מקום שבו הם גרים, להצטרף לעבודה רבת החשיבות לטיפוח ההתפתחות המוסרית והרוחנית של ארץ ישראל ושל מדינת ישראל, ולהבטיח שישראל מקרינה לעולם את ההבטחה האתית הגלומה בה. באחריותו של כל ציוני מחויב לשלב את תיקון המדינה עם תיקון עולם.

בל נשכח שחזון ישראל בנוי על ארמון התורה, ולתורה תמיד משקל נכבד יותר מאשר לאידיאולוגיות לאומניות. הרב יוסף סולובייצ׳יק הגדיר את סוגי הנאמנות השונים הללו כנאמנות לישראל כ״מחנה״ ונאמנות לישראל כ״עדה״:

> מחנה נוצר מתוך השאיפה להגנה ומתפרנס מרגש הפחד. ועדה נוצרת מתוך געגועים להתגשמות אידיאה מוסרית נהדרה ומתפרנסת מרגש האהבה.[4]

רק המחויבות המשותפת של העדה לעשות את התורה לאתיקה תוכל לספק בטוחה לציונות העכשווית. אמנם ישראל מצטיינת בהיבטים רבים, אבל כושלת באחרים ומאבדת את הכבוד שרוחשים לה. הטיפול המרחיק ביהדות הפלורליסטית של יהודי התפוצות; היחס ליהודים מזרחים בישראל; היחס לפלסטינים החיים בשטחים ולערבים־ישראלים; התוכניות לגרש עשרות־אלפי פליטים מאפריקה; היחס לישראלים החיים מתחת לקו העוני - כל אלו מראים שאנחנו, ממשלת ישראל והיהודים ברחבי העולם, לא עומדים במחויבותנו המוסרית. עלינו להתגבר על גאוותנו ושבריריותנו ולהקשיב למי שמצביע על מגרעותינו וחולשותינו.

הכרחי לכבס את הכביסה המלוכלכת אם ברצוננו לבסס שיח עשיר, כן ומשותף לכל. עלינו להתגאות בכל מה שהשגנו בזמן קיומה הקצר של מדינת ישראל המודרנית, אבל הפילוסופיה הליברלית שעמדה בלב חזון מייסדיה מאיימת להישכח. ישראל עוד רחוקה מליצור אזרחים לדוגמה שיעוררו השראה בעולם, ועלינו לעשות כל שביכולתנו כדי לוודא שהחלום הציוני יחזיק מעמד. הגיע הזמן שאנחנו, בשותפות מלאה, נשיב את החלום הזה לתהילת העבר שלו, כפי שמגילת העצמאות מדגימה היטב.

לפני שנוכל לעשות זאת, חשוב מאוד שנפעל להבטיח שישראל היא ישראל הטובה ביותר שהיא יכולה להיות. אנחנו ניצבים מול אתגרים עצומים בחיי יהודי אמריקה: בין השאר, אנטישמיות גואה, שיעורי השתייכות נמוכים, עלויות עלויות החברות בקהילות ואתגרים פוליטיים. עם זאת, לרבים, האתגרים האלו מרחיקים הרבה פחות מאשר כפייה דתית בחסות המדינה, עימותים אלימים והתכתשויות מגזריות. תפקידן של קהילות

התפוצות הוא לבנות חיים יהודיים פלורליסטיים וחיוניים כאן ועכשיו, בשל חשיבותן של הנשמות שכאן ועכשיו. ישראלים מחפשים חיים יהודיים פלורליסטים וחיוניים, בעלי שורשים אותנטיים ובו בזמן אוניברסליים, כוללניים, פמיניסטיים, נטועים בצדק חברתי וחדשניים. ישראל יכולה להטמיע את המיטב שבחיים היהודיים בארצות הברית באופן אותנטי לשורשיה וכך לשאוף אל הנצח. בעולם כזה, הנטוע בזמן והחורג מעבר להווה, נוכל להשתתף מתוך כבוד בתרבות אלו של אלו; להציג ערכים יהודיים במרחבים ציבוריים בדרכים בריאות; ולשמוח ביהדות מעוטרת במצוינות אתית ומוסרית.

שאלות להרחבה:

1. ד"ר קלדרון התרשמה שיהודים אמריקאים מעוניינים
שישראל תתנהל על פי ערכים דתיים, אף על פי שאף
מדינה לא יכולה להגשים ערכים כאלו במלואם. הרב
ינקלביץ׳ מבקש מעמיתיו, היהודים האמריקאים,
לא להחליף את הערכים הדתיים בדיונים פוליטיים.
היכן אתם ממוקמים על הרצף הזה? באילו מובנים
אתם מתחברים ליהדות כפרקטיקה דתית, כהגות
וכמערכת ערכים, ובאילו דרכים היהדות היא קבוצה
אתנית להשתייכות ולסולידריות בעבורכם?

2. האם עמדתכם תשתנה אם תעברו מישראל לארצות
הברית (או להפך)? אם כן, כיצד? אם לא, מדוע?

3. אילו, אם בכלל, מבין המקורות המצוטטים בפרק
משקפים את מחשבותיכם ורגשותיכם? אילו טקסטים
יהודיים אחרים על ארץ ישראל או מדינת ישראל, ועל
האתיקה של החיים בהן, משמעותיים עבורכם?

הערות

1. החשש הזה עצמו הוא אחת הסיבות מדוע אַל לה למדינת ישראל לשלוט על שטחים שאינם מיושבים על ידי רוב יהודי ברור. אבל על כך בשיח אחר.
2. ראו אביחי א׳ (1974). **בן־גוריון מעצב המדינה** (עמ׳ 184). ירושלים: כתר.
3. רבינו משה בן מימון, **מורה הנבוכים**, חלק שלישי, פרק כז.
4. סולובייצ׳יק, י׳ (תשל״ז). **קול דודי דופק** (עמ׳ 29). ירושלים: משרד החינוך והתרבות/ אגף החינוך הדתי.

פרק רביעי

"קיבוץ גלויות"

"מולדת", "תפוצות" והאתגרים שבהגירה יהודית

הרב אורי רגב (ישראל)

והרב ג'ון ל' רוזוב (ארצות הברית)

מדינת ישראל תהא פתוחה לעליה יהודית ולקיבוץ גלויות; תשקוד על פיתוח הארץ לטובת כל תושביה; תהא מושתתה על יסודות החירות, הצדק והשלום לאור חזונם של נביאי ישראל; תקיים שויון זכויות חברתי ומדיני גמור לכל אזרחיה בלי הבדל דת, גזע ומין; תבטיח חופש דת, מצפון, לשון, חינוך ותרבות; תשמור על המקומות הקדושים של כל הדתות; ותהיה נאמנה לעקרונותיה של מגילת האומות המאוחדות.

הרב אורי רגב

בשנת 2002 ציין נשיא בית המשפט העליון דאז, השופט אהרון ברק,[1] בדעת הרוב בפסק דין הנוגע להכרה בגיור לא־אורתודוקסי על ידי מדינת ישראל:

> הטענה של המדינה הינה כי גיור הנערך בישראל תקף רק אם בא עליו אישור של הרבנות הראשית. אישור זה נדרש, שכן בישראל קיימת אך עדה דתית יהודית אחת, אשר בראשה עומדת הרבנות הראשית לישראל. [...] טיעון זה של המדינה אין בידי לקבל. אמת, בחקיקתה של מדינת ישראל מופיע הדיבור "עדה דתית". [...] תפיסתם של היהודים כ"עדה דתית" בדבר המלך במועצה על ארץ־ישראל היא גישה מנדטורית־קולוניאלית. אין לה מקום במדינת ישראל. ישראל אינה מדינתה של "עדה יהודית". ישראל היא מדינתו של העם היהודי, והיא הביטוי של "...זכות העם היהודי לתקומה לאומית בארצו" (הכרזת העצמאות). ביהדות ישנם זרמים שונים הפועלים בישראל ומחוצה לה. כל זרם פועל על־פי השקפותיו שלו. לכל יהודי ויהודי בישראל - כמו גם לכל אדם ואדם שאינו יהודי - חופש דת, מצפון והתארגנות.

זיקתה של ישראל ליהדות התפוצות ומרכזיותה של העלייה הן מאבני הבניין החשובות ביותר בהגדרת זהותה של המדינה כ"יהודית ודמוקרטית". אך בה במידה ברור שרק בעתות משבר נושאים אלה עומדים במרכז השיח הציבורי בישראל ובתפוצות. גם המעטים העוסקים בנושאים אלה בימים כתיקונם, חלוקים בדבר משמעותם ותוכנם של המונחים "יהודית" ו"דמוקרטית". וגם אלה שמסכימים על משמעותם הכללית - מי שחולקים מסכת ערכים ויעדים משותפים - אינם מתרגמים אותם בדרך כלל לתכנית עבודה שיטתית, אסטרטגית ויעילה שיש בה כדי לקדמם משלב התיאוריה לשלב היישום.

לכבוד הוא לי לקחת חלק בדיאלוג שעליו אמון הספר הזה, דיאלוג שיוזמיו מקווים שיחרוג מתחום חילופי המאמרים שבין דפי הספר ואל הזירה היהודית הציבורית, זו הדוברת עברית וזו הדוברת אנגלית, וביניהן. עלינו להתמודד עם השאלה

מה תפקיד הדת במדינת ישראל באומץ ובפתיחות, ובעיקר בדרכים שבהן היא משפיעה על קהילות יהדות התפוצות ועל הקשר שלהן לישראל. זו שאלה קריטית מפני שבישראל מוכתבת המדיניות הממשלתית בשאלות אלה על ידי שיקולים פוליטיים, המביאים לא אחת לתוצאות הסותרות את הערכים וההבטחות המהותיים שבמגילת העצמאות, ואף את עמדתו של רוב הציבור.[2] בתפוצות עושה הממסד היהודי כמיטב יכולתו, ככלל, כדי להימנע מלהתעמת עם הפוליטיקאים המנהיגים את ממשלת ישראל או לחלוק עליהם. אף הנוגעים בדבר והנפגעים ממדיניות זו במישרין, דוגמת התנועות הלא־אורתודוקסיות, לא פיתחו מעולם אסטרטגיה שיטתית להתמודדות עם אתגרי זהותה הייחודית של ישראל כמדינה יהודית ודמוקרטית, ואף אצלן הנושא לא היווה נושא מרכזי בסדר היום ובסדרי העדיפויות.

חשיבות היחסים ההדדיים בין ישראל לתפוצות מוצגת לא אחת כמרכיב אסטרטגי חיוני. מחקר על יהודי ארצות הברית והביטחון הלאומי של ישראל מדגיש כי "הקהילה היהודית־אמריקאית הייתה זו שסייעה למדינת ישראל הצעירה לעמוד על רגליה וסחפה אחריה את הציבור האמריקאי ואת נבחריו לכינון היחסים המיוחדים עם ישראל, שאין להם תחליף."[3] מסקנתו הברורה של המחקר היא כי מערכת יחסים זו חיונית לביטחון הלאומי של ישראל ושל העם היהודי כולו.

אני רואה את חשיבותה של ישראל כמעבדת ניסויים ליהדות, ומאמין שדווקא יהודים ליברליים החיים בתפוצות צריכים להיות מעוניינים בחיזוק מרכיב זה של הווייתה, ובמיוחד לבחינת ההיתכנות של מדינה מודרנית שהיא גם יהודית וגם דמוקרטית. עקרונותיה של מגילת העצמאות הם תשתית נפלאה לאתגר זה, והצירוף של מרכזיותה של העלייה כביטוי להיות ישראל מדינת העם היהודי, ערכי הצדק השלום והחירות לאור חזונם של נביאי ישראל, וההבטחה לשוויון זכויות אזרחי ומדיני ללא הבדל דת, גזע ולאום - כל אלה הן אבני בניין מן המהדרין לעיצובה של מדינה יהודית ודמוקרטית.

אלא שלא זה עולם הערכים של רוב הפוליטיקאים המנהיגים את מדינת ישראל. במחיר נזיד עדשים פוליטי הם מזדרזים להשליך מאחורי גוום, ללא כל בושה או היסוס, את אבני הבניין

האלה למפעל היהודי והציוני. כתוצאה מכך ובמציאות שכזו, נפרמים גם קשרי ישראל־תפוצות, וכפי שמציג דוח המחקר של המכון למחקרי אסטרטגיה ומחקרים דומים נוספים מן העת האחרונה - גובר המתח והריחוק בין התפוצות, ובמיוחד יהדות ארצות הברית, לבין ישראל. יש לכך סיבות רבות, אשר לחלקן נושאות באחריות שתי הקהילות ולחלקן - ישראל היא האחראית העיקרית.

חלק ניכר מדוברי היהדות, מחנכיה, והמצהירים על נאמנותם לה מציבים מודל הפוך לערכים אלה; במחקר מכון "פיו" אודות עמדות הציבור בישראל (2015) השיבו 71 אחוזים מן הציבור היהודי הדתי כי הם מסכימים לאמירה כי יש להגלות או לטרנספר את הערבים מישראל, ובמדד הדמוקרטיה השנתי של המכון הישראלי לדמוקרטיה (2014) השיבו 58.8 אחוזים מן הציבור היהודי הדתי כי הם מסכימים ש"בישראל צריכות להיות לאזרחים היהודים יותר זכויות מאשר לאזרחים הלא יהודים".

במצב עניינים שכזה, אין פליאה שבאחד מן המבחנים שבפניהם ניצבה מדינת ישראל בשנים האחרונות - ההתמודדות עם מבקשי המקלט מאפריקה - לא חששה שרת התרבות והספורט, מירי רגב, להכריז ברבים כי "הסודנים הם סרטן בגוף שלנו". ועמיתיה, דוגמת שרת המשפטים שקד, שר החינוך והתפוצות בנט ואחרים, התנגדו להסכם שאליו הגיע נתניהו עם האו"ם לקליטה חלקית של מבקשי המקלט, בטיעון כי הדבר יפגע בזהותה היהודית של מדינת ישראל! קשה שלא לחשוב על האנלוגיות ההיסטוריות הכואבות שלהן נחשף עם ישראל כקורבן במאה האחרונה.[4]

משבר הכותל הוא סימפטום לקרע עמוק יותר. ההסכם נועד להסדיר ולאפשר את תפילת "נשות הכותל" ומניינים שוויוניים של התנועות הלא־אורתודוקסיות באזור קשת רובינסון שבחלקו הדרומי של הכותל המערבי, והוא הושג לאחר כארבע שנות משא ומתן. השעייתו בשנת 2017 נבעה אך ורק מכניעתו של ראש הממשלה לתכתיבי המפלגות החרדיות. אלה סירבו להשלים עם כל הכרה של ישראל, ולו מוגבלת וסמלית, בזרמים

המייצגים את רובה של יהדות התפוצות האוחזת בזהות דתית כלשהי.

ראש הממשלה הכריז מספר פעמים בחגיגיות על מחויבותו לכך שכל יהודי העולם יוכלו לחוש "בבית" בישראל. אך בפועל, לא עשה מאומה כדי לעצור את שפך הרעל שמפיקים שותפיו לקואליציה ביחס לזרמים שאינם אורתודוקסיים.[5] יו״ר הקואליציה, ח״כ דוד אמסלם, דרש לבטל את הסכם הכותל תוך התקפה חריפה על היהדות הרפורמית והכרזה כי "אם יהודים אמריקאים יעלבו, זה בסדר".[6]

מעבר למאבק בשנים האחרונות על האפשרות לקיים תפילות מנייני נשים ותפילות במניינים משותפים של גברים ונשים בכותל המערבי, הרי הדוגמה הבולטת ביותר לפגיעה הן באזרחי ישראל והן ביהודי התפוצות היא בתחום המעמד האישי, הזכות למשפחה ולנישואים. בניגוד להבטחת מגילת העצמאות לחופש דת ומצפון ולרצונו של רוב גדול בציבור היהודי בישראל, ישראל היא הדמוקרטיה המערבית היחידה בעולם השוללת מאזרחיה את חירות הנישואין. כתוצאה מכך למעלה משש מאות אלף אזרחים ישראלים אינם יכולים להינשא כלל, ומיליונים נאלצים להינשא בנישואין אורתודוקסיים בניגוד לרצונם.[7] לכך יש השלכה ישירה על יהדות התפוצות, שכן רוב הצעירים הגדלים בקהילה היהודית בעולם לא יוכלו להינשא כחוק בישראל. במקרים רבים, אחד מהוריהם אינו יהודי והם אינם מוכרים כיהודים על ידי הרבנות האורתודוקסית; או שהם מתחתנים עם בני זוג לא־יהודים. בישראל אין אפשרות לערוך נישואים אזרחיים, רפורמיים או קונסרבטיביים. זה המשך ישיר לאתגר "מיהו יהודי", וכל עוד ישראל ממשיכה להפקיד את המפתחות לזכות להינשא בידי הרבנות הראשית הנשלטת על ידי חוגים חרדיים, ישראל מדירה את רובו של הדור הבא של יהדות התפוצות. בנסיבות אלה לא ניתן לדבר על שיקום וחיזוק יחסי ישראל והתפוצות.

יש מידה לא מבוטלת של ציניות בהתכחשות של ראש הממשלה לאחריותה של ישראל לקרע עם יהדות התפוצות תוך גלגול

האחריות אליה. ראש הממשלה, בתדרוך לעיתונאים ישראלים בניו יורק בעת ששהה שם לרגל עצרת האו״ם בשנת 2018, הביע את דאגתו מן הפער המתרחב מיהדות ארצות הברית, אך הדגיש כי ישראל אינה אחראית לכך.[8] השר בנט מרבה לדבר על כך שבעיית ה״התבוללות״ בתפוצות מדירה שינה מעיניו, והיא פוגעת הן בקשרי התפוצות עם ישראל והן בחוסנו ובעתידו של העם היהודי, ולפיכך הוא פעל להקצות עשרות מיליוני דולרים מכספי מדינת ישראל להתמודדות עם ה״התבוללות״ של הדור הבא של יהדות התפוצות. כדי להתמודד עם אתגר זה שני שלישים מן הכספים ניתנו לחב״ד ולארגון ״אש התורה״, כדי שיפעלו בקרב צעירים יהודים בקמפוסים. אלו רק שתי דוגמאות ליריקה שיורקים ראש הממשלה ושר התפוצות בפרצופה של יהדות ארצות הברית, ובקרב מנהיגי יהדות אמריקה אין פוצה פה ומצפצף![9]

האירוניה היא שדווקא בישראל באה לידי ביטוי בעת האחרונה תחושת אי נחת וביקורת חריפה על הצביעות הכרוכה במעשה שר התפוצות, אשר מיהר לטוס לפיטסבורג כדי להביע את הזדהותו עם קרבנות הטבח הנורא שהתרחש בבית הכנסת ״עץ החיים״, בקהילה הקונסרבטיבית ובקהילה הרקונסטרוקציוניסטית השוכנות באותו מבנה. דווקא בישראל ביטאו עיתונאים ואנשי ציבור ביקורת על כך שהזדהות זו מוגבלת ביותר. היא נשמעת רק כאשר יהודים אלה נופלים קורבן למתקפת טרור רצחנית. אלא שבנט וחבריו הם האחראים לכך שישראל מסרבת להכיר בזכויותיהם ובשוויון מעמדם של בתי כנסת אלה.[10] מעודד מאוד היה לראות ישראלים מבטאים את התובנה החשובה הזאת, ומאכזב שהמנהיגות היהודית בארצות הברית שמרה על שתיקה. ההתבטאויות הביקורתיות שנשמעו ממנה כוונו כלפי הרב הראשי לאו אשר נמנע מלהתייחס אל מקום הרצח כ״בית כנסת״, אך לא התייחסו למדיניות השיטתית של אפליית והדרת היהדות הלא־אורתודוקסית על ידי רשויות המדינה.

ניצנים של מרי וביקורת נשמעו לאחרונה מאישים בולטים ותומכי ישראל ותיקים כמו רונלד לאודר,[11] נשיא הקונגרס היהודי העולמי, וצ׳רלס ברונפמן.[12] תשובתו של השר בנט,[13] שחזרה על המנטרה המטילה את האחריות על יהדות ארצות

הברית ה"מתבוללת", מבטאת גם את הצביעות הפוליטית המוכרת לפיה ההכרעה לפגוע בחופש הדת ובפלורליזם בישראל היא ביטוי לרצון הרוב. אין דבר רחוק יותר מן האמת, כפי שמראים כל סקרי דעת הקהל בישראל. מה שבנט מכנה "רצון הרוב" אינו אלא מכירת חיסול של ערכי מגילת העצמאות, עקרונות הדמוקרטיה וחופש הדת, ושל השותפות עם יהדות התפוצות למען קניית שלטון.[14]

קיים סיכון ממשי לחייהם של ישראלים ולביטחונה של המדינה.[15] בכל הנוגע לנושאי ביטחון, אפשר להבין את מורכבות השיח ואת הקושי לפתור את המתח הנובע מן הנושאים לגופם, מההבנה המוגבלת של מרכיביהם, ומהמחלוקת העניינית והלגיטימית על השלכותיהם בקרב הצדדים החולקים. מאידך גיסא, בכל הנוגע לנושאי דת ומדינה, הסיבה היחידה למתח הגובר היא הפוליטיזציה של הנושא על ידי ראשי המפלגות המרכיבות את הקואליציה, ונכונותם למכור את ערכי היסוד של חופש דת ומצפון, כמו גם את יהדות התפוצות, בעבור תמיכת המפלגות החרדיות.[16]

מסקנה זו לא תורגמה למעשה למעט יוזמה אחת חשובה וחסרת תקדים של מועצת "הפדרציות היהודיות בצפון אמרי־קה", אשר נועדה לקדם חופש נישואין בישראל, ויוזמה מקבילה ומשלימה של "הוועד היהודי האמריקאי" שאירגן קואליציית ארגונים ומנהיגים לקידום נושאים אלה. יוזמות אלה חשובות ביותר, אך הן מתבצעות בהיקף מוגבל ומצומצם, ואף הארגונים שיזמו אותן אינם ששים להעניק להן עדיפות ופרסום.[17]

מגילת העצמאות קוראת לקהילות היהודיות להתייצב לצד היישוב העברי הקטן בישראל ולסייע לו בבניין הארץ. כיום המציאות השתנתה, וגוברת ההכרה בחשיבותה של ישראל לעתידו של העם היהודי כולו. הרציונל לפסיקתו של בית המשפט העליון בסוגיית הגיור מבטא תפיסה בשלה של שותפות, ורואה את עם ישראל כולו כבעל זכויות במפעל הציוני, על כל זרמיו והשקפותיו. מבחינה רעיונית ראה בית המשפט העליון מאז ומתמיד את הגדרת היהדות כרחבה וכפלורליסטית על בסיס הבטחת מגילת העצמאות לחופש דת.

בהקשר זה מעניין במיוחד לראות את השתלשלות היחס
לתפוצות בניסוחיו השונים של חוק הלאום.[18] בהצעת החוק
שהוגשה בשנת 2011 הוצע סעיף העוסק ב"קשר עם העם
היהודי בתפוצות", ובו נקבע כי "המדינה תפעל לחיזוק הזיקה
בין ישראל ובין הקהילות היהודיות בתפוצות" ו־"תושיט יד
לבני העם היהודי הנתונים בצרה ובשבי בשל יהדותם", וכן, כי
"המדינה תפעל לשימור המורשת התרבותית וההיסטורית של
העם היהודי ולטיפוחה בארץ ובתפוצות".[19] אך הנוסח הסופי
של חוק הלאום איבד את האיזון וההדדיות. הוא מתנכר לצורך
לחזק בקרב הציבור בישראל את הזיקה לתפוצות, ומתיימר
לטעון לאפוטרופסות על המורשת היהודית. וכך נוסחו:
"המדינה תפעל בתפוצות לשימור הזיקה בין המדינה ובין בני
העם היהודי", ו־"המדינה תפעל לשימור המורשת התרבותית,
ההיסטורית והדתית של העם היהודי בקרב יהדות התפוצות".[20]

חשוב במיוחד גם להיות מודעים לכך שבעוד הציבור היהודי
בישראל אמביוולנטי ביחס לשאלה האם לתפוצות צריכה להיות
השפעה בשאלות מדיניות חוץ וביטחון העומדות לפני ישראל,
הרי שהוא מביע תמיכה ברורה וחזקה במעורבות מנהיגות
התפוצות, בשותפות עם פעילים וארגונים בישראל, לקידום
חופש דת ומצפון ולהנהגת חופש בחירה בנישואין בישראל, כמו
גם לביטול המונופול של הרבנות הראשית.[21]

אך המפתח לשינוי ולתיקון אינו בהבעת מחאה גרידא, ואין
די בחיזוק הדיאלוג וביצירת עוד גופי הידברות מעבר לאלה
הקיימים. המפתח הוא עיצוב תכנית עבודה אסטרטגית, נחושה
ונועזת, משותפת למנהיגות היהודית בתפוצות ולארגונים
ולאקטיביסטים בישראל; אלה השותפים לחזון של מדינה
יהודית ודמוקרטית ולראייה של יחסי ישראל־תפוצות כשותפות
אמת, ולא כשיח חרשים שבו ישראל דורשת מיהדות התפוצות
את תמיכתה הפוליטית והכספית, אך מעליבה ומדירה את בניה
ובנותיה ומחשיבה אותם ליהודים "סוג ב'", אם בכלל.

בשנת 2017, בעקבות קריסת "מתווה הכותל",[22] פרסם ד"ר דניאל
גורדיס (רב קונסרבטיבי, סגן נשיא "המרכז האקדמי שלם",
סופר ועיתונאי פופולרי) מאמר שבו הציע כמה הצעות. עם חלק
מן המהלכים שהציע אינני מזדהה. אך הוא הציג שתי שאלות
חשובות, שהמענה עליהן הוא המפתח לשינוי המציאות:

Are American Jews sufficiently united to pull this off? It's
hard to know. Do they have the stomach to play hardball?
I doubt it. But this is the Middle East, and that's how
things work here.

American Jews have to decide whether they want to
complain, or they want to win—and in so doing remind
Israel that it is the state of all the world's Jews. Those are
two entirely different enterprises.[23]

על אסטרטגיות המאבק לשינוי צריך להידבר, אך בדיבורים
בלבד וללא מאבק לא יתחולל כל מפנה. בנוגע לתוכנו של
השינוי הדרוש, הדברים נראים לי ברורים, ובאו לידי ביטוי
במסמך חזון[24] שחיברתי ביחד עם הרב מרק אנג'ל, מחשובי
רבני האורתודוקסיה המודרנית בארצות הברית. למסמך נתנו
כבר את תמיכתם מנהיגים בולטים בזרמים הדתיים ובארגונים
חברתיים, מארצות הברית ומישראל, מן האורתודוקסיה ועד
לחילוניות, מן השמאל והימין הפוליטי. המפתח הוא תרגומה
של הנוסחה "יהודית ודמוקרטית" לשפת המעשה, למדיניות
ולחקיקה שיתבססו על הבטחות מגילת העצמאות ועל רצונו
של הרוב המכריע בציבור היהודי בישראל ובתפוצות. רבנים מכל
הזרמים שהתארגנו במסגרת "רו"ח חדו"ש"[25] פועלים לקידומו.
התקווה היא כי מנהיגות יהודית מקרב הזרמים, הפדרציות,
ארגוני הסינגור, אקטיביסטים, אינטלקטואלים, אנשי תרבות
ואמנות ורבים אחרים בישראל ובתפוצות ישתפו פעולה, כדי
לעבור משלב המחאה והכעס לשלב המהפך.

הרב ג׳ון ל׳ רוזוב

בהתחשב בכך ששתי הקהילות שלנו מתקיימות בהקשרים שונים, אין זה מפתיע כלל שליהודים ישראלים וליהודים רפורמים אמריקאים עמדות שונות בנושאי גיור ונישואים בין־דתיים. תכליתה המרכזית של ישראל הייתה הישרדותו וביטחונו של העם היהודי, הקמת מדינה יהודית ודמוקרטית, החייאת התרבות העברית ובניית אומה. יהודים אמריקאים חיפשו מקום בזרם המרכזי של התרבות האמריקאית תוך שימור זהותם היהודית ומציאת משמעות ביהדות ובמסורת. ובעוד יהודים בישראל הם קבוצת הרוב באוכלוסייה, יהודים בארצות הברית מהווים פחות משני אחוזים מהאוכלוסייה.

אנחנו, יהודי אמריקה, צריכים שישראלים יבינו שלהיות יהודי בארצות הברית שונה מלהיות יהודי בישראל ושיזדהו עם אתגרי החיים בתפוצות. אנחנו, יהודי אמריקה, צריכים להבין את הנסיבות הייחודיות ואת האתגרים הניצבים לפני יהודי ישראל במולדת היהודית שלנו.

למצוא בן או בת זוג יהודים לאהבה ולחתונה היא האפשרות הטובה ביותר לשמירה על זהות יהודית ועל המשכיות בארצות הברית, והדרך הטובה ביותר לחיות חיים יהודיים. אפשרות נוספת היא גיורו של בן הזוג הלא־יהודי. האפשרות המאתגרת ביותר היא שבן הזוג הלא־יהודי יבחר לא להתגייר אבל יסכים שהילדים יגדלו כיהודים, ויעשה כל שביכולתו להבטיח את הזהות היהודית של הילדים.

על פי מחקרים, ילדים בקהילות התפוצות שמציינים את מועדי היהדות בביתם, משתייכים לבית כנסת, משתתפים במחנה קיץ יהודי, לומדים יהדות בבית ספר יהודי או אחרי הצהריים ונוסעים עם משפחתם לטיול בישראל, סביר יותר להניח שיזדהו כיהודים וימשיכו את שרשרת המסורת. בניגוד ליהודי התפוצות, ישראלים לא ניצבים לפני אתגרים דומים בניסיונם להבטיח זהות והמשכיות יהודית. ישראלים מוקפים בהיסטוריה יהודית, בפרקטיקה יהודית, בחגים ובתרבות עברית, והזהות היהודית שלהם מובטחת הרבה יותר גם אם אינם מקיימים מצוות.

גודל האתגר במציאת בן או בת זוג יהודים קשור למקום שבו האדם גר. קל הרבה יותר להתחתן עם יהודי או יהודייה באחד מהמרכזים הגדולים של האוכלוסייה היהודית כמו ניו יורק, לוס אנג׳לס, סן פרנסיסקו, שיקגו, בוסטון, מיאמי, פילדלפיה, ובולטימור־וושינגטון. קשה הרבה יותר לעשות זאת בקהילות קטנות שחיים בהן מספר קטן יותר של יהודים.

ישראלים רבים ובני־פלוגתא לא־רפורמים מצביעים על השיעור הגבוה של נישואים בין־דתיים בקהילה הרפורמית האמריקאית כהוכחה לכך שהיהדות הרפורמית כשלה בקיום הזהות היהודית בארצות הברית. עם זאת, חשוב גם לציין כי בזכות החיוניות של רוב בתי הכנסת הרפורמיים, התוכניות לקירוב משפחות בין־דתיות וקבלת הפנים החמה שהן זוכות לה, זו עובדה כי שלושים אחוז מהיהודים האמריקאים מזדהים כרפורמים, וכי יש עתיד יהודי בתנועה הרפורמית האמריקאית.

אני לא מאמין שנישואים בין־דתיים ללא גיור הם קצו של העם היהודי. גיור הוא הדרך הנכונה עבור חלק מהלא־יהודים. עם זאת, גיור לא מתאים לכולם.

היסטורית, גיור היה רכיב הכרחי בהישרדותו של העם היהודי. עם זאת, ישראלים לא־יהודים רבים לא יכולים לדמיין שיתגיירו ברבנות הראשית האורתודוקסית בישראל. יהודים אמריקאים, גם אם הם אולי מעדיפים להתחתן עם יהודים, פתוחים לחתונה עם כל מי שיתאהבו בו ללא קשר לדתו, גזעו, המוצא האתני שלו והרקע הלאומי שלו. אמנם חלק מבני או בנות הזוג הלא־יהודים בוחרים להתגייר אצל רבנים אורתודוקסים, אך עדיין גיור ברבנות האורתודוקסית הישראלית או האמריקאית איננו בחירה טבעית לרוב האמריקאים הלא־יהודים ולרוב הישראלים החילונים הלא־יהודים. בארצות הברית ובישראל, התנועה הרפורמית היא הבית הטבעי של רוב הלא־יהודים המתכננים להתגייר. עם זאת, כעת כשבני זוג לא־יהודים מוזמנים להשתייך לבתי כנסת רפורמים רבים בארצות הברית, התמריץ להתגייר אינו כה גדול.

בארצות הברית אנשים מתגיירים מסיבות מגוונות. חלקם מכירים בכך שמשפחה המאוחדת במסורת אמונית אחת חזקה יותר, ובכך שזהותם היהודית של הילדים תהיה ברורה יותר.

לפעמים יהודים מבקשים מבני או בנות זוגם להתגייר כדי
לרצות הורים או סבים יהודים. רבים נמשכים באמת ובתמים
ליהדות בשל מעלותיה. אחרים אוהבים את הפרקטיקה הדתית
היהודית, את החגים, את הטקסים, את התפילה, את האמנות
ואת המוזיקה היהודית, ואת השפה העברית. המסורת היהודית
של מחלוקת מהדהדת בהם, הספרות היהודית מעוררת בהם
השראה, לימוד ההיסטוריה היהודית מעשיר אותם, וההגות
היהודית עוזרת להם לראות בבהירות את חייהם. הם מזדהים
עם הדגש של היהדות הרפורמית על מוסר הנביאים ועל כתבי
חז"ל ועם כך שעבודת הצדק החברתי של התנועה הרפורמית
היא ביטוי לדאגה היהודית לצדק, לחמלה ולשלום. גרים רבים
אומרים שהדת היהודית, המחזקת את הקשר הישיר בין האדם
לאלוהים, ללא מתווך, מתאימה להם. גרים רבים בארצות הברית
נמשכים ליהדות עד כדי כך שבני או בנות זוגם היהודים בוחרים
להתקרב ליהדות יחד אתם.

עם זאת, היבט אחד אינו מתקבל בקלות על ידי גרים רבים
שגדלו בקהילות נוצריות, והוא ההזדהות עם העַמִּיּוּת של עם
ישראל. הם אולי מבינים את האמרה שכל ישראל ערבים זה לזה,
אבל שבטיות יהודית היא רעיון חדש ומבלבל. כאשר אני מלמד
על עמיות ישראל בקרב יהודים־מתוך־בחירה, אני מרגיע אותם
שרק במשך הזמן, ולאחר שייחשפו לתרבויות יהודיות שונות,
למסורות עממיות ולקהילות, הם ירגישו קשורים לכל היהודים.
רבים מהם המבקרים בישראל מתחילים להבין שם איך ומדוע
עמיות ישראל היא חלק מרכזי בזהות היהודית המודרנית.

בשנים האחרונות רשם בית הדין על שם סנדרה קפלן בלוס
אנג'לס, המנוהל על ידי רבנים ורבות רפורמים, קונסרבטיבים
ורקונסטרוקציוניסטים, פחות גיורים מאשר בעשור שעבר.
בו בזמן, שיעור הנישואים הבין־דתיים עלה דרמטית בארצות
הברית; בעוד שבשנת 1970 עשרה אחוזים מהיהודים הליברלים
האמריקאים נישאו בנישואים בין־דתיים, כיום השיעור קרוב
יותר ל־70 אחוזים בקהילות יהודיות ליברליות (בין 50 ל־60
אחוזים באופן כללי). השיעור הגבוה הזה אין משמעותו
בהכרח שחייהם של כל היהודים שנישאו בנישואים בין־דתיים
ושל ילדיהם נטולי כל הקשר יהודי. בעוד רבות מהקהילות

הרפורמיות בארצות הברית יקבלו אליהן בשמחה משפחות בין־דתיות, רוב המשפחות הבין־דתיות בארצות הברית אינן משתייכות לבתי כנסת וכך השאלה בדבר הזהות היהודית שלהן ושל ילדיהן נותרת פתוחה.

יהודים אמריקאים בני דור ה־Y (שנולדו בין השנים 1980-2000) מסורתיים פחות בהעדפותיהם בנוגע ליהדות ולפרקטיקה. עם זאת, הם רואים את עצמם כיהודים ורואים דת כבחירה ופחות כחובה. בני דור ה־Y לא רואים בהבדלים דתיים בין זוגות השוקלים להינשא סיבה לא להתחתן.

שיעורי הגיור הנמוכים והעלייה במספר הנישואים הבין־דתיים בצפון־אמריקה הובילו לתהליך הסתגלות ולשינויים רבים בעשורים האחרונים. בסוף שנות השבעים של המאה העשרים, הרב אלכסנדר שינדלר, נשיא "איחוד הקהילות העבריות האמריקאיות" (כיום Union for Reform Judaism), פנה לבני ובנות זוג לא־יהודים שהיו חלק מנישואים בין־דתיים ולאמריקאים "נטולי כנסייה", שלא הזדהו כשייכים לאף מסורת אמונה, ועודד אותם להתגייר. רבים עשו זאת. היסטורית, יהודים אמנם לא שמו דגש על מיסיונריות, אך אני מאמין שהרב שינדלר צדק כשקרא לנו לעודד גיור.

ההחלטה של הוועידה המרכזית של הרבנים האמריקאים (CCAR) משנת 1983, להכיר בצאצא כיהודי גם אם רק אביו יהודי, פתחה את הדלת לאלפים נוספים שהודרו עד אז מהחיים היהודים מכיוון שאביהם היה יהודי ואמם לא יהודייה. מאז שהתקבלה החלטת הוועידה, קירבה התנועה הרפורמית בכוונת מכוון משפחות בין־דתיות מבלי לבדוק מי מההורים יהודי ומבלי לדרוש גיור של היהודים מצד האב (בהנחה שהילד גדל כיהודי ומקיים מצוות בפומבי). עם זאת, ההחלטה הזו לא התקבלה מעולם בקהילות רפורמיות מחוץ לארצות הברית.

בעשורים האחרונים, גל ההגירה לישראל מברית המועצות לשעבר הביא יותר ממיליון יהודים ובני משפחה לא־יהודים רבים (בערך ארבע מאות אלף אינם יהודים על פי אף הגדרה), ועימת את ישראל עם אתגרים שאינם שונים במיוחד מאלו שעמדו לפני הקהילה היהודית האמריקאית בחמישים השנים האחרונות, הווה אומר, נוכחותם הגדולה של לא־יהודים בקהילותינו, נישואים בין־דתיים וגיור.

בעוד הפרדת הדת מהמדינה מאפשרת לתנועה הרפורמית האמריקאית לפעול ללא הפרעה וללא כפייה מצד רבנות אור־תודוקסית, התנועה הרפורמית הישראלית מתפתחת בצל שלי־טתה של הרבנות הראשית בחיים הדתיים, וזאת על אף הכרזת העצמאות של ישראל המבטיחה חופש דת ומצפון.

הרב אורי רגב, חברי מזה שנים רבות, כתב ברהיטות על האת־גרים העומדים לפני ישראל בתחומי הגיור והנישואים. הוא פועל להתאים את חוקי ישראל בנושאי גיור ונישואים למגילת העצמאות, המבטיחה שישראל "תקיים שויון זכויות חברתי ומדיני גמור לכל אזרחיה בלי הבדל דת, גזע ומין". לישראלים צריכה להיות גישה לנישואים אזרחיים ולגיור לא־אורתודוקסי.

"ארצה" (הזרוע הציונית של התנועה הרפורמית) והתנועה הרפורמית האמריקאית תומכות ברב רגב ובתנועה הרפורמית הישראלית. דיון בנישואים, בגיור ואפילו באימוץ הפוטנציאלי של יהדות מצד האב בישראל יאפשרו ליהודים אמריקאים וליהודים רפורמים ישראלים למצוא את עמק השווה בנושאים רבי החשיבות שעולים בשתי הקהילות ובמערכת היחסים בינינו. אחדות המטרות הזו מעוררת את יהדות התפוצות לשאול שאלות, בעודנו מסתגלים ומשתנים: מהם סיכויי המשכיות העם היהודי בארצות הברית אם רבים מחברי הקהילה שלנו לא מסכימים מבחינה פילוסופית עם הטענה שהמשכיות יהודית היא מטרה לגיטימית? האם ניתן לקיים את העם היהודי בתפוצות מבלי להתחייב להמשכיות העם היהודי? האם יהדות יכולה להתקיים ללא יהודים?

שאלות להרחבה:

1. הרב רגב מצביע על כך שמדינת ישראל - ולשם הדיוק, הרבנות האורתודוקסית הראשית, בתמיכת ממשלת ישראל - מפלה את התנועות היהודיות הלא־אורתודוקסיות. לאפליה הזו יש השלכות רחבות בכל הנוגע להגירה יהודית לישראל, ולאפשרויות להתפלל או להתחתן בישראל. הוא קורא למעורבות עמוקה של יהדות התפוצות בפוליטיקה הישראלית במטרה להיאבק באפליות האלו. היזכרו במאמרה של ד"ר קלדרון, בפרק השלישי. מהם הגבולות האפשריים להתערבות שכזו?
2. בסוף מאמרו, הרב רגב מצטט את הרב גורדיס שאמר שכדי לשרוד ולנצח בפוליטיקה במזרח התיכון, "יהודי התפוצות צריכים לשחק משחק קשוח". מה משמעות המשפט הזה מבחינתכם? האם באמת יהודי התפוצות צריכים לפעול אחרת, ביתר קשיחות? עד כמה? מהם הגבולות האישיים שלכם?
3. הרב רוזוב חושש להמשכיות העם היהודי בארצות הברית. יהודים אמריקאים רבים בוחרים להתחתן עם בני או בנות זוג לא־יהודים. מה דעתכם על ההתפתחות הזו בהקשר לחוק השבות?[26] לאילו יהודים צריכה להיות הזכות להגר לישראל? איך תסבירו את עמדתכם למישהו שאינו מסכים אתכם?

נספח

הצהרת חזון

ישראל כמדינה דמוקרטית יהודית

נוסח על ידי הרב הרב מרק אנג'ל, הרב אורי רגב

מבוא: מסמך עקרונות זה מוגש לציבור בישראל ובתפוצות, לקובעי המדיניות בישראל ולמנהיגות היהודית בעולם. החתומים עליו הם רבנים ומנהיגים קהילתיים בעלי השקפות שונות ומגוונות, בישראל ומחוצה לה, אשר שותפים לתחושת הערכה עזה להישגיה של מדינת ישראל בתחומים אין ספור. ישראל הינה דמוקרטיה דינמית וחברה יצירתית. מאז הקמתה שאפה ישראל לא רק לקיים מדינה ריבונית לעם שניטלה עצמאותו ואשר נכפו עליו חיי גלות, אלא גם להגשים ערכי יסוד עליהם הכריזה במגילת העצמאות – מדינה המושתתת על ערכי החופש הצדק והשלום לאור חזונם של נביאי ישראל, המבטיחה חירות ושוויון זכויות וחובות לכל אזרחיה.

אנו מבקשים לבטא במסמך זה את מחויבותנו למימוש ההבטחה לחופש דת ומצפון ולשוויון ללא הבדל דת. אנו מעריכים את שעשתה ישראל בתחום זה עד היום, אך הגשמה מלאה של הבטחת מגילת העצמאות לחופש דת ושוויון ממתינה עדיין לקיום הלכה למעשה. זהו אתגר חיוני הניצב בפני ישראל הן כמדינה יהודית והן כמדינה דמוקרטית. אנו, המחויבים לחיזוקה של ישראל בחומר וברוח ולברית שבינה לבין יהדות העולם, גורסים כי אתגר זה אינו יכול עוד להישאר נחלת הזירה הפוליטית בלבד. אנו נפעל כמיטב יכולתנו, ובשותפות אמת בין ישראלים ליהודים ברחבי תבל, כדי להתמודד עם אתגר זה עד שנצליח יחדיו להפוך את ההבטחה למציאות.

כמדינה יהודית, ישראל חייבת לטפח את מאפייניה היהודיים של המדינה;

כמדינה דמוקרטית, ישראל חייבת להעניק שוויון זכויות לכל אזרחיה, ללא הבדל השקפה והשתייכות דתית;

כדי להגיע אל היעד – מדינה יהודית ודמוקרטית, הנאמנה הן
למורשתה היהודית והן לערכי הדמוקרטיה – חייבת מדינת
ישראל ליישם ערכי יסוד של חופש דת ושוויון זכויות וחובות,
המפורטים להלן:

1. מדינת ישראל, כמדינה יהודית, גאה בזהותה ותיתן
לה ביטוי בחייה הציבוריים – תכבד את השבת ומועדי
ישראל, תבטיח כשרות המזון במוסדות ציבור, תטפח
בחינוך הממלכתי היהודי הוראת תנ״ך לצד ספרי יסוד
מארון הספרים היהודי ונכסיה של תרבות ישראל, ברוח
של הערכה למורשת היהודית רבת הפנים והפרשנויות
שעיצבה את עם ישראל לדורותיו.

2. מדינת ישראל, כמדינה דמוקרטית, תבטיח חופש דת
ומצפון, תנהג בשוויון, ותעניק שירותיה, לרבות תמיכה
כספית, ללא אפליה לכל אזרחיה, היהודים והלא־
יהודים כאחד.

3. מדינת ישראל תאפשר לאזרחיה לבחור את מנהיגותם
הדתית כרצונם, בלא כפיפות לממסד דתי מטעמה של
המדינה. המדינה לא תאציל סמכות שלטונית לממסד
דתי כלשהו – בין במישור הארצי ובין במישור המקומי.
כל קהילה יהודית תהיה בת חורין להעסיק רבנים על
פי בחירתה [ובדומה לכך – גם בני דתות וכהני דת של
דתות אחרות]. המדינה לא תיתן את חסותה לשום
תנועה דתית או ממסד דתי, אלא שומה עליה לכבד את
חירותם ואת שוויון ההזדמנויות, הזכויות והחובות של
כל אזרחיה.

4. אלה הרוצים להביא את מחלוקותיהם וסוגיות אחרות
בפני בתי דין דתיים, יוכלו לעשות זאת באופן פרטי,
מרצונם החופשי ועל פי אמונתם, ללא שהמדינה תיטול
חלק בהליך זה. המדינה לא תאציל סמכות שלטונית
ולא תממן פעילותם של בתי דין דתיים.

5. מדינת ישראל תאפשר ותכיר בחלופות לנישואין
וגירושין של אזרחיה על פי בחירתם, בטקס דתי לגווניו
השונים או אזרחי. זוג יהודי הבוחר להינשא במסגרת

זו – יפנה לאותה מסגרת דתית או אזרחית בה נישא לצורך התרת הנישואין, ביטולם או גירושין.

6. אלה הרוצים להצטרף לעם ישראל בדרך של גיור דתי יהיו זכאים לבחור את המסגרת הרבנית בה יעברו את הליך הגיור מקרב הרבנים שהוסמכו לרבנות ואשר מוכרים על ידי זרם או תנועה דתית, הפעילים ומוכרים בעם היהודי. גיורים אלה, באופן שוויוני ובכפוף לחוקי השבות והמרשם, יתקבלו על ידי מדינת ישראל כראיה תקפה ליהדותם של הגרים, וזאת בד בבד עם כיבוד זכותן של קבוצות דתיות שונות להחיל את אמות המידה והמבחנים שלהן על תקפות הגיור ככל שהן מתבקשות להכיר בו.

7. בצד הבטחת חופש הבחירה ושוויון ההזדמנויות והזכויות לכל אזרחיה, ישראל תעמוד על כך כי כל אזרחיה ימלאו את חובותיהם האזרחיות וישתתפו באופן הוגן והולם בנטל הביטחוני/שירות אזרחי, כמו גם בשוק העבודה, וזאת ללא אפליה מטעמי דת, גזע ומין.

8. חופש הפולחן לבני כל הדתות במקומות הקדושים להם הוא זכות המוכרת בישראל משכבר הימים. במימושה של זכות יסוד זו, תנהג ישראל ברגישות להבדלי מנהגים ומסורות דתיות כמו גם לשוויון מגדרי, ברוח של כבוד הדדי.

---

*אלה מאתנו שאינם אזרחי ישראל מבינים כי הכרעות בדבר אופיה ומדיניותה של מדינת ישראל נעשות על ידי אזרחיה ונציגיהם, אך כיהודים הנאמנים למרכיביה המגוונים והשונים של הקהילה היהודית, הן בתוך ישראל והן מחוצה לה, אנחנו שואפים לתמוך ולסייע למאמץ חשוב זה.

Marc Angel and Uri Regev, "Vision Statement: Israel as a Jewish Democratic State," http://rrfei.org/petitions/ ./vision-israel-jewish-democratic-state

הערות

1. מתוך בג"צ 5070/95, **נעמת ואח' נ. שר הפנים ואח'**, פ"ד נו(2) 721, 745 (2002).
2. ראו את מדדי הדת והמדינה של עמותת חדו"ש הן ביחס לעמדות הציבור והן ביחס לפער שבין המדיניות הנקוטה בידי ממשלות ישראל לבין מצביעי רוב המפלגות המרכיבות קואליציות ממשלתיות אלה. אתר חדו"ש (2018, 12 ספטמבר). **67 אחוזים מהציבור היהודי חושבים שמתקיימת הדתה בחסות ו\או במימון המדינה**. אוחזר מתוך http:// tinyw.in/4Nal
3. אוריון, א' ועילם, ש' (2018). **יהודי ארצות הברית והביטחון הלאומי של ישראל**. המכון למחקרי ביטחון לאומי, אוניברסיטת תל אביב. אוחזר מתוך http://www.inss.org.il/he/publication/ /the-american-jewish-community-and-israels-national-security
4. Uri Regev, "What does it mean for Israel to be a Jewish state?", *Hiddush*, April 2018. http://hiddush.org/article-23227-0-What_does_it_mean_for_Israel_to_be_a_Jewish_state.aspx
5. בין אם הם חרדים, חרד"לים ואף בכירים ממפלגתו, הליכוד, דוגמת שר התיירות ומ"מ שר הקליטה יריב לוין, אשר הכריז כי בעוד שנים־שלשה דורות ייעלמו כל הרפורמים בשל התבוללות. ראו הערה 6 להלן.
6. אתר חדו"ש (2016, 8 נובמבר). **חדו"ש: אין להשלים עם הזלזול של ראשי הליכוד והקואליציה ביהדות התפוצות**. אוחזר מתוך https://tinyurl. com/y4y2kng7
7. אתר חדו"ש (אין תאריך). **מפת חופש הנישואין בעולם**. אוחזר מתוך Marriage.hiddush.org.il
8. ראו הערה 4 לעיל.
9. ראו הערה 6 לעיל.
10. Uri Regev, "Israeli media speaks out for recognizing the streams", *Hiddush*, November 2018. http://hiddush.org/article-23287-0-Israeli_media_speaks_out_for_recognizing_the_streams.aspx
11. דגוני, ר' (2018, 14 אוגוסט). רון לאודר מזהיר: הדור היהודי הבא לא ייאבק בתנועת ה־BDS. **גלובס**. רון לאודר: "אם המגמה הנוכחית תימשך, ייתכן שיהודים צעירים שוב לא יסכימו לסמוך ידם על מדינה שמפלה יהודים לא אורתודוקסים, מיעוטים לא יהודיים ואת קהילת הלהט"ב. [...] ייתכן שהם לא ישמשו יותר עורף אסטרטגי שישראל כה זקוקה לו. [...] צריך לכבד את הזרם האורתודוקסי, אך איננו יכולים להרשות שהפוליטיקה של מיעוט רדיקלי תניע מיליוני יהודים ברחבי תבל לחוש ניכור כלפי ישראל".
12. Bronfman Charles, "Rebalancing the Jewish world", *Times of Israel*, May 4, 2018. https://blogs.timesofisrael.com/rebalancing-the-jewish-world-comments-at-hebrew-union-college-commencement
13. דגוני, ר' (2018, 16 אוגוסט). נפתלי בנט עונה לרון לאודר: אנו, הישראלים, גאים במי שאנו. **גלובס**.

14. "רוב ברור (65%) לא רוצים ממשלה עם חרדים. בימין (כאשר התשובות מימין אינן כוללות אלו של חרדים) 60% לא רוצים חרדים בממשלה הבאה": Ephraim Yaar and Tamar Hermann, "Peace Index: December 2018," Peace Index, http://www.peaceindex.org/indexMonthEng.aspx?num=338 תוצאות דומות התבררו גם בסקרי חדו"ש, ראו הערה 1 לעיל.
15. מעורבים צדדים שלישיים שעליהם אין לנו שליטה, ויש פער אמיתי בין תפיסות העולם של רבים בתפוצות לבין אלה של רבים בישראל.
16. מחקר עומק חשוב בנושא עמדות מנהיגות יהדות התפוצות מצביע על כך בברור. ראו דוח המכון למדיניות העם היהודי (2014). **ישראל כמדינה יהודית ודמוקרטית: עמדות יהודי העולם**. אוחזר מתוך https://tinyurl.com/y3ngjs88
17. Sue Fishkoff, "Religious Equality in Israel Is a Strategic and Moral Necessity," *JWeekly*, April 1, 2016, https://www.jweekly.com/2016/04/01/the-column-religious-equality-in-israel-is-strategic-and-moral-necessity
18. חוק־יסוד: ישראל – מדינת הלאום של העם היהודי, התשע"ח־2018, ס"ח 2743. אוחזר מתוך https://fs.knesset.gov.il//20/law/20_lsr_504220.pdf
19. הצעת חוק־יסוד: ישראל מדינת הלאום של העם היהודי, פ/3541/18. אוחזר מתוך https://www.justice.gov.il/StateIdentity/ProprsedBasicLaws/Pages/DichtersProposal.aspx
20. "The Nation-State Law: The Religion-State Angle," *Hiddush*, July 19, 2018, http://hiddush.org/article-23258-0-The_Nationstate_Law_The_religionstate_angle.aspx
21. ראו הערה 1 לעיל.
22. מתווה הכותל (2019, 1 אפריל). בתוך **ויקיפדיה**. אוחזר 5 יולי, 2019, מתוך https://tinyurl.com/yxgwwgg9
23. Daniel Gordis, "How to Make Israelis Care," *Jerusalem Post*, June 29, 2017, https://www.jpost.com/Opinion/How-to-make-Israelis-care-498301
24. Marc Angel and Uri Regev, "Vision Statement: Israel as a Jewish Democratic State," http://rrfei.org/petitions/vision-israel-jewish-democratic-state
25. Ruach Hiddush, "As Rabbis of All Denominations, We Say It Is Time to Abolish Israel's Chief Rabbinate," Jewish Telegraphic Agency, December 6, 2018, https://www.jta.org/2018/12/06/news-opinion/rabbis-denominations-say-time-abolish-israels-chief-rabbinate
26. חוק השבות, תש"י־1950, ס"ח 51. ראו את הטקסט המלא כאן: https://www.knesset.gov.il/laws/special/heb/chok_hashvut.htm

פרק חמישי

"כל תושביה"

לחיות תחת סמכות שיפוטית ישראלית

הרב לוי ויימן-קלמן (ישראל)
והרבה ג'יל ג'ייקובס (ארצות הברית)

מדינת ישראל תהא פתוחה לעליה יהודית ולקיבוץ
גלויות; **תשקוד על פיתוח הארץ לטובת כל תושביה**;
תהא מושתתה על יסודות החירות, הצדק והשלום
לאור חזונם של נביאי ישראל; תקיים שויון זכויות
חברתי ומדיני גמור לכל אזרחיה בלי הבדל דת, גזע
ומין; תבטיח חופש דת, מצפון, לשון, חינוך ותרבות;
תשמור על המקומות הקדושים של כל הדתות; ותהיה
נאמנה לעקרונותיה של מגילת האומות המאוחדות.

הרב לוי ויימן־קלמן

לפני עשרים ושתיים שנה כיהנתי כיושב ראש ארגון "שומרי משפט – רבנים למען זכויות אדם". לקראת שנת 1998, שנת היובל להקמת המדינה, היה ברור שאנו חייבים למצוא דרך מקורית ומעניינת לחגוג את האירוע הזה. כארגון ציוני, היה חשוב לנו לחגוג את יום העצמאות החמישים למדינה שלנו. כארגון המגן על זכויות אדם, הבנו שעלינו לציין את המאורע בדרך שתבטא את המחויבות שלנו לישראל מוסרית וצודקת עד כמה שאפשר.

בעת ההיא הוציא לאור כתב העת הספרותי של התנועה הקיבוצית, "שדמות" (שנוסד בשנות השישים על ידי אברהם שפירא, ופרסמו בו מוקי צור, עמוס עוז ואחרים), סדרת חוברות יצירתיות ומעניינות. הם היו קיבוצניקים שמרדו בבתים החילוניים שבהם גדלו, וביקשו ללמוד וללמד מקורות יהודיים מסורתיים (בלי לחזור בתשובה, חס ושלום). הייתה זו דחייה דרמטית של החינוך שכפה עליהם דור החלוצים. בני דור החלוצים דרשו מהם שילמדו תנ"ך כדי לחזק את זכותנו לשוב לארץ ישראל, אבל לא התייחסו ברצינות לכתבי חז"ל. דור ההורים, מייסדי הקיבוצים, לא ראה בעין יפה את מפעל הלימוד הזה ואפילו גילה עוינות כלפיו.

אך ההוגים היצירתיים האלה טענו שבלתי אפשרי להבין לעומק את הספרות הקלסית (הסיפורים, המאמרים) של העלייה השנייה, מבלי להכיר את המקורות המסורתיים שעל ברכיהם התחנכו המחברים (אותם מחברים שגדלו בבתים מסורתיים ואחר כך התנתקו מהדת). דרך מפעל "שדמות" הם חקרו את השורשים היהודיים המסורתיים של החלוצים.

יצירתיות החוברות האלו באה לידי ביטוי לא רק בתוכן אלא גם בצורה. הוצאת "שדמות" הוציאה לאור מספר חוברות שבהן הודפסו יצירות קלסיות מתקופת העלייה השנייה בסגנון מסכת תלמודית – שורות של טקסט וסביבן ציטוטים ופירושים המצביעים על המקורות מהתנ"ך, מהתורה שבעל־פה ומהקבלה, שהיוו מקור השראה למחברים. כך למשל, ביטוי כלשהו שמהדהד טקסט מהמקורות הודפס כשלצדו הסבר מתאים. כל עמוד

בחוברות אלו הבהיר מדוע אי אפשר להבין את כתבי העלייה השנייה מבלי להכיר את מקורות היהדות המסורתית.

זכיתי לפגוש את חברי "חוג שדמות" בשנים הראשונות שלי בארץ. כאשר עליתי ארצה לקיבוץ גזר בשנת 1979, מיד לאחר שהוסמכתי לרבנות בבית המדרש לרבנים של התנועה הקונסרבטיבית (JTS), הוזמנתי להצטרף למערכת ההוצאה. התרגשתי מאוד לעבוד מקרוב עם קבוצה של קיבוצניקים, חלוצים בדרכם הייחודית, המחויבים כל כך להתעמקות בסיפורים ובמאמרים מתוך הספרות העברית המודרנית הקלסית (ביאליק, ברנר וכו׳) ולהציג אותם לדור חדש של קוראים. אני הבאתי לשולחן היכרות עם המקורות, והם הכירו לי את ספרות העלייה השנייה.

בשנת היובל להקמת מדינת ישראל הצעתי לחברי "שומרי משפט" לחגוג את יום העצמאות החמישים בפירוש מעין־תלמודי של מגילת העצמאות בסגנון "שדמות". לצורך פרויקט זה נפגשתי פעם בחודש עם יריב בן אהרון ועם עלי אלון. יריב ז"ל היה יליד קיבוץ גבעת חיים, מחבר, הוגה ומחנך יהודי בתנועה הקיבוצית, ובנו של יצחק בן אהרון, מנכ"ל מפלגת העבודה האגדי. עלי ז"ל היה משורר בן קיבוץ עין שמר (אחד משיריו הודפס בסידור הרפורמי הישראלי, "עבודה שבלב"). התעמקנו בלימוד מגילת העצמאות ואספנו את המקורות המסורתיים ששימשו מקור השראה עבורה. כינסנו ב"שומרי משפט" קבוצות של רבנים, משפטנים, מחנכים, סופרים והוגים כדי ללמוד ולנתח את הטקסט. לאחר שנתיים הוצאנו לאור את "מסכת העצמאות", הטקסט של מגילת העצמאות בסגנון מסכת תלמודית.

הקפנו כל פסקה במגילה בציטוטים מהמקורות, בשירה ישראלית מודרנית (שכללה שירים של קובי אוז ומחמוד דרוויש), בציטוטים של דוד בן־גוריון, של ישעיהו ליבוביץ׳ ושל אניטה שפירא, של משפטנים וביניהם חיים כהן ושושנה נתניהו ושל אנשי רוח כמו חנה סנש, אתי אנקורי, לאה גולדברג ואורית קמיר. הצגנו נוסחים קודמים של מגילת העצמאות ומסמכים אחרים שהיוו מקור השראה למגילה, כגון "ההכרזה לכל באי עולם בדבר זכויות האדם" של האו"ם.

בדומה ל"מגיד" בהגדה של פסח, החלק העבה יותר במסכת
הוא הפירוש לפסקה 13:

> מדינת ישראל [...] תשקוד על פיתוח הארץ לטובת כל
> תושביה; תהא מושתתה על יסודות החירות, הצדק
> והשלום לאור חזונם של נביאי ישראל; תקיים שוויון
> זכויות חברתי ומדיני גמור לכל אזרחיה בלי הבדל דת,
> גזע ומין.

זהו לב לבה של מגילת העצמאות, הטקסט הקרוב ביותר להגדרת
האופי היהודי של מדינת ישראל, עד לחקיקת חוק הלאום בקיץ
2018.

הביטוי "כל תושביה" חוזר מספר פעמים במגילת העצמאות.
הדבר מעיד עד כמה אבות (ואימהות) האומה חשו אחריות,
ככתוב במגילה, להושיט יד לתושבים הלא־יהודים בתוכה וסביב
גבולותיה. בפסקה השלישית מצוין שהמפעל הציוני פועל מזה
שנים רבות להביא את "ברכת הקידמה לכל תושבי הארץ". גם
פסקה 13 חוזרת שוב על הבטחת פיתוח הארץ. באותה רוח,
כתוב בפסקה 16: "אנו קוראים - גם בתוך התקפת־הדמים
הנערכת עלינו זה חדשים - לבני העם הערבי תושבי מדינת
ישראל לשמור על שלום וליטול חלקם בבנין המדינה על יסוד
אזרחות מלאה ושווה ועל יסוד נציגות מתאימה בכל מוסדותיה,
הזמניים והקבועים."

הנה שתי דוגמאות למקורות, האחד מקראי והשני מודרני,
הכלולים ב"מסכת העצמאות" כפרשנות מאירה למגילת
העצמאות. הביטוי "כל תושביה" מהדהד את השפה המקראית
המתארת את שנת היובל: "וְקִדַּשְׁתֶּם אֵת שְׁנַת הַחֲמִשִּׁים שָׁנָה
וּקְרָאתֶם דְּרוֹר בָּאָרֶץ לְכָל־יֹשְׁבֶיהָ" (ויקרא כה, י). ציטטנו גם את
נאומו של דוד בן־גוריון מכנס קרן היסוד, שנערך בשנת 1947:

> במדינה היהודית אנו נהיה אחראים לא ליהודים בלבד
> [...] אלא לכל תושבי המדינה, ולכל תושבי המדינה במידה
> שווה. דאגתנו לא תהיה מוסבת עוד לישובים היהודים
> בלבד ולשירותי החינוך והבריאות של היישוב היהודי
> בלבד־ אלא לכל ישוב וישוב. ליהודי וערבי במידה שווה,

ללא כל הפליה והבחנה, ולשירותם של כל התושבים - ושוב על יסוד של שוויון מלא ומוחלט. נצטרך לדאוג לבריאות ולחינוך, לפיתוח כל שאר השירותים של הכפר הערבי, במידה לא פחותה מאשר לאלה של הכפר היהודי.

מדינת ישראל טרם קיימה את ההבטחה הזאת. ההצעה לפיה על אזרחי מדינת ישראל הפלסטינים להשוות את מצבם לזה של פלסטינים בגדה, או בארצות ערביות אחרות, מציעה רק חצי נחמה כאשר הם רואים את שכניהם היהודים מקבלים הרבה יותר; כאשר הם רואים את המשאבים האפשריים, כפי שפירט בן־גוריון, ויודעים כי הם אינם מחולקים באופן שווה. המספרים אינם משקרים - המדינה משקיעה פחות בכל תלמיד ישראלי־פלסטיני, ומשקיעה פחות בתשתיות ובשירותים ביישובים הערביים.

מספר פעמים אנו מצווים במקרא לא להפלות בין האזרח והגר, "מִשְׁפַּט אֶחָד יִהְיֶה לָכֶם כַּגֵּר כָּאֶזְרָח יִהְיֶה" (ויקרא כד, כב). על אחת כמה וכמה אסור שתהיה אפליה בין אזרחים. בחלוקה לא שוויונית של משאבים ושירותים אנחנו חוטאים באֵיפָה וְאֵיפָה. המקרא מתייחס בחומרה למי שמפר את הנורמה החברתית הזאת: "אֶבֶן שְׁלֵמָה וָצֶדֶק יִהְיֶה לָּךְ לְמַעַן יַאֲרִיכוּ יָמֶיךָ עַל הָאֲדָמָה אֲשֶׁר ה׳ אֱלֹהֶיךָ נֹתֵן לָךְ; כִּי תוֹעֲבַת ה׳ אֱלֹהֶיךָ כָּל־עֹשֵׂה אֵלֶּה כֹּל עֹשֵׂה עָוֶל" (דברים כה, טו־טז). זכותנו על ארץ ישראל מותנית בהתנהגות הולמת וצודקת אחד כלפי השני. לצערי, המדיניות של ממשלות ישראל בעבר וכיום סותרת את הציווי הזה, ולנו אסור לשתוק.

לאלו מאתנו שזוכים לחיות במדינת ישראל, המצב בולט וכואב במקומות שבהם אנו חווים מציאות אחרת, מציאות של חברה ישראלית מעורבת ממש. החוויה הזו נוכחת בשני מקומות במיוחד - במערכת הבריאות ובאוניברסיטאות. במרחבים הצי־בוריים האלו שומעים ערבית כמעט באותה מידה ששומעים עברית. בתקופות שבהן מצאתי את עצמי עמוק בתוך בתי חולים בירושלים התרגשתי מרמת האינטראקציה החיובית בין יהודים לפלסטינים. בכל מפגש לא ידעתי מראש אם הרופא, האח או האחות, המנקה או החולה לידי יהיה דובר עברית או ערבית (ולפעמים רוסית או אמהרית).

עם זאת, אזרחים פלסטינים חווים אפליה, הזנחה וחוסר־נראות בחברה הישראלית. לא אצטט נתונים אלא אספר על מה שראיתי. ביליתי שנת שבתון ביפו (מקום מתאים לרב ירושלמי שמחפש שינוי). בהתחלה התרגשתי, כשראיתי שרחובות רבים קרויים על שם רבנים חסידיים כמו הבעל שם טוב או המגיד ממזריטש. אך רחובות אלו מוקמו דווקא בשכונות של דוברי ערבית. מעליב עוד יותר שחלק מהרחובות בשכונות אלו נקראים על שם יחידות צה״ל. יש כאן ניסיון לבייש את האוכלוסייה הפלסטינית־ישראלית ולהבהיר – אנחנו האדונים ואתם הנתי־נים הכבושים.

לא מזמן דרש ראש עיריית בית שאן שכל בעל תפקיד בעירייה יישבע ״לשמור על זהותה היהודית של העיר״, מה שאמור לאפשר לבעלי דירות לא למכור או להשכיר דירות לערבים. וכמובן, חוק הלאום המיותר והמביש אמור לתת פתח לעלבונות נוספים כלפי האזרחים הלא־יהודים של ישראל.

את הדוגמאות החריפות ביותר ל״אֵיפָה וְאֵיפָה״ נמצא בשטחים. שם חיים יהודים שחוקי מדינת ישראל חלים עליהם ומצביעים בבחירות הישראליות, לצד פלסטינים שאין להם זכות הצבעה או כוח פוליטי להשפיע על חייהם. התנחלויות ישראליות מתרחבות ופלסטינים אינם יכולים לקבל היתרי בניה. יש שפע של מים לבריכות שחיה למתנחלים, ופלסטינים אינם יכולים לגשת למקורות המים שבבעלותם דורות רבים. ישראלים נוסעים ממקום למקום ללא הפרעה ופלסטינים חייבים לעבור במחסומים מסויטים.

> אנו מושיטים יד שלום ושכנות טובה לכל המדינות השכנות ועמיהן, וקוראים להם לשיתוף פעולה ועזרה הדדית עם העם העברי העצמאי בארצו.

ברור שישנם שיקולים ביטחוניים המסבכים את המצב. אבל אם אנחנו רוצים באמת לחיות בשלום עם שכנינו, המדיניות הנוכחית פוגעת באפשרות עתידית לשלום. חלק גדול מהסבל שנגרם לתושבים הפלסטינים בשטחים הכבושים מיותר (כאשר חלקו תוצאה של שיקולים ביטחוניים, מעצם טיבו של כיבוש) ומבייש את העם היהודי שיודע מה זה לסבול דיכוי.

המדיניות הנוכחית, רשמית או בלתי רשמית, מעניקה כוח רב
מאוד למתנחלים ומותירה את האוכלוסייה הפלסטינית חסרת
אונים. האדישות של הציבור הישראלי, והשתיקה והשיתוק של
עם ישראל בתפוצות הם חילול השם.

מדינת ישראל ניצבת מול אתגר ייחודי – כיצד יש להתייחס
למיעוט הפלסטיני בתוכנו, כאשר אנו מוקפים במדינות ערביות
עוינות? אבל זהו בדיוק האתגר שמדינת ישראל הציבה לעצמה
במגילת העצמאות. יהודי צפון-אמריקה דורשים שחברות מע-
רביות ודמוקרטיות יחיו לפי ערכים אלה. אנו מאמינים שעל
מדינת ישראל לעמוד בסטנדרטים הגבוהים ביותר לצדק ולמוסר.
כך למדנו, לימדנו והטפנו כרבנים לדורי דורות. עכשיו כשזכינו
בריבונות יהודית, זוהי מהות הציונות.

מזה עשרים שנה מחלקת החינוך של "שומרי משפט" מלמדת
את נושא זכויות האדם בבתי ספר ברחבי הארץ באמצעות
"מסכת העצמאות". הוזמנו ללמד בבסיסי צה"ל, בבסיסי משמר
הגבול ובמשטרה. אנחנו עורכים סיורים ומלמדים קורסים
חשובים במכינות קדם צבאיות. קריטי לחשוף את הנוער, שנה
לפני שירותו הצבאי, לשורשים היהודיים של צדק חברתי.

בסיור שערכתי בחברון עם הרבה נאווה חפץ, מנהלת מחלקת
החינוך ב"שומרי משפט", עמדנו להיכנס למערת המכפלה.
החיילת בכניסה, שערכה לנו בידוק ביטחוני, זיהתה את נאווה.
"הייתי במכינה קדם צבאית, ולקחת אותנו לסיור בחברון כדי
שנלמד על זכויות אדם", היא אמרה. "אין יום בשרות הצבאי
שלי שאני לא חושבת על מה שלמדתי אצלך. תודה."

זהו המסר של מגילת העצמאות. החיילת לא שכחה מה שהיא
למדה אצלנו, ואני מקווה שכך יהיה לגבי כל מי שלמד אתנו את
"מסכת העצמאות". אני תפילה שבעת שירותם בצה"ל יזכרו
שחובתם להגן על מדינת ישראל ואזרחיה, אך חובתם גם להגן
על עקרונות מגילת העצמאות ולשמור על זכויות האדם ועל
כבוד האדם של כולם. מדינת ישראל חייבת לקיים את הערכים
האלה ולהגן עליהם כדי להבטיח את קיומנו כחברה יהודית
ודמוקרטית בטווח הארוך.

הרבה ג׳יל ג׳ייקובס

בעקבות הרצאה שקיימתי לאחרונה, ניגשה אליי אישה זועמת: ״איך את מעזה לומר שהגדה המערבית כבושה? זו האדמה שלנו - ככה כתוב בתורה. אנחנו לא כובשים אותה - אנחנו שחררנו אותה״. בשיחה שהתפתחה לאחר מכן, שיחה שגרתית בעבודה שלי, אישרתי כי לארץ ישראל אכן יש היסטוריה יהודית וניסיתי להסביר מדוע החוק הבין־לאומי והישראלי מצהירים שהפלסטינים החיים בגדה המערבית חיים תחת כיבוש צבאי.

השיחה הזו מדגישה את הפער ששפה יוצרת. אלו הרואים את השלשלת הנמשכת מארץ ישראל המקראית למדינה המודרנית לא מבינים מדוע ישראל צריכה לציית לחוק הבין־לאומי או להכיר בקיומו של עם ילידי, ששורשיו באדמה הזו. אלו הרואים את ישראל רק דרך עדשת התנועות הלאומיות המודרניות מתעלמים מחיים יהודיים בני אלפי שנים בארץ ומהערגה לארץ ישראל.

כרבה וכיהודייה, אני חשה חיבור עמוק לארץ ישראל, יסוד בסיסי בהיסטוריה, בזהות ובעמיות היהודית. ואני רוצה שמדינת ישראל תעמוד בסטנדרטים המוסריים הגבוהים ביותר של עמנו ושל הקהילה הבין־לאומית; לעתים קרובות אלו שתי שאיפות סותרות, אבל הן לא אמורות להיות כאלו.

מגילת העצמאות של ישראל תובעת מהמדינה לעמוד בדרישות שיהפכו אותה לדמוקרטיה מודרנית, ולהגשים את חזון הנביאים שביקשו ארץ ועם המסורים לשירות האל:

> [מדינת ישראל] תשקוד על פיתוח הארץ לטובת כל תושביה; תהא מושתתה על יסודות החירות, הצדק והשלום לאור חזונם של נביאי ישראל; תקיים שויון זכויות חברתי ומדיני גמור לכל אזרחיה בלי הבדל דת, גזע ומין.

שבעה עשורים אחר כך, ישראל מוצאת את עצמה רחוקה הן מהחזון הנבואי והן מזה הדמוקרטי, שמגנים על זכויות האדם והאזרח של כל מי שבריבונותה. פלסטינים שנשארו בתוך ישראל

לאחר 1948 קיבלו אזרחות לאחר שני עשורים של ממשל צבאי, אבל ממשיכים להילחם על זכויותיהם דה יורה ודה פקטו. מאז מלחמת ששת הימים, ישראל שולטת בחייהם של חמישה מיליון לא־אזרחים בגדה המערבית,[1] בעזה[2] ובמזרח ירושלים,[3] שאינם יכולים להצביע לממשלה שבכוחה לקבל החלטות בנוגע לחיי היום־יום שלהם ואשר מפרה באופן קבוע את זכויות האדם שלהם באמצעות גזל אדמות, הריסת בתים, הגבלת חופש התנועה, מעצרים מנהליים ועוד שיטות שליטה.[4]

אמנם כיבוש חוקי מכוח החוק הבין־לאומי, אבל הוא נחשב לאמצעי זמני שנוקטים בעקבות מלחמה - לא מפעל בן חצי מאה שממשיך להתרחב ולבצר את שליטתו.[5] מדינות כובשות חייבות לפעול על פי החוקים הבין־לאומיים הרלוונטיים, כולל האיסור על העברת אוכלוסייה אזרחית לשטח כבוש. פרויקט ההתנחלויות הממומן על ידי ממשלת ישראל מפר את העיקרון הזה. מוסרית, משפטית ומעשית ברור שישראל אינה יכולה לקיים לאורך זמן כיבוש צבאי של מיליוני אנשים או להרחיבו.

הצעד הראשון שלנו הוא להבדיל בין **ארץ ישראל** לבין **מדינת ישראל**. אלו הטוענים שיהודים אינם יכולים להיות כובשים בארצם מתכוונים לארץ ישראל - המולדת היהודית המקראית. אלו הטוענים שעל ישראל לציית לחוק הבין־הלאומי מתכוונים למדינת ישראל - המדינה המודרנית ישראל, החברה באו"ם ובגופים בין־לאומיים אחרים. **ארץ ישראל ומדינת ישראל אינן היינו הך**. אנחנו יכולים לתקף את האמירה ש**ארץ ישראל** היא מולדתו של העם היהודי מבלי לדרוש שגבולות **מדינת ישראל** יחפפו את גבולות ארץ ישראל. אנחנו יכולים להתפלל לשיבה לכל ארץ ישראל מבלי לממש את השיבה הזו בכוח.

הרב יצחק ברויאר (1883-1946)[6] היה רב אורתודוקסי גרמני מוביל ומייסד תנועת "פועלי אגודת ישראל".[7] ברויאר תיאר את ארץ ישראל כארץ התורה, ואת עם ישראל כעם התורה, שתי תופעות מטא־היסטוריות שאינן תלויות בגחמות ההיסטוריה או זו בזו. לעתים, גורלותיהם חופפים, אבל ארץ ישראל אינה זקוקה לעם היהודי על מנת למלא את המשימה האלוהית שלה, וגם עם ישראל אינו זקוק לארץ ישראל בכדי לממש את

המשימה שלו. בניגוד לארץ ישראל, המדינה המודרנית היא תופעה היסטורית. ציונות מדינית אינה מבוססת על הקשר היהודי לארץ ישראל; להפך, הציונות קראה ליהודים להקים מדינה באמצעים מדיניים. אמנם איני חולקת עם ברויאר את התנגדותו לציונות, אך הצורה שבה הוא מציג את הדברים מסייעת ליצור מסגרת מועילה שתתיר את הארץ העתיקה מכבלי המדינה המודרנית. על ידי הקמת מדינה, הוא אמר, היהודים יעברו מהספרה המטא־היסטורית לספרה ההיסטורית.[8,9]

קיומה של מדינה פלסטינית מודרנית ובה אתרים יהודיים קדושים לא תמחק את קדושתם. כך גם קדושתם של מקומות אחרים אינה תלויה במיקומם בתוך הגבולות הבין־לאומיים המקובלים של מדינת ישראל המודרנית. אפשר לטעון לקדושתה של כל ארץ ישראל מבלי לדרוש שלמדינה הפוליטית תהיה ריבונות עליה.

מספר רבנים בולטים שאפשרו את החזרת כל השטחים שנכבשו בשנת 1967 תמורת שלום, ביססו את הטיעונים שלהם על עקרון פיקוח נפש, הערך של הצלת חיי אדם. כך למשל הצהיר הרב יוסף סולובייצ׳יק, הרב האורתודוקסי האמריקאי החשוב ביותר במאה העשרים, בהרצאה שנתן מיד לאחר המלחמה:

> גם תינוק של בית רבן הלומד פרשת ״לך לך״ יודע ע״ד הבטחת הארץ לאברהם אבינו ועל אודות ההלכה כי ארץ ישראל מוחזקת היא בידינו מאבותינו. [...] ברם ישנה הלכה כללית אחרת, כי פיקוח נפש של יחיד דוחה את כל התורה, והדברים קל וחומר לפיקו״נ של שני מיליון וחצי יהודים, כן ירבו. הלכה זו צריכה להיות עמוד התווך בכל משא ומתן ושיקול הדעת הלכתיים ביחס לגבולות הארץ. סנטמנטים היסטוריים בלי להתחשב בנימוקי ושיקולי הגנה אינם מכריעים בשאלת בטחון המדינה ויושביה. ברם אסור לרבנים או למישהו אחר לדבר בשם התורה כי אין להחזיר אף שעל אחד של אדמה, בשעה ששלום יציב וכולל הציל אלפים ורבבות מאחינו היושבים בציון.[10]

בדומה לזה, הרב עובדיה יוסף, הרב הספרדי הראשי של ישראל (1983-1973), השאיר פתוחה את האפשרות להחזרת שטחים

תמורת שלום, "משום שאין לך דבר העומד בפני פיקוח נפש".[11] אמנם הרב יוסף חשב שבלתי אפשרי להחזיר שטחים תמורת שלום, אבל הניסוח שלו השאיר את הדלת פתוחה לצידוק דתי להסכם שכזה על ידי העדפת ערך חיי האדם על פני ערך האדמה.

אך טיעון יהודי דתי לסיום הכיבוש חייב להתבסס לא רק על טיעון המוצא האחרון, אלא על בסיס מוסרי פוזיטיבי. הצעד הראשון הוא לראות בפלסטינים בני אדם בעלי חזקה לגיטימית על הארץ, ובעלי זכות להגדרה־עצמית. כמי שחוו גירוש, אי־מתן אזרחות ועיקול אדמות, על היהודים להיות אמפתיים לרצונם של עמים אחרים בריבונות על אדמתם. כפי שכתוב בשמות כב, כ: "וְגֵר לֹא תוֹנֶה וְלֹא תִלְחָצֶנּוּ כִּי גֵרִים הֱיִיתֶם בְּאֶרֶץ מִצְרָיִם."

בתשובה לשאלה שהגדירה פלסטיני כ"רודף" - מי שמותר להורגו בעת הגנה עצמית - השיב הרב חיים דוד הלוי, הרב הספרדי הראשי של תל אביב (1973-1998):

> בראש וראשונה, מרגיש הנני חובה להסתייג באופן מוחלט מאותה "דעת רבים" שכב׳ ציטט. מתמיה ביותר עצם הרעיון הנואל לראות כך מיליון וחצי ערבים שרובם הגדול והמכריע חיים את חייהם הפרטיים בשקט ובשלוה, אם כי תוך כדי עוינות לישראלי שאותו הם רואים ככובש, משום שיש ביניהם כאלה, והם ללא ספק מיעוט קטן ביותר, הפוגעים בנו ובאים להרגנו, האם בגין אותו מיעוט קטן, יוציאו פסק דין מות על מיליון וחצי בני אדם, אתמהה...[12]

בעוד הלוי אינו מכיר בכיבוש, הוא דוחה את הדה־הומניזציה של הפלסטינים. עם זאת, ממשלת ישראל ותומכיה מצדיקים לעתים קרובות אלימות, ענישה קולקטיבית, הריסות בתים והחרמת אדמות כתגובה לטרור, ומאשימים את האוכלוסייה כולה במעשי האלימות שמבצע מיעוט קטן.

לפני קום המדינה, כתב הרב משה אביגדור עמיאל, הרב הראשי של תל אביב (1936-1945), שהיה פציפיסט:

> "לא תרצח" בלי שום תנאים ובלי שום יוצא מהכלל. [...] אין כדאי לישראל להגיע אל מטרתו - הקמת בית לאומי בארץ ישראל - אם האמצעים להשגת המטרה יהיו פסולים, שכן המטרה הסופית של הציונות איננה

רק רוב יהודי בארץ ישראל אלא המטרה של 'אחרית הימים' לתיקון עולם במלכות שדי.[13]

כיום, חלק מהציבור היהודי הישראלי והיהודי העולמי מעדיף את השליטה באדמה על פני חייהם של ישראלים ופלסטינים, ועל פני עקרונות מוסריים יהודים שעומדים על זכותו של כל אדם לכבוד ולהגנה. תפיסתם מחללת את קדושתה של הארץ.

בעוון שפיכות דמים בית המקדש חרב ושכינה מסתלקת מישראל שנאמר "ולא תחניפו" וגו' "ולא תטמא את הארץ אשר אתם יושבים בה אשר אני שוכן בתוכה" הא (אם) אתם מטמאים אותה אינכם יושבים בה ואיני שוכן בתוכה: (תלמוד בבלי, מסכת שבת, דף לג, עמוד א)

קדושת ארץ ישראל תתעלה מעל ממשלות ומעל ההיסטוריה. סיום הכיבוש והקמת המדינה הפלסטינית בסמוך לישראל לא יפגעו בקדושת האדמה, אלא יאפשרו לישראל להגשים את התביעה המוסרית היהודית להגן על חייהם ועל כבודם של כל בני האדם שנוצרו בצלם אלוהים.

שאלות להרחבה:

1. הרב ויימן־קלמן מתייחס למספר סוגים של אפליה
   שחווים האזרחים הערבים בישראל. עד כמה המציאות
   הזו מוכרת לכם? מה צריכות הקהילות היהודיות
   בארצות הברית לעשות כדי להגביר את המודעות
   לנושא?

2. הרבה ג'ייקובס מנתחת את הממד האתי של החיים
   במדינה יהודית בהתבסס על ההלכה. המקורות שהיא
   מצטטת טוענים שיש להגן על חיי אדם, גם בזמן
   מלחמה. האם אתם יכולים לחשוב על מצבי עימות
   צבאי שבהם המקורות הללו אינם מספקים את
   ההדרכה הדרושה?

3. היזכרו בחוויות מחיי היום־יום שלכם; בקבוצות
   שאתם שייכים אליהן, ובקבוצות שאינכם שייכים
   אליהן. באילו מצבים אתם מתייחסים אחרת לחברי
   קבוצות אתניות "זרות" מאשר לחברי הקבוצה
   שלכם? עד כמה תהיו מוכנים לשנות את הדעות ואת
   ההתנהגות שלכם?

הערות

1. הגדה המערבית נמצאת תחת כיבוש צבאי, הווה אומר, הצבא הישראלי אחראי לשטח כולו. בתוך השטח הזה, לרשות הפלסטינית שליטה מוגבלת באזורים הידועים כשטח A (18% מהשטח) ושטח B (21% מהשטח). ישראל שולטת במלואה בהיבטים האזרחיים והביטחוניים בשטח C (61% מהשטח), שבו ממוקמות ההתנחלויות. מתנחלים ישראלים חיים בגדה המערבית תחת החוק האזרחי הישראלי, ואילו הפלסטינים חיים תחת החוק הצבאי.
2. ישראל פינתה את ההתנחלויות שלה מעזה בשנת 2006. עם זאת, ישראל עדיין שולטת בשני צדי הגבול בעזה (כולל הגירה מעזה ולעזה, יבוא ויצוא, מרחב אווירי וימי), והצבא הישראלי מקיים מדי יום מבצעים בתוך עזה.
3. ישראל סיפחה באופן רשמי את מזרח ירושלים זמן קצר אחרי מלחמת ששת הימים, אך משמעות הסיפוח הזה אינה עיר מאוחדת. לתושבים הפלסטינים של מזרח ירושלים יש זכות להצביע בבחירות המקומיות אבל לא בבחירות הארציות. אמנם הם יכולים לבקש אזרחות ישראלית, אך בין השנים 2014־2016, רק 0.02% מהבקשות התקבלו. מי שעוזב את מזרח ירושלים לכל זמן שהוא יכול לאבד את מעמדו כתושב. מכיוון שהרשויות המקומיות כמעט אינן מעניקות היתרי בנייה לפלסטינים במזרח ירושלים, כמעט כל הבנייה על ידי פלסטינים שם נחשבת לבנייה בלתי־חוקית, ועשויה להיהרס בכל זמן. אמנם עיריית ירושלים אחראית באופן רשמי למזרח ירושלים, אך רק 59% מהבתים מחוברים לרשת המים והביוב העירונית, ושליש מהתושבים הפלסטינים חיים מאחורי גדר ההפרדה שמחלקת את ירושלים, ואינם יכולים לנוע בחופשיות לכל חלקי העיר בצד השני של החומה.
4. לפרטים נוספים על הכיבוש, כולל המעמד החוקי של הגדה המערבית, עזה ומזרח ירושלים, ושטחי איי, בי וסי בגדה המערבית, ראו באתר "תרועה":
Lev Meirowitz Nelson and Salem Pearce, *A Very Brief Introduction to the Occupation* (New York: T'ruah and Breaking the Silence, 2018), available for download or sale at https://www.truah.org/resources/a-very-brief-introduction-to-the-occupation
5. ישראל מכחישה שהגדה המערבית נמצאת תחת כיבוש, באופן כללי על ידי הצבעה על כך שלפני כן לא היה ריבון בטריטוריה. עם זאת, הקונצנזוס בקהילייה הבין־לאומית דוחה את ההסבר הזה.
6. השיח הדתי־ציוני התעלם ברובו מהרב ברויאר, שהזדהה כאנטי־ציוני. עם זאת, הוא היגר לארץ ישראל לקראת סוף חייו. אמנם איננו יכולים לדעת באילו דעות היה מחזיק לאחר הקמת מדינת ישראל, מפני שהדבר קרה שנתיים לאחר מותו, ועדיין רבים מחסידיו וממשפחתו קשורים למחנה הדתי־ציוני. מפני שאנחנו מצטטים מכתיבתו בפרסום של הוצאת CCAR, עלינו לציין שהוא סלד ממשה מנדלסון ומהתנועה הרפורמית; עמדה לא בלתי־שגרתית לרב אורתודוקסי בן דורו.

7. פועלי אגודת ישראל הייתה מפלגה יהודית פוליטית ואיגוד מקצועי בפולין שבין המלחמות, ואחר כך הפכה למפלגת פועלים חרדית שכיהנה בכנסת מהקמת המדינה ועד שנות השבעים של המאה העשרים.
8. ברייער, י' (תש"ה). **מוריה - יסודות החינוך הלאומי התורתי**. ירושלים: הוצאת המרכז למען ספרות חרדית בארץ ישראל (נצח ישראל). אוחזר מתוך https://tablet.otzar.org/he/book/book.php?book=15659&width=0&scroll=0&udid=0&pagenum=1
9. תודה למיכאל מנקין, על השיחות הרבות שהעשירו ואתגרו את חשיבתי בנוגע לטיעונים דתיים נגד הכיבוש.
10. מתוך מכתב לפרופסור ארנסט סימון, תשכ"ח.
11. ראו הרב עובדיה יוסף (תשמ"ט). **מסירת שטחים מארץ ישראל במקום פיקוח נפש**. אתר רוטר. אוחזר מתוך http://rotter.net/User_files/forum/50e460063ad51a50.pdf
לדעתו של הרב חיים דוד הלוי, ראו הערה 12 להלן.
12. הרב חיים דוד הלוי, שו"ת עשה לך רב, כרך ד, ב. אוחזר מתוך https://tablet.otzar.org/he/book/book.php?book=144649&width=0&scroll=0&udid=0&pagenum=8
הלוי לא מסכים עם יוסף בשאלה האם קיימת תפיסה של פיקוח נפש של הקולקטיב, אבל בסופו של דבר מסכם שהאחריות הראשית של המדינה היא להבטיח את ביטחונו של העם היהודי. הלוי: "הדיון בהחזרת שטחים או בהחזקתם, צריך להתבסס על יסוד פשוט וברור, מה טוב להבטחת הגנתה של המדינה, שהוא קיומה של האומה. זו הלכה שאינה כתובה ובודאי שאינה נובעת מדין פיקוח נפש אלא מכח ההגיון הפשוט שאין שום צורך לצוות עליו."
13. גרינבלום, ד' (2016). **מגבורת הרוח לקידוש הכוח - כוח וגבורה בציונות הדתית בין תש"ח לתשכ"ז** (עמ' 14-13). רעננה: בית ההוצאה לאור של האוניברסיטה הפתוחה. אוחזר מתוך https://kotar.cet.ac.il/KotarApp/Viewer.aspx?nBookID=103791545#4.9143.6.default

פרק שישי

"שויון זכויות חברתי ומדיני גמור [...] בלי הבדל [...] גזע"

הדיל עזאם־ג׳לאג׳ל וצחי מזומן (ישראל)
ואילת כהן (ארצות הברית)

מדינת ישראל תהא פתוחה לעליה יהודית ולקיבוץ גלויות; תשקוד על פיתוח הארץ לטובת כל תושביה; תהא מושתתה על יסודות החירות, הצדק והשלום לאור חזונם של נביאי ישראל; **תקיים שויון זכויות חברתי ומדיני גמור לכל אזרחיה בלי הבדל** דת, **גזע** ומין; תבטיח חופש דת, מצפון, לשון, חינוך ותרבות; תשמור על המקומות הקדושים של כל הדתות; ותהיה נאמנה לעקרונותיה של מגילת האומות המאוחדות.

הדיל עזאם־ג'לאג'ל וצחי מזומן

ה דיון שמתקיים בחברה היהודית על אופייה של מדינת ישראל
מתמקד בדרך כלל במתח בין שתי אבני בניין – "יהודית"
ו"דמוקרטית" – ובמשמעות שכל אחת תורמת הן לחזון
האוטופי והן לאופן שבו מתנהלת המדינה בפועל באמצעות
חוקיה, מדיניות ממשלתה והתנהגות אזרחיה. נקודת המבט
שנציע חיצונית לדיון הזה; קול משותף של ערבייה־פלסטינית
אזרחית ישראל וישראלי־יהודי, העוסקים יחד במאבק למען
מרחב ציבורי ישראלי המאפשר חיים משותפים (במסגרת
"המרכז לנפגעי גזענות", שאותו אנחנו מנהלים). במאמר ננסה
להתבונן בחזון מגילת העצמאות ובמציאות שכונן, ולהציע
השלמה לחזון שתאפשר מציאות טובה יותר.

מגילת העצמאות מאפיינת את מדינת ישראל, עליה היא
מכריזה, כמדינה שתדאג לטובת כל יושביה, כזו שתבטיח להם
חירות, צדק, ו"שיוויון זכויות חברתי ומדיני". בפרט מציעה
המגילה "לבני העם הערבי תושבי מדינת ישראל [...] אזרחות
מלאה ושווה".

למעלה משבעים שנה מאוחר יותר, אנו מבקשים לבדוק
האם החברה הישראלית אכן מציעה שוויון לכל אזרחיה, ומה
מקום המגילה ביחסי הרוב והמיעוט במדינה. תשובה עקרונית
לשאלת אופייה של המדינה ניתנה בכנסת ישראל ביולי 2018,
אז הושלמה חקיקת חוק הלאום, או בשמו הרשמי "חוק־יסוד:
ישראל – מדינת הלאום של העם היהודי, התשע"ח־2018",[1]
העוסק בזכויות הרוב היהודי במדינת ישראל. להלן ננסה לתאר
את המדינה שחוק הלאום משקף את ערכיה, ונבקש לחזור
למגילת העצמאות ולאמץ את רדיפת הצדק והשוויון שהיא
מבטיחה. נציע לתקנה לאורם, כך שתוכל להציע שוויון אמיתי
לכל אזרחי המדינה.

חוק הלאום

חוק הלאום הוצע לראשונה בשנת 2011 בידי חברי כנסת ממפלגות רבות, בהובלת מפלגת המרכז "קדימה". החוק נהגה במטרה לעגן את היסודות הלאומיים היהודיים של המדינה בחוק־יסוד. החוק עבר גלגולים רבים במשך שבע שנים ושלושה הרכבים של הכנסת, כאשר חקיקתו לוותה בדיון ציבורי ער שהצביע על סכנות החוק ועל פגיעתו במיעוטים, במיוחד בציבור הערבי בישראל. ביולי 2018 נחקק החוק בנוסחו הסופי בתמיכת קואליציית ימין מובהקת. זו אמנם ריככה כמה מסעיפיו בעקבות הביקורת שזכה לה, אך הותירה על כנה כמה קביעות יסוד בעייתיות, כפי שנפרט.

המחלוקת הקשה שליוותה את החקיקה יצאה מכותלי הכנסת; מרגע שהחוק אושר בקריאה שלישית, התרחבה המחלוקת הציבורית וקמה לו התנגדות. זו כללה הפגנות גדולות, עתירות לבג"ץ לפסילת החוק והקמת קואליציות פעולה של ארגוני החברה האזרחית במטרה להיאבק לשינויו.[2] קול יהודי חשוב השמיע "המרכז הרפורמי לדת ומדינה" אשר ליווה את כל דיוני הועדה בניירות עמדה שתרמו ל"ריכוך" החוק, ומשנחקק, הוביל מחאות והפגנות כנגדו. בעת כתיבת שורות אלה, תשעה חודשים לאחר חקיקתו, החוק ממשיך להוות נושא לדיון ולהתייחסות פוליטית וציבורית, ונדון גם במסגרת מערכת הבחירות לכנסת ה־21, שהתקיימו באפריל 2019.

על מה הסערה? בתמצית, החוק מגדיר את מדינת ישראל כמדינת הלאום של העם היהודי; קובע את שמה - ישראל - ואת סמליה הרשמיים (סמל, דגל והמנון). שלושת האחרונים, כידוע, מבטאים תכנים יהודיים בלבד. החוק גם קובע כי עברית היא שפת המדינה הרשמית ורק היא, ובכך פוגע במעמד השפה הערבית אשר זכתה למעמד של שפה רשמית לפני חקיקתו.[3] סעיף השפה מכיל את ההתייחסות היחידה בחוק אל האזרחים הערבים־הפלסטינים, המהווים למעלה מ־20 אחוזים מתושבי המדינה. בניסיון לא מוצלח לתקן את המעוות, בסעיף מופיעה הצהרה שמעמד הערבית לא ייפגע ויוסדר בחוק אחר (חוק שלא נכתב מעולם). משמעותו המעשית של הסעיף היא שרשויות יכולות להימנע משימוש בערבית כשפת מסירת מידע. בכך

החוק מאפשר נסיגה מתהליך התיקון האיטי שנעשה בישראל, עת רשויות ציבוריות וחברות פרטיות החלו להיענות לדרישות גורמים אזרחיים ולהוסיף את השפה הערבית בפרסומים במרחב המשותף.[4] הסעיפים מרחיקי הלכת ביותר שבחוק הם סעיף שבע, המצטרף לסעיף חמש הקובע שליהודים הזכות לעלות לארץ, ולפיו פיתוח התיישבות יהודית (היינו, הקמת יישובים יהודיים והרחבתם) הוא ערך לאומי שהמדינה תקדם.

הבחירה שלא לציין בחוק שישראל היא מדינה דמוקרטית המעוניינת לנהוג בשוויון בכל אזרחיה, מבהירה את משמעותו המעשית. אם עד כה לא ניתן היה להגן על מדיניות תכנון מפלה, ובזכות בתי המשפט נאסרה בניית יישובים ליהודים בלבד, הרי שעתה נעשה ברור שההתיישבות בישראל היא זכות הנתונה ליהודים. כעת ניתן יהיה לספק מעטה חוקי להעדפת יהודים ולהימנעות מהקצאת קרקעות למגורי ערבים.

המאבק נגד אפליה בישראל

למעשה, סעיף שבע לחוק הלאום לא חידש דבר במציאות הישראלית אלא רק נתן תוקף למציאות המפלה בתכנון ובבנייה ששררה ושוררת כאן מאז קום המדינה. בעוד שיותר מ־700 יישובים יהודים הוקמו משנת 1948, הרי שבמגזר הערבי לא הוקם ולו יישוב אחד, למעט העיירה הבדואית רהט בנגב. האחרונה ייעודה קיבוץ חלק גדול מהתושבים הבדואים בנגב, שיאפשר מחיקת כפרים ותיקים רבים, שאינם מוכרים בידי המדינה ואינם מקבלים שירותים בסיסיים וחיוניים כגון אספקת מים, חשמל ומערכת חינוך. אף על פי שהאוכלוסייה הערבית בישראל גדלה פי 15 מאז 1949, המדינה בחרה שלא להקצות אף דונם מהקרקעות שבבעלותה להקמת יישובים למיעוט הפלסטיני, ונמנעה גם מלאשר התרחבות ליישובים הקיימים. יתרה מזאת, במקום למצוא פתרונות דיור לציבור הערבי בישראל, בשנים האחרונות החלה המדינה במסע הרס נרחב ביישובים הערביים, מהצפון ועד לנגב.[5] גם ישובים מעורבים (שבהם חיים יהודים וערבים) נמנעים לא אחת מאספקת שירותים שוויוניים לתושביהם. בעיר נצרת עילית, למשל, 30 אחוזים מהתושבים ערבים אך העירייה סירבה לפתוח בית ספר ערבי.[6]

האפליה אינה מתמצה בתחום התכנון והבנייה; מטבעו
יחס כזה לא מתקיים רק בשדה אחד. לפיכך, אף על פי שהחוק
בישראל אוסר אפליה גזענית ומחמיר בעונשים על פשעי שנאה
ועל הסתה על רקע גזעני, הרי שבפועל אפליה במסחר, בשירותים
ובעבודה היא אירוע שכיח עבור המשתייכים לאוכלוסיות מיעוט
בישראל.

המרכז לנפגעי גזענות,[7] שאותו אנחנו מנהלים, מתמקד בסיוע
לנפגעי אירועים כאלה. המרכז קם באוגוסט 2017, וליווה עד
כה מאות פונים שסבלו מאפליה ומפשעי שנאה – מהסתה ועד
תקיפות פיזיות – אשר ביקשו ללחום בפוגעים בהם. האפליה
שתיארו היא מגוונת ויום-יומית עבור חלק מהאוכלוסיות,
ונוגעת לפעילות במרחבים המשותפים; מפרופיילינג ויחס עוין
בכניסה למקומות מסחר ולתחנות תחבורה ציבורית, דרך מניעת
מתן שירותים ציבוריים לתושבי יישובים ערביים, ועד לאיסור
על ערבים להיכנס לבריכות רחצה ומניעת שירותים מסחריים
אחרים. סוגים אחרים של אפליה נוגעים למקום העבודה -
ממדיניות העסקה מפלה (למשל, משרות ל"יוצאי צבא" בלבד)
ועד למנהלים הרודפים עובדים בני מיעוטים (ערבים, יהודים
אתיופים ומזרחים, מבקשי מקלט) ומפטרים אותם.

אך דווקא כאן טמונה האפשרות לשינוי שאותה אנו מנסים
לממש. ניתוח פשעי הגזענות הנקודתיים שמדווחים מעלה
שבחלקם אמנם נמנעת המדינה מתביעה, אך באחרים ניתן
לטפל במישור האזרחי, באמצעות תביעות נזיקין ופיצויים.
מכיוון שהחוק מספק כלים, אפשר לפעול למיגור הגזענות
במאמץ ציבורי ומשפטי מרוכז. לשם כך נועד המרכז לנפגעי
גזענות, המציע סיוע משפטי ונפשי לנפגעים מכל האוכלוסיות
בישראל. כארגון צעיר אנחנו יכולים להעיד כי עין הציבור והייצוג
המשפטי מסייעים לנפגעים רבים לעמוד על זכויותיהם, אך גם
כי הדרך לפתרון באמצעות בית המשפט היא ארוכה, וקשה
לקבל צדק באמצעותה. שלא במפתיע, מרבית הפונים למרכז הם
ערבים, ולצדם יהודים אתיופים, יהודים מזרחים, מבקשי מקלט,
יהודים ממוצא רוסי ואחרים.

אם כן, חוסר השוויון המגולם בחוק הלאום בא לידי ביטוי
בתחומים נרחבים בחיי היום-יום במדינה. כדי לתקן את בעיית

האפליה כלפי הערבים נדרש שינוי עמוק בכל תחומי החיים בישראל. כיוון מעניין לפתרון טמון במגילת העצמאות. עלינו לפנות בה מקום לחזון הלאומי הפלסטיני - בין אם רוב העם הפלסטיני יחיה במדינה עצמאית בגדה המערבית ובעזה; או כפי שהמציאות כנראה תכתיב בקרוב, במדינה אחת עם יהודים ישראלים. אך לפני כן נשוב לרגע לחוק הלאום, המהדהד את המגילה.

חוק הלאום ומגילת העצמאות

ההתנגדות שעורר החוק באה לא רק משחקנים בשמאל ובמרכז הפוליטי, אלא אפילו מקרב שרי ממשלת הימין, אשר הופתעו מעוצמת התגובה של המיעוטים בישראל (כולל כאלה שהם חפצים ביקרם ולא התכוונו לפגוע בהם, באשר הם "שותפים נאמנים" שבניהם משרתים בצה"ל).[8] ממרכז המפה הפוליטית הגיעו הצעות לאזן את החוק ולהוסיף לו התייחסות לערך השוויון. מנהיגים בשמאל הציוני הציעו למצוא מזור במגילת העצמאות, המבטיחה "שוויון זכויות חברתי ומדיני גמור לכל אזרחיה."

ואכן, דברי מגילת העצמאות ראויים להדהוד בחיינו. אולם למרבה הצער, קריאה מפוכחת במגילה מבהירה שלמעשה חוק הלאום מעוגן בה היטב. חסרים בה חלקים משמעותיים כדי להציע חזון שוויוני לאזרחיה. ככלל, חוק הלאום שואב מהמגילה את עקרונות היסוד המתייחסים להיסטוריה של העם היהודי ולזכותו להתיישבות בארץ (כמו הסעיף הראשון בחוק הלאום). סעיף שבע בחוק הלאום, המעודד התיישבות בישראל ליהודים בלבד, נשען על המגילה, הפותחת את הפסקה העוסקת בחירות ובשוויון בזכותו הבלעדית של עם ישראל לעלייה, כלומר עוסקת רק בזכותו של עם ישראל להתיישבות בארץ.

קריאה במגילה מלמדת שכבר במאי 1948 הכוונה הייתה להקים מדינה המעניקה ליהודים מכל העולם זכות כניסה ועידוד להתיישבות, בעוד שהציפייה הייתה שהמיעוט הערבי יהיה זניח בגודלו במדינה שתקום. לאחר הנכבה הפלסטינית,[9] שהתחוללה בזמן מלחמת העצמאות היהודית, האוכלוסייה הערבית אכן הצטמצמה. הפלסטינים, שהיו רוב יושבי השטח שבין הים

התיכון לירדן, הפכו לחמישית בלבד מתושבי מדינת ישראל התחומה ב"קו הירוק" (הגבול שנקבע, בעיקרו, בשנת 1949). אך הפלסטינים לא איבדו בכך את זכותם המוסרית להגדרה־עצמית ולאזרחות שווה. בפועל, "חוק השבות" המבוסס על חזון המגילה קיבע את מעמדם העליון של היהודים והיווה מצע לעיגון ההגשמה המלאה יותר של חזון ההתיישבות היהודית בחוק הלאום.

התנערות מחוק הלאום צריכה להוביל להבנה שמגילת העצמאות בצורתה הנוכחית אינה יכולה להוות מסמך מכונן למדינה דמוקרטית. מדינת ישראל תהיה דמוקרטית ותוכל לקדם שוויון בין אזרחיה רק אם תכיר גם במיעוט הערבי הפלסטיני שבה. הכרה כזו תכלול מחויבות לקיומו של המיעוט ולזכותו להתיישב בארץ ולפתחה יחד עם הרוב, ותכיר בזיקתם של הפליטים למולדתם, ובזכויות המשתמעות ממנה.

יהודית ופלסטינית

אנו מציעים ללמוד מהחלק ה"יהודי" במגילה, זה שרואה רק את עם ישראל ומורשתו לנגד עיניו, ולהשלים את החסר בה לאורו.

אם כן, מחציתה הראשונה של המגילה מוקדשת לתיקוף זכותו של עם ישראל על הארץ. נזכיר: המגילה נפתחת בתיקוף הזיקה ההיסטורית לארץ ישראל,[10] ובסיפורו של עם ישראל שהוגלה ושמר במשך אלפי שנים על זיקה ועל תקווה לשוב אליה. לאלה מצטרף תיקוף בין־לאומי של הזכות - אזכורי הצהרת בלפור, חבר הלאומים והחלטת האו"ם, וכן הלקח ההיסטורי מהשואה, שהתאפשרה גם בשל חולשתו של עם נטול ריבונות מדינית. עוד מודגשים תרומת העם למאמץ הבינלאומי במלחמת העולם השנייה וחתירתם של ניצולי השואה להגיע לישראל המנדטורית, למרות הקשיים המעשיים והלגאליים.

בחזוננו, מסמך מכונן למדינת ישראל הדמוקרטית, המעניקה שוויון לכל אזרחיה ומכירה בשני הלאומים החיים בה, יכלול את הנרטיב היהודי של הזיקה לארץ כבמגילה כיום, אך לא יסתפק בו. נדרשת הכרה דומה באותם ארבעה רכיבים שבנרטיב הפלסטיני ביחס לארץ: זיקתם ההיסטורית, הגלייתם,

הקטסטרופה שעברו (הנכבה הפלסטינית) וההכרה הבין-
לאומית בתביעתם. עלינו לספר על עם שחלק מהותי מהגדרתו
העצמית הוא הקשר למולדתו. לספר על עם שעבר טראומה
איומה בזמן מלחמת העצמאות היהודית, כשרובו הגדול נעקר
ממקומו ונאלץ לחיות כפליט במדינות המקיפות את ישראל, או
שנעקר מיישובו בתוך המדינה. מרכזיותה של הנכבה בתודעה
הפלסטינית גרמה למדינת ישראל להילחם בעצם האזכור שלה,
אך הכרה בה ובתודעת הפליטות של פלסטינים רבים שמשפחתם
נעקרה מכאן ב-1948 חיונית לעתיד בר קיימא.

כמו בהיסטוריה היהודית, רכיב ההכרה הבין-לאומית
בעם הפלסטיני עבר תמורות רבות. הכרזת תוכנית החלוקה,
בנובמבר 1947, העניקה לו מדינה בשטחים שרובם נותרו
בפועל בידי ירדן ומצרים. מאז מלחמת ששת הימים ב-1967
התמקד המאבק הלאומי בזכות לשליטה עצמית בשטחים
אלה. מוסדות בינלאומיים רבים מכירים במדינה פלסטינית,
אף שבפועל הפלסטינים חיים תחת שליטה ישראלית ברמות
שונות של מעורבות. חשוב שמדינת ישראל תכיר בחזון הלאומי
הפלסטיני, בין אם רוב העם הפלסטיני ישב במדינה עצמאית
בגדה המערבית ובעזה ובין אם המציאות תמשיך להוליך אותנו
לעבר מדינה אחת.

לא ניכנס כאן לשאלת זכות השיבה, ועד כמה חוק השבות יכול
לשמש לה השראה. אך גם אם מימוש מלא של לאום פלסטיני
יבוא לידי ביטוי במדינה דמוקרטית שכנה לישראל, חיוני להכיר
בפלסטינים תושבי המדינה כאזרחים שווים, שזכותם להתיישב
בארץ והמדינה מכירה בזיקתם אליה.

הבה נהפוך את ישראל למדינת כל אוהביה – הבה נהפוך את
ישראל למדינה יהודית, פלסטינית ודמוקרטית.

אילת כהן

במדינות שבהן היו ליהודים זכויות פוליטיות וחברתיות הם שגשגו. במקרים רבים מדי, יהודים שחיו בחברות שהנהיגו אפליה על רקע דת וגזע ספגו את התוצאות הקטסטרופליות. בתקופה המודרנית, לאחר שנהנו מחיים נוחים ובטוחים יותר, נסמכו יהודים רבים על הניסיון ההיסטורי, על ניסיון החיים שלהם ועל זוג הציוויים המקראיים המצווים על צדק ועל הגנה על החלש, והפכו למשתתפים פעילים בשחרורם של אחרים. הציווי היהודי לצדק הוא יסוד מרכזי בזהות היהודית של יהודים ליברלים ברחבי העולם.

מבחינת יהודים ליברלים רבים, הכרזת העצמאות של ישראל היא טקסט קדוש. "מדינת ישראל תהא פתוחה לעליה יהודית ולקיבוץ גלויות; [...] תהא מושתתה על יסודות החירות, הצדק והשלום לאור חזונם של נביאי ישראל; תקיים שויון זכויות חברתי ומדיני גמור לכל אזרחיה בלי הבדל דת, גזע ומין". ההתחייבות לשוויון ולצדק לכל תושבי המדינה, כהבטחת יסוד וכשאיפה מוסרית, מבטאת גם קשר רב שנים ותקווה ליהודי התפוצות. זו ישראל שבה אנחנו מאמינים. המייסדים רצו שהמדינה "תקיים שויון זכויות חברתי ומדיני גמור לכל אזרחיה בלי הבדל דת, גזע ומין" ושהיא "תבטיח חופש דת, מצפון, לשון, חינוך ותרבות", על אף שהם לא צפו את כלל ההשלכות והמורכבויות במדינה שהיא גם יהודית וגם שוויונית. הישראלים עדיין מתקשים להוציא לפועל את ההבטחה הזו.

מגילת העצמאות לוכדת את המתח הדיאלקטי שבין פרטיקולריות יהודית ואוניברסליות. הדיאלקטיקה עצמה יהודית במובהק, וזאת מפני שהקריאה המוסרית היהודית מכוונת מלכתחילה לחששות המסוימים של העם היהודי ולצרכים האוניברסליים של האנושות. עדיין מדהים לגלות שברגע של פרטיקולריות יהודית מבשרת רעות, בעקבות ובשל השואה, נותרו מייסדי ישראל מחויבים למחויבות היהודית לאוניברסליות. יישוב הדיאלקטיקה הזו נותר האתגר המוסרי הגדול ביותר של ישראל כיום.

דמיינו את מייסדי המדינה מתאספים במאי 1948 "לנעול" את

ניסוח המגילה. נבדלים מבחינה פוליטית ואידיאולוגית, נושאים
טראומה מהשואה, שהשלכותיה עדיין הולכות ומתבררות.
מבחינתם הגיע הרגע לממש את השאיפות בנות חצי המאה של
הציונות המודרנית, כמו גם את אלו בנות אלפיים השנה, הערגה
היהודית לשוב לציון. חלקם היו בורים באופן טרגי, או פשוט
ביטלו את הקשר העמוק של הערבים הפלסטינים לאותה אדמה.
הם היו באמצעו של עימות צבאי הולך ומסלים שיהפוך למלחמה
הראשונה מיני רבות. ועם זאת, הם ביקשו ליצור מדינה שתגלם
שאיפות דמוקרטיות אוניברסליות לכל תושביה ובו בזמן תספק
מקלט ליהודים המחפשים מקום בטוח מפני אנטישמיות ורצח
עם. חזון המגילה ביטא את ערכיהם ואת געגועיהם היהודיים
כמו גם את חלומותיהם הלאומיים המודרניים. יחד עם זאת
הם חזו מדינה שתבטא לא רק את שאיפותיהם של היהודים,
אלא של כל האנשים המדוכאים, קורבנות של מלחמה ואלימות:
אומה המבוססת על חירות, צדק ושלום.

נראה שהמייסדים האמינו באמת שישראל יכולה להיות
פתוחה ״לעליה יהודית ולקיבוץ גלויות״ ובו בזמן להבטיח
שוויון וחירות ״לכל תושביה״. זו הבטחה נועזת. הם האמינו
שמדינת הלאום החדשה תוכל לגלם את חזונם של נביאי ישראל,
שהיו פרטיקולריים ואוניברסליים בו בזמן.

ללא ספק, מגילת העצמאות נכתבה עבור יהודים שעמדו־
להיות־ישראלים אשר המתינו למעמד המדינה הרשמי בצורת
שחרור מהבריטים, ובמידה פחותה עבור יהודי התפוצות שחיכו
בנשימה עצורה ברחבי העולם. עם זאת, חשוב להבין שהמגילה
כוונה גם לקהל הבין־לאומי, כולל לאו״ם ולליגה הערבית. ביום
העצמאות החמישים של ישראל, אליקים רובינשטיין, שיהיה
לשופט בבית המשפט העליון, כתב:

> מייסדי המדינה וכותבי ההכרזה לא ידעו במדויק אם
> וכיצד תהיה ההכרזה לחלק ממשפט המדינה, ומסופקני
> אף אם נתנו דעתם לכך. אך הם שיוו לנגד עיניהם את
> התחייבויותיה הבינלאומיות של המדינה שבדרך, לפי
> החלטת האו״ם [...] ואת ה״אני מאמין״ שביסודה של
> מדינה יהודית, הוא ״זכותנו הטבעית וההיסטורית״
> כאמור בהכרזה, מזה.[11]

אולי זו הסיבה לכך שההצדקות להקמת המדינה משורטטות בקפידה ונטועות בהיסטוריה, דת וטראומה יהודיות.

ישראל מתוארת במגילה כ"מדינה יהודית" ומבטיחה עלייה יהודית. ההבטחות אוניברסליות בעיקרן; ההצדקות יהודיות לחלוטין. שפת המגילה לא מסגירה שום סוג של עימות בין המייסדים על כך ש"המדינה היהודית" תבטיח שוויון וצדק לכל תושביה בלי הבדל גזע ודת. כאשר קוראים את המסמך היום, ניתן לראות בו את הקונפליקטים האידיאולוגיים שהתרחשו בשבעים השנים האחרונות, ובעיקר בחמישה עשורים ויותר של כיבוש צבאי בגדה המערבית. אנחנו מודעים עד כאב לכך שרגע הכרזת העצמאות היה גם רגע של טרגדיה ועקירה עבור הפלסטינים. בשנים שמאז ההכרזה, מבחינת אזרחי ישראל הפלסטינים הופרו אין ספור הבטחות לשוויון. על דור הישראלים הנוכחי להתחייב להגשים את הבטחות המייסדים.

באותן נסיבות נואשות, המייסדים אולי לא לקחו בחשבון או לא היו יכולים לדמיין את ההשלכות שיהיו לשימוש לרעה בכוח יהודי פוליטי. הם הבינו שהסיכוי לזכות בריבונות אולי חולף מעל פני הבמה הבין־לאומית, ושהוא נח על כתפי אִימוֹת השואה, הפשעים נגד האנושות והפגיעה ביהודים שאירעו במהלכה, מודעות שתלך ותדהה. הם הדגישו הגירה יהודית מבלי להבהיר כראוי מהי טבעה של מדינה יהודית, והדבר מצביע גם על כישלונם לצפות שבעקבות מלחמת העצמאות ומלחמת 1967 יופיעו מאות אלפי פלסטינים פליטים.

מאז הקמת המדינה, דנו בתי המשפט בישראל בכוחה המשפטי של מגילת העצמאות ובשאלה האם יש לה מעמד חוקתי. בעשורים אלה, ישראל פיתחה חברה אזרחית תוססת שתבטיח את הגשמת מחויבויותיה הדמוקרטיות. ארגוני זכויות אזרח וזכויות אדם נעזרו בבתי המשפט ובחקיקה כדי להוציא לפועל שוויון חברתי ופוליטי לכל תושבי ישראל, ולהגן על חופש הדת והתרבות.

המתח הטמון בהבטחת "שוויון מלא" ללא הבדל גזע לצד הבטחת "חופש דת, מצפון, לשון" בא לידי ביטוי בין יהודים מ"גזעים" שונים כמו גם בין יהודים לערבים. מחיקתן של התרבויות המזרחית והערבית שימשה ליצירת אליטה אשכנזית

אינטלקטואלית ותרבותית אשר הובילה לריבוד תרבותי ומעמדי ששם ללעג את חזון המייסדים. אולי המייסדים הושפעו מהרומנטיציזם של היישוב. הם מצאו את עצמם מאמצים (או מנכסים) היבטים של התרבות הערבית כדי ליצור את דימוי "היהודי החדש" ולמצוא את מקומם בעיבוד האדמה ובניינה; זאת לצד גופניות לבנטינית שעמדה בניגוד גמור לסטריאוטיפ התושבים החיוורים והממושקפים שאכלסו את סלוני וינה, אוניברסיטאות גרמניה וישיבות ליטא, נאנקים מכובד משקל ספריהם. אולי הם לא היו יכולים לדמיין את הלעג וההשפלה שבהם יקבלו את פניהם של מאות אלפי היהודים־הערבים שיברחו לישראל בעשורים הבאים בחיפוש אחר מקלט, ויגלו שתרבותם ולשונם אינם מתקבלים בברכה.

יותר מעשרים אחוזים מתושבי ישראל הם ערבים פלסטינים אשר קולותיהם לא באו לידי ביטוי בעת כתיבת המגילה. לאזרחים הפלסטינים של ישראל ייצוג חסר ברוב המקצועות החופשיים ובתקשורת, והם סובלים מאפליה וממחסומים העומדים בדרכם לשוויון הזדמנויות ברוב היבטי חיי היום־יום. ערים וכפרים ערביים מוחלשים בכל הנוגע לתשתיות, שירותי ממשלה וחינוך. חלק מהפערים הללו מתחילים לקבל מענה באמצעות כללי תקצוב חדשים הדורשים מימון שווה לרשויות הערביות. אזרחים פלסטינים מתמודדים עם אפליה בדיור, כמו במקרה שבו הרב הראשי של צפת תבע מיהודים לא להשכיר דירות לערבים,[12] ועליהם להיאבק כדי לקבל גישה שווה לחינוך. פיתוח יהודי מאיים כבדרך קבע על אורח חיי אזרחיה הבדואים של ישראל. ערבים ויהודים חיים בהפרדה מוחלטת ברוב חלקי המדינה. בערים שבהן אוכלוסייה ערבית גדולה, כמו באר שבע, התלוננו אזרחים יהודים על הכריזה בערבית באוטובוסים. ארגוני זכויות אדם ואזרח ישראלים (למשל "האגודה לזכויות האזרח" ו"המרכז הרפורמי לדת ומדינה") הקימו קואליציה של אזרחים יהודים וערבים הנלחמת באפליה ודואגת להבטיח זכויות שוות ותמיכה ציבורית בדיור, בחינוך ובתעסוקה.

השופט רובינשטיין, הידוע כשופט שמרן יחסית, טען באותו מאמר משנת 1997 שיש קונצנזוס בישראל בכל הנוגע לערכים שאימצה מגילת העצמאות. לטענתו, היא "יכולה לשמש, ואולי

ביתר שאת – דבק מלכד. זהו ביטוי לערכים בסיסיים שרוב רובם של אזרחי המדינה מזדהים עימם. ערכים אלה, הם גם ערכי השוויון, חופש הדת והמצפון ושאר זכויות יסוד". עשרים שנים אחר כך, למרבה הצער, בסיס הקונצנזוס הזה מתפורר. פעילים וארגונים פרו־דמוקרטיים מואשמים בבגידה כאשר הם מוחים על כישלונה של ישראל להגשים את הבטחות המגילה וכאשר הם מחפש דרכים לתקן את העוול דרך בתי המשפט או באמצעות חקיקה. מפלגות יהודיות לאומניות־קיצוניות כמו "הבית היהודי" מקדמות ללא בושה זכויות של יהודים על פני זכויות שוות לכל אזרחי ישראל. המפלגות הללו, שהחזיקו בתיקי החינוך והמשפטים, ערפלו את החזון שלמדו דורות של תלמידים ישראלים והחלישו את עצמאותה של מערכת המשפט. מנקודת מבטם, אפשר להקריב את השוויון ואת הדמוקרטיה כדי לשמור על אופייה היהודי של המדינה. הם שוכחים ששוויון היה מרכיב מרכזי בערכים היהודיים שהובילו להקמת מדינת ישראל.

חוק הלאום משנת 2018 רומס את האופי היהודי של המדינה ללא כל מחויבות להבטחת המייסדים לשוויון גזעי, והנמיך את מעמדה של הערבית מ"שפה רשמית" לשפה בעלת "מעמד מיוחד". כאשר מיקי גיצין מ"הקרן החדשה לישראל" קרא לישראלים יהודים "לעמוד כתף אל כתף עם אחינו ואחיותינו הפלסטינים" ולהגיע להפגנה נגד חוק הלאום, האשים ראש הממשלה נתניהו את הקרן החדשה לישראל בניסיון "להפוך את ישראל למדינת כל אזרחיה". נתניהו ציטט להכעיס את מגילת העצמאות כאשר האשים את "הקרן החדשה לישראל" בערעור האופי היהודי של המדינה – והדגים עד כמה הממשלה הישראלית סטתה מערכי מגילת העצמאות.

על אף שישנם הבדלים רבים בין הנוסחים המוקדמים השונים של מגילת העצמאות, בכל נוסח נכללה ההתחייבות לשוויון ללא הבדל גזע. המילה דמוקרטיה אינה מופיעה במגילה הסופית,[13] השמטה בעלת השלכות נרחבות ומסוכנות בסביבה הפוליטית העכשווית של נסיגה דמוקרטית גלובלית. אמנם המילה הזו נעדרת, אך המגילה מתארת את החירויות ואת ההתחייבות לשוויון חברתי ופוליטי, שהן אבני הפינה לדמוקרטיה ליברלית.

כיום, מחויבות מחודשת לערכים אלו מזינה הקמת תנועות הולכות וגדלות של ישראלים המבקשים לממש את עקרונות השוויון שמגילת העצמאות מקדשת. באמצעות אקטיביזם, התארגנות וקידום פוליטי ומשפטי הם נאבקים למען שוויון ולמען שימור התשתית הדמוקרטית הישראלית. דור הישראלים הזה חייב להכיר בהבטחות ובכישלונות ישראל, לנצור את מורכבותם של הערכים היהודיים הפרטיקולריים והאוניברסליים, ולכלול קולות יהודים־ערבים וערבים־פלסטינים. רק אז תוכל ישראל לממש את הבטחותיה לשוויון.

שאלות להרחבה:

1. הדיל עזאם־ג׳לאג׳ל וצחי מזומן מצביעים על כך שמגילת העצמאות לא מתחייבת התחייבות מלאה לשוויון לכל תושבי המדינה ללא הבדל דת או גזע. קראו שוב את הניסוח המקורי של מגילת העצמאות בפתח הספר. אילו ניסוחים במגילת העצמאות תומכים בטיעון שלהם? אילו ניסוחים מאזנים את הנטייה הזו?

2. מה יהיו ההשלכות על מדיניות ההגירה של ישראל אם התיקונים שהציעו הדיל עזאם־ג׳לאג׳ל וצחי מזומן יתווספו למגילת העצמאות? מדוע יהודים ישראלים ויהודים אמריקאים יהססו לפני שיבצעו צעד כזה? מה צריך לקרות כדי שנוכל להתגבר על ההיסוס הזה?

3. עצמו את עיניכם. היזכרו בחזון למדינה יהודית ודמוקרטית שדמיינתם לאחר שקראתם את המבוא של הרב דיווידס. שאלו את עצמכם: כיצד עליכם לשנות את החזון שלכם כדי שהמדינה תהיה דמוקרטית לחלוטין? האם קל או קשה לכם לשנות כך את החזון? ספרו למישהו אחר על הקלות או על הקושי שבכך.

הערות

1. פורסם בס"ח 2743. אוחזר מתוך https://fs.knesset.gov.il//20/law/20_lsr_504220.pdf
2. ההפגנות החלו במקביל להשלמת החקיקה. כבר ב־14.7.18 התקיימה הפגנה גדולה שארגנה קואליציה שהובילה תנועת "עומדים ביחד" יחד עם התנועה הרפורמית בישראל, אגודת הלהט"ב, אגודת יהודי אתיופיה, חד"ש, מפלגת "מרצ" וגופים אזרחיים רבים אחרים.
3. ס׳ 82 לדברי המלך במועצה על ארץ ישראל, 1922 עד 1947. אוחזר מתוך https://www.nevo.co.il/Law_Word/law01/066_001.doc
בחוק זה מתקופת המנדט הבריטי, אשר נכלל בספר החוקים הישראלי, נקבעו שלוש שפות רשמיות: אנגלית, ערבית ועברית. בשנת תש"ח, אחרי הקמת המדינה, נמחקה השפה האנגלית מהחוק.
4. בתהליך שנמשך כשני עשורים, החלו בתי המשפט לאכוף את חובת השימוש בערבית במרחבים משותפים מובהקים. לצדם, פעילות אזרחית אינטנסיבית של גופים כמו "האגודה לזכויות האזרח" ועמותת "סיכוי" היהודית־ערבית החלה להניב שינוי משמעותי בשילוט, בכריזה בתחבורה הציבורית ובפרסומים ציבוריים.
5. כך, למשל, המדינה הרסה את הכפר הלא מוכר אלעראקיב כ־140 פעמים, נכון למרץ 2019. תושביו ממשיכים להיאבק למען הכרה. מלבד אלעראקיב קיימים עוד עשרות כפרים בנגב שהמדינה מסרבת להכיר בהם, בעיקר בשל הכוונה לפתח את האזור לטובת מפעלים ויישובים ליהודים.
6. בשנת 2016 עתרו הורים בעיר נצרת עילית לבית המשפט לעניינים מנהליים (בעזרת האגודה לזכויות האזרח ומרכז מוסאווא) בדרישה לחייב את העירייה ואת משרד החינוך לפתוח בתי ספר לכ־2,000 תלמידים ערבים (כשליש מאוכלוסיית התלמידים) שנאלצים ללמוד מחוץ לעיר, בעיקר בעיר הערבית נצרת השכנה. ההליכים טרם הסתיימו.
7. "המרכז לנפגעי גזענות" קם ביוזמת "המרכז הרפורמי לדת ומדינה" (ובמסגרתו הוא פועל) ובסיוע "המטה למאבק בגזענות", קואליציה של עשרות ארגונים הנאבקים נגד גזענות ומייצגים קבוצות אוכלוסייה מגוונות (ביניהן ערבים, עולים מאתיופיה, יהודים מזרחים, עולים מברית המועצות לשעבר ואחרים). המרכז נועד לסייע לנפגעי פשעי גזענות ולתעד את כל פשעי הגזענות המדווחים בישראל, במטרה לקבל תמונה רחבה על הנושא ולהיאבק ביעילות רבה יותר באפליה ובפשעי שנאה.
8. שר האוצר דאז משה כחלון (ממפלגת "כולנו") קבע כי "הדרוזים הם האחרונים שאנחנו רוצים לפגוע בהם", ותמך בעתירה נגד החוק שהגישו חברי כנסת בהובלת ח"כ אכרם חסון מסיעתו. השר נפתלי בנט ציין שצריך לחוקק חוק נוסף אשר יסדיר את מעמד הדרוזים והצ׳רקסים המשרתים בצבא.
9. המונח נכבה (בערבית: "אסון") משמש לתיאור החוויות הטראומטיות שחוו פלסטינים רבים בזמן מלחמת 1948. הקונוטציות הרגשיות שלו מהדהדות את חווית חורבן בית המקדש או את חווית הגלות בהיסטוריה היהודית.

10. מעניין שהמגילה נפתחת בשתי הצהרות הסותות מהנרטיב היהודי הקלאסי: המקרא מציין את רגע כינון העם בקבלת התורה בהר סיני, ולא בכיבוש הארץ שאחריה; דמותו הדתית והרוחנית של העם עוצבה בקנון התלמוד ובספרות חז"ל, אשר נכתבו ברובם מחוץ לארץ ישראל.
11. רובינשטיין, א' (תשנ"ט). הכרזת העצמאות כמסמך יסוד של מדינת ישראל. **משפט וצבא 13**, 11.
12. ראו (2010, 20 אוקטובר). כנס רבנים לדחיקת הערבים מצפת נערך במימון המדינה. **הארץ**; וגם (2018, 29 אוקטובר). בג"ץ דרש משקד: הסבירי למה הרב אליהו אינו עומד לדין משמעתי? **הארץ**.
13. נוסח מוקדם יותר, שנכתב על ידי צבי ברנזון, הצהיר: "המדינה היהודית תהיה מדינה דימוקראטית, חפשית לעלית יהודים, מדינת חרות, צדק ושלום, ברוח חזונם של נביאי ישראל". מתוך "טיוטת ברנזון" הטיוטה השלישית למגילה. המסמך מצוי בגנזך המדינה, תיק ג"מ 21־124־41. ראו גם טל, י' (תשס"ג). הכרזת העצמאות - עיון היסטורי־פרשני. **משפט וממשל** ו(2), 551־590. אוחזר מתוך http://weblaw.haifa.ac.il/he/Journals/lawGov/Volume6B

פרק שביעי

"שויון זכויות חברתי ומדיני גמור [...] בלי הבדל [...] מין"

ענת הופמן (ישראל)
והרבה ד"ר רחל אדלר (ארצות הברית)

מדינת ישראל תהא פתוחה לעליה יהודית ולקיבוץ גלויות; תשקוד על פיתוח הארץ לטובת כל תושביה; תהא מושתתה על יסודות החירות, הצדק והשלום לאור חזונם של נביאי ישראל; **תקיים שויון זכויות חברתי ומדיני גמור לכל אזרחיה בלי הבדל** דת, גזע **ומין**; תבטיח חופש דת, מצפון, לשון, חינוך ותרבות; תשמור על המקומות הקדושים של כל הדתות; ותהיה נאמנה לעקרונותיה של מגילת האומות המאוחדות.

ענת הופמן

שֵׁרַתִּי בצבא כמדריכת קליעה. אחד הדברים החשובים שעשיתי היה ללמד את החיילים הצעירים שלי עד כמה חשוב לאפס את כוונות הרובים שלהם. גם אם הם מְכֻוָּנִים מצוין, כשהכוונות לא מתואמות, הצלף לא יפגע במטרה.

השיעור הזה על הצורך לתאם כוונות בכדי לפגוע במטרה הוא מוטיב חוזר בחיי, אם כי כבר לפני שנים רבות התרחקתי מהצורך לראות את העולם דרך כוונת רובה. במקום זאת, הקפתי את עצמי בארכיון צילומים ובו כמה מהתמונות החשובות ביותר בהיסטוריה של ישראל. ההתבוננות באוסף הזה מדרבנת אותי לעתים קרובות להרהר במרחק בין הדימוי שלכדה המצלמה ובין מה שקרה באמת, מחוץ למה שקלטה העדשה. אני מאמינה שהדברים שדורשים את תשומת לבנו ואת מאמצינו נמצאים במרווח שבין מה שנראה לבין המציאות.

אחת התמונות המפורסמות באוסף שלי היא זו של דוד בן־גוריון המכריז על הקמת מדינת ישראל החדשה. בן גוריון עומד בגאון ומקריא את מגילת העצמאות על רקע דגל ישראל ותמונה של תיאודור הרצל, מייסד הציונות. תליתי את התמונה הזו מפני שהעדשה לכדה את הרגע שבו דור מייסדי ישראל הצהיר על חזונו למדינה חדשה בעולם. התמונה לוכדת את כוונותיהם הטובות ביותר: לבנות מדינה יהודית שערכי הליבה שלה יהיו פלורליזם, סובלנות ושוויון. הכרזת העצמאות שבן־גוריון מקריא בתמונה מצהירה בפירוש: "[מדינת ישראל] תקיים שויון זכויות חברתי ומדיני גמור לכל אזרחיה בלי הבדל דת, גזע ומין; תבטיח חופש דת, מצפון, לשון, חינוך ותרבות". זה מסמך יפהפה, המניח חזון למדינה שאזרחיה יוכלו להתגאות בה, שמטרתו לספק למדינה הדרכה משפטית ומוסרית.

הכוונות היו טובות, אבל המציאות שמעבר לחזון, זה שביקש למקד ולכוון את מאמצינו, הייתה שונה למדי. בשל עבודתי ב"מרכז הרפורמי לדת ומדינה", הזרוע המשפטית והפוליטית של התנועה הרפורמית הישראלית, אני רואה מדי יום דוגמאות

לדרכים שבהן ישראל עוד לא הצליחה לממש את הרעיונות הבסיסיים האלו. מיעוטים דתיים ואתניים מתמודדים עם אפליה חברתית ומקצועית. כמה מהרבנים החזקים ביותר במדינה מנצלים את תפקידיהם כדי להסית לגזענות וכמה מפלגות החברות בממשלה מנסות שוב ושוב להפוך את העליונות היהודית לחוק. כשאני מחזיקה את התמונה הזו, אני רואה תמונה שמדברת על חזון ועל כוונה. המציאות מספרת סיפור אחר.

שלוש התמונות האחרות באוסף שלי פופולריות מאוד. בין אם במפורש או במרומז, חבריי מחוץ לארץ מזכירים אותן פעמים רבות, כאשר הם רוצים להרגיע את עצמם שישראל היא אכן מדינה מהפכנית התומכת בשוויון מגדרי. אלו תמונות של חלוצות, של חיילת, ושל ראש ממשלת ישראל לשעבר, גולדה מאיר. כל אחת מהתמונות מספרת סיפור על נשים ישראליות. החלוצות נושאות צינור וצועדות לצד חבריהן החלוצים. הגברים והנשים הללו עבדו במשך כל היום אלה לצד אלו, כשווים. החיילת מחזיקה עוזי ומחייכת. כמו הגברים בני גילה, צבא ההגנה לישראל גייס אותה ויחד הם נקראו לשרת את המדינה. העולם הגברי המסורתי קיבל אותה כלוחמת, אך היא עדיין מקפידה על נשיותה. וכעת הגענו לגולדה מאיר, הנואמת מהבמה בעודה מוקפת בקבוצת גברים בגילים שונים המקשיבים בכבוד לדבריה. בתמונה הזו, גולדה מאיר מוכיחה שבישראל, אישה יכולה להגיע לקצה פירמידת הכוח ולזכות בכבוד מצד נשים וגברים גם יחד.

אך אף אחת מהתמונות הללו לא משקפת את המציאות. ברוב המכריע של המקרים לא אפשרו לחלוצות לעבוד בתחומים שהיו שמורים תרבותית ומסורתית לגברים. בִּמקום זאת, ללא קשר להעדפותיהן או לכישרונותיהן, הן נשלחו לעבודות השמורות מסורתית לנשים, כמו טיפול בילדים או כביסה. הגבלות רבות קבעו מתי, אם בכלל, תוכל החיילת שנשאה את העוזי לעשות בו שימוש. רק בתחילת המאה ה־21 החלו היחידות הקרביות של צה"ל לקבל נשים, ותפקידן ביחידות הללו נותר מוגבל. יתר על כן, בדומה לחלוצות, רוב הנשים המשרתות בצה"ל ממלאות

תפקידים נשיים מסורתיים, כמו ללמד. היסטורית, הטרדה מינית הייתה נפוצה מאוד בצה"ל, ויצרה מחסום נוסף בפני נשים שחיפשו שירות שווה לגברים. בעוד הממשלה עושה מאמץ ראוי לשבח לגייס גברים חרדים, שילובם בצבא בא לעתים קרובות על חשבון החיילות, הנדחקות שוב לשוליים וסובלות אפליה, רק כדי לא לפגוע ברגישויות החרדים.

ההישגים של גולדה מאיר מרשימים, ויש מקום לגאווה בכך שישראל היא אחת מהמדינות שבהן אישה תפסה את התפקיד הפוליטי החזק ביותר. אך על אף העובדה ההיסטורית הראויה לשבח הזו, אין זה אומר שהעבודה תמה. גולדה מאיר הייתה לא רק ראשת הממשלה הראשונה של ישראל, אלא גם היחידה. כדאי לציין שלפקיסטן ולתורכיה היו נשיאות וראשות ממשלה. העובדה הפשוטה שאישה שימשה ראש ממשלה אינה בהכרח משקפת את מעמדן של נשים בפוליטיקה או את מחויבות המדינה לשוויון ולזכויות נשים. העובדה שהייתה לישראל ראשת ממשלה אחת אינה משקפת את המציאות כיום. לעתים קרובות לנשים בפוליטיקה הישראלית ימתין קרב מתיש, מאבק לזכות ביחס רציני ולשרת בתפקיד מרכזי על הבמה הלאומית, ולא להישאר בתפקידי משנה בלבד. אחת מהנשים הבולטות במיוחד בפוליטיקה הישראלית העכשווית, ציפי לבני, הושפלה בשידור ישיר על ידי גבר שניסיונו הפוליטי מועט, בניסיון לבייש, להשפיל ולהרוס את הקריירה של יריבה מוכשרת יותר. ניתן לשער שסצנה מכוערת כזו הייתה נראית אחרת לחלוטין אם ליבני הייתה גבר. גולדה מאיר הבאה לא תזכה ליחס טוב יותר, וודאי שתזכה ליחס גרוע יותר מאשר עמיתיה הגברים. כאשר הפוליטיקה הישראלית תיראה פחות כמו בפקיסטן ויותר כמו במדינות סקנדינביה, שלא רק שבחרו בנשים להחזיק בתיקים הרמים ביותר, אלא גם בפרלמנט שלהן יותר ממחצית הנבחרות הן נשים, אז אביט בתמונה של גולדה מאיר באור חדש.

מטרת התמונות האלו הייתה לתת לגברים ולנשים הצצה לתוך ישראל "האמיתית". מטרתן הייתה להראות לעולם, ולעולם היהודי בפרט, איך נראה היהודי החדש שיצרה המדינה היהודית. לקבע את העובדה שישראל התנתקה מהעולם היהודי של השטעטל, וכי אין דרך חזרה. הנשים בתמונות משמשות

סמל לישראל המהפכנית ששברה את כל הכללים והעניקה לעם היהודי אפשרות לממש את הפוטנציאל המלא שלו. גם כיום, על אף שאני יודעת שהתמונות מבוימות, אני מתרגשת כשאני מתבוננת בהן. אנשים מזכירים את התמונות האלו לעתים כה קרובות מפני שהם רוצים לראות בתמונות לא רק את הנשים החזקות האלו, אלא מדינה שחוגגת ומכבדת נשים חזקות. הם רוצים לראות מדינה שבה נשים - ובהשאלה, כולם - יכולות לעשות הכול, מקום שבו מגדר כבר אינו מכשול. אני מבינה למה אוהבים לראות את הנשים המצולמות בתמונות האלו. כוונותיהן טובות. אבל כאשר הכוונות הללו מסתירות את המציאות, וכאשר בעטיין מתעקשים שאין כל סיבה לשינוי, הן הופכות למכשול ולמעמסה. כפי שהוריתי לחיילים שלי, רק כאשר הכוונות מתואמות עם המציאות אפשר לפגוע במטרה. אנחנו לא יכולים לתקן את מה שאיננו מוכנים להתייצב מולו, ובהחלט אי אפשר לתקן את מה שאיננו יכולים או איננו מוכנים לראות.

התמונה החשובה ביותר באוסף מבחינתי האישית, היא התמונה שחסרה בו. כאשר אחי חגג בר מצווה, משפחתי לא חסכה בדבר. לא ראיתי לפני כן שום דבר שדמה לטקסים ולחגיגות שערכנו כשהוא חגג את יום הולדתו ה־13. לכבוד בר המצווה שלו, קיבל אחי טלית יפהפייה וערכת תפילין מרשימה. הוא נקרא לקרוא מהתורה, לשאת דרשה בפני המשפחה, החברים וחברי הקהילה שהתאספו, ולאחר מכן ערכו מסיבה גדולה שחגגה את הפיכתו ליהודי בוגר. לא היה לי קל לחכות למסיבה שלי. אבל התברר שלא אעלה לתורה, לא אוביל את התפילה בבית הכנסת וודאי שלא אשא דרשה. מעולם לא קיבלו אותי בפומבי לקהילה היהודית כפי שקיבלו את אחי, ומעברי לבגרות לא זכה לתשומת לב ולא נחגג. שנים אחר כך, כששאלתי את אבא שלי מדוע מעולם לא הייתה לי בת מצווה, הוא צחק. לשאול מדוע לא חגגו לי בת מצווה בגיל 12 היה כמו לשאול למה לא טסנו אף פעם לירח. לאבי, שתמיד תמך בשוויון לנשים ושתמך בי בחיי ובקריירה שלי, היו כוונות טובות מאוד. הוא רצה לגדל אישה צעירה שווה לאחיה, מודעת לזכויותיה, שלא מפחדת להילחם למען הצדק. אבל אף אחד לא חגג לבתו בת

מצווה כשהייתי נערה. כל הכוונות הטובות שבעולם לא גברו על
המציאות הזו.

אנחנו לא כבולים לתמונות שבאוסף שלי. הן לא אמיתיות,
והן לא מספרות את הסיפור האמיתי של ישראל. במקומן, אני
מציעה לישראלים וליהודים ברחבי העולם דימויים שמתאימים
למציאות; שיכולים לעורר בנו השראה להמשיך בעבודתנו,
לתאם את כוונותינו ואת המציאות. שלושה דימויים חדשים
מתווספים לאוסף שלי.

הדימוי הראשון שיחליף את הדימויים המזויפים יציג את
הפמיניסטיות הדתיות של ישראל. פמיניסטיות דתיות הן
כיום הנשים האמיצות ביותר בישראל, המפלסות נתיבים
חדשים לנשים דתיות בפרט ולנשים בישראל בכלל. הן מפגינות
כמות עצומה של אומץ כשהן ממשיכות בעבודתן, לרוב למול
אופוזיציה חזקה המורכבת מהדמויות החזקות ביותר בקהילה
הדתית. הדימוי הזה כולל את עליזה בלוך, ראשת העיר של בית
שמש, עיר שנשים לא יכלו להלך בשכונותיה מבלי לראות "שלטי
צניעות", שלטים המבקשים לצמצם את חופש התנועה והלבוש
שלהן. הוא כולל נשים כמו עדינה בר־שלום, בתו של הרב עובדיה
יוסף המנוח, המספקת לאורתודוקסים חינוך איכותי, ונאבקת
באפליה מגדרית בקהילה האורתודוקסית. הוא כולל נשים
שפועלן מוקדש לכך שכל אישה תזכה לאפשרות לחיות על פי
ערכי היהדות שלה, ותוכל לבחור את כל מה שנוגע לחיי התפילה
שלה, ללבושה ולגישתה לידע ביהדות.

הדימוי השני שלי כולל אמנים ישראלים, וביניהם קולנוענים,
שחקנים, כותבים – וכן, גם צלמים. אמנים ואמניות ישראלים
יוצרים אמנות הבוחנת (בין השאר) דת, צבא, חוויות של נשים
במקווה ונישואים וגירושים במדינת ישראל. הדימוי הזה
יכלול את הבמאית והתסריטאית רונית אלקבץ שיצרה את
הסרט "גט: המשפט של ויויאן אמסלם", סרט מסמר שיער על
ניסיונה של אישה להתגרש בישראל ועל התמודדותה עם בתי
הדין הרבניים. הוא יכלול את עמוס עוז, סופר מבריק, שהשתמש
בבמה הציבורית שניתנה לו לקידום השלום והזכיר לישראל
את המשימה המוסרית המוטלת עליה. הוא יכלול ישראלים

המקדישים את עצמם לאמנות המבקשת מהקהל שלה להתמודד עם השאלות הקשות הניצבות כיום למול החברה הישראלית, ומנערת את הציבור הישראלי משאננותו.

הדימוי השלישי שלי יכלול את מנהיגי החברה האזרחית. העמותות בישראל מתמודדות עם רוב הצרכים הדחופים של ישראל כיום, כולל נושאי דת ומדינה, הגירה, פליטים, עוני ורעב. נשים הן החלק הארי ברוב הארגונים הללו. הן בחרו להקדיש את חייהן המקצועיים לפעולה לשינוי חברתי בישראל. עמותות ישראליות הפכו לחממות לגידול הדור הבא של המנהיגות הישראלית. לפני כן, שליש מחברי הכנסת הגיעו מהצבא או מהרבנות. כיום, רבים מהמנהיגים העתידיים של המדינה הם נשים שאת רוב הקריירה שלהן הקדישו ליצירת ישראל טובה יותר, והן מתכוונות להמשיך בכך גם כמחוקקות. המנהיגות העתידית הזו תשנה עד מהרה את פני המנהיגות בישראל – מבחינה אידיאולוגית וגם פשוטו כמשמעו – והיא תוספת מושלמת לאלבום שלי.

עליי להוסיף עוד תמונה אחת לאוסף שלי. התמונה הזו היא של בתי, בגיל 12, נקראת לעלות לתורה בבת המצווה שלה. התמונה הזו קרובה ללבי מכל, גם מסיבות ברורות מאליהן, וגם מפני שהיא מדגימה את סוג השינוי המהפכני שיכול להתרחש בדור אחד. מתמונה זו אני שואבת את עיקר התקווה שלי. עתיד המאבק למען ערכי היסוד של ישראל הוא בלבו של הדור הבא, הנשים והגברים הצעירים בישראל ומחוץ לה שמבינים באמת מה קורה. הכוונות שלהם ברורות ומתואמות, והמטרה ממש מול עיניהם – שוויון, גיוון ופלורליזם.

הרבה ד״ר רחל אדלר

טוב להוקיר שוויון מגדרי. הבעיה היא שעצם הוקרתו של ערך לא יוצרת מציאות חברתית. כמסמך, מגילת העצמאות מנסחת שאיפות. היא מציגה ערכים שיוצריה קיוו שיתקיימו במדינה יהודית, אבל היא לא מבססת סדרת עקרונות משפטיים כפי שעושה מגילת הזכויות האמריקאית. השאיפות ראויות לכל שבח, אבל הן עצמן אינן תקפות מבחינה משפטית. פסקה 13 למגילת העצמאות מייצגת ניסיון של גברים לנסח עקרונות של שוויון מגדרי ואי־אפליה. לא נראה שהתייעצו עם נשים לגבי התוכן או הניסוח. רק שתי נשים חתמו על המסמך הזה, ואף אחת מהן לא הייתה מעורבת בכתיבת הטיוטות. אם כך, אפילו תהליך הפקת המסמך לא יישם את עקרונותיו האתיים.

מחברי מגילת העצמאות מנסים לתלות את ערכי השוויון בערכי נביאי המקרא, אבל הם עושים זאת בפשטנות א־היסטורית. הנביאים היו חלק מחברות עתיקות ופטריארכליות. נכון שרבים מהם גינו את עם ישראל בשל יחסו הלא צודק לאלמנות וליתומים, אשר מכיוון שלא היו להם זכרים עבריים שישמשו מגניהם, היו בין הפגיעים והשוליים ביותר בחברה. אבל הנביאים לא הצליחו להבין שהמערכת החברתית הפטריארכלית עצמה היא שיצרה את ההתעללות הזו והפכה אותה לבלתי נמנעת, מפני שבכל העולם המוכר להם הייתה הפטריארכיה המערכת המגדרית היחידה. לא היו חלופות להשוואת המצב, והם לא היו יכולים לדמיין משהו אחר. כמה מהחיים בעידן המודרני כיום עדיין לא יכולים לדמיין משהו אחר. הם לא מבינים שבכל חברה שבה גברים הטרוסקסואלים זוכים לחלק הארי של הכוח והפריווילגיות החברתיות והכלכליות, אנשים בעלי מגדרים אחרים ומיניויות שונות יסבלו מאפליה כלכלית, מהטרדה מינית ומאלימות. כדי שדאגת הנביאים למי שנדחקים לשוליים ולחסרי הכוח תשפיע על המצב הסוציו־היסטורי, על חברה להיות מסוגלת לדמיין ולעצב חוקים ומדיניות שיגלמו הבנה של מה שהנביאים ביקשו ממנה לעשות.

יתר על כן, על אילו נביאים אנחנו מדברים? אילו הצהרות ספציפיות מציעות דרכים ליצירת ולאכיפת שוויון מגדרי? לנביאים שונים מעמד סוציו־אקונומי שונה, מסר שונה ונקודת מבט שונה. הנביאים שכונו ישעיהו, משפיעים ומרושתים כפי שהיו, דאגו בעיקר לאלמנות וליתומים. יחזקאל, מצד שני, היה מיזוגן חסר בושה. פסקה 13 המתייחסת ל"נביאי ישראל" מעורפלת מדי ובלתי מבוססת מכדי לקשרה לחוקים מסוימים ולמדיניות. ישעיהו השני טוען שחייבת להיות דרך לבנות דרך ולפנות ממנה מכשולים, כדי שהעם יוכל לנוע למציאות צודקת יותר, "סֹלּוּ פַּנּוּ דָרֶךְ הָרִימוּ מִכְשׁוֹל מִדֶּרֶךְ עַמִּי" (ישעיהו נז, יד).

ביהדות, פרשנות היא הכלי לשינוי שמפלס את הדרך. אסטרט־גיית הפרשנות שנבחרה בטקסטים יהודיים ובמחקר היא לקרוא פרשנות כחלק מההתגלות עצמה. בטקסטים הקדושים שלנו מובלעות משמעויות רבות ושונות שעל פרשנים מאוחרים לגלות, וגם הפרשנויות האלו הן תורה. אבל על הפרשנים להסביר מדוע ערך חדש או התנהגות חדשה נטועים למעשה בטקסט העתיק. יש למצוא נרטיב, תיאולוגיה והלכה שייקחו אותנו מ"שם" ל"כאן".[1] מחברי פסקה 13 למגילה לא הציעו נתיב שדרכו יכולים הנביאים להוביל אותנו לשוויון מגדרי.

התוצאה היא, שכמו בארצות הברית, בקנדה ובמדינות אחרות, ישראל מתקשה לבנות צדק מגדרי, וכמו שאר העולם, היא רחוקה מהמטרה הזו. נשים ישראליות מביעות יותר ויותר ביקורת כלפי אי־הצדק המגדרי. בדצמבר 2018, יצאו נשים לרחובות הערים הגדולות בישראל למחות כנגד אלימות נגד נשים. הן מחו ספציפית אז בעקבות רצח של 25 נשים על ידי בני זוגן באותה שנה. חצי מהן התלוננו במשטרה, ללא הועיל.[2] במהלך 2017, על פי איגוד מרכזי הסיוע, נרשמה עלייה של 11 אחוזים בתלונות ביחס ל־2016, שהגיעו ל־47 אלף שיחות.[3] נשים משרתות בצבא הישראלי, אבל צה"ל יכול להיות מקום מסוכן לחיילות. דוח מרכזי הסיוע משנת 2017 דיווח על עלייה של 91 אחוזים בשיחות מחיילות צה"ל לקווי החירום לנפגעות ולנפגעי תקיפה מינית. מתוך 1,482 התלונות, 839 אירעו בנסיבות

צבאיות.[4] הסטטיסטיקה הזו מדגימה שאין מגזר אחד של גברים ישראלים שאחראי לחוסר הצדק כלפי נשים; לא רק חרדים או פוליטיקאים ימנים, לא רק עיתונאים או שחקנים או חיילים. כל סוגי הגברים מונעים מנשים כבוד שווה וסמכות על גופן, כפי שקבוצה קטנה אבל הכרחית של גברים ישראלים עוזרת לבנות את הדרך לשוויון.

כפי שהדגימה אילנה סטוקמן (ראו הערה 5), חרדים מערערים בעיקשות על חופש הדת של נשים יהודיות, ומנהלים מספר מאבקים מתמשכים: בכותל; במטוסים; באוטובוסים שעוברים באזורים חרדיים, שבהם ניסו גברים להחיל הפרדה שתעביר את הנשים לחלק האחורי של האוטובוס; ברחובות שבהם, באמצעות הפחדה והתעללות, הם מבקשים לאכוף חוקי "צניעות" נוקשים על נשים ונערות.[5] קבוצות פוליטיות ימניות ואולטרה־שמרניות משתמשות בשוויון לנשים כקלף מיקוח לשמירה על המפלגות הדתיות בקואליציות פוליטיות. תמיד קל יותר להתמקח כשהמחיר הוא חופש של אדם אחר. "המרכז הרפורמי לדת ומדינה" נלחם בניסיונות האלו בבתי המשפט, לעתים קרובות בהצלחה, אולם ניסיונות חדשים ממשיכים להגיח, ולרוב קשה לאכוף את החלטותיו של בית המשפט. בישראל, כמו במדינות אחרות ברחבי העולם, שוויון לנשים חייב להיות לחוק שמיושם במלואו.

עוד לא הזכרנו קבוצה נוספת של נשים בחברה הישראלית הסובלות מחוסר שוויון מגדרי ואלו נשים פלסטיניות החיות בריבונות ישראל.[6] כמו הנשים היהודיות, הן סובלות מהסקסיזם האלים שנובע מהמסורת שלהן, אבל בנוסף לכך, הן סובלות מנכונותם של הכובשים הישראלים לשמר את ההיבטים הנוראיים ביותר בסקסיזם שבמסורת שלהן. בישראל, רק בתי דין דתיים ששופטיהם הם גברים בלבד דנים בדיני מעמד אישי הכוללים נישואים וגירושים. התוצאה המתקבלת לרוב היא חוסר צדק לנשים. יוצא אחד מהכלל הזה מדגים מה יכול לקרות אם עקרון השוויון יגולם באמת בחוק. נאסר על פלסטינית מטייבה להיעזר בדיינית בבית הדין האסלאמי, והיא פנתה לבית המשפט העליון. השופטת עדנה ארבל פסקה שעל בית המשפט לאפשר לה להיעזר בדיינית שבחרה, וציטטה

בפסק הדין את פסקה 13 במגילת העצמאות.[7] אם היו נעזרים בפסקה 13 בעקביות רבה יותר, המשטרה לא הייתה מתעלמת מרוצחים על "כבוד המשפחה" והם לא היו מקבלים עונשים קלים ומגוחכים. לפלסטיניות ייצוג יתר לא פרופורציונלי במניין הנשים שנרצחו על ידי בני זוגן.

בכל מקום שבו פסקה 13 אינה באה לידי ביטוי בחוק ספציפי ובמדיניות חברתית, תת־המערכות הדתיות הפטריארכליות המכתיבות את חוקי המעמד האישי של ישראל חופשיות להצפין חוסר־שוויון מגדרי בפסיקותיהן. בשל כך, נישואים חד־מיניים אינם מותרים בישראל, וכך גם נישואים שוויוניים. לצד זאת, ניתן להחיל את פסקה 13 באופנים רחבים יותר, לא רק בנושא מעמד אישי, אלא אפילו בנושאי אלימות מגדרית. לאפליה מגדרית יש גם השפעות סוציו־אקונומיות. פלסטיניות, פליטות מאפריקה, מזרחיות, ויהודיות שחורות סובלות מהכשרה תעסוקתית לא מספקת, וגם ממשכורת נמוכה תמורת עבודתן יחסית לעמיתיהן הגברים. התחלה טובה תהיה להעניק יחס שווה לכולם, אבל זה רק החלק הראשון בחזון של נביאים כמו ישעיהו, מיכה, עמוס וזכריה. הם דוחקים בנו לבנות עולם שבו כולם יוכלו לפרוח. כל דבר שיפול מזה יוביל בסופו של דבר לשפיכות דמים ולהרס.

שאלות להרחבה:

1. ענת הופמן מתארת נשים וגברים הנאבקים למען שוויון מגדרי בישראל של היום: נשים דתיות, אמנים ומנהיגים פוליטיים. כמי שחיים בישראל, כיצד תרמתם לשוויון המגדרי בה?

2. הרבה ד"ר רחל אדלר טוענת כי קולות רבים בתוך המסורת היהודית אינם תומכים בשוויון מגדרי; אולי עלינו להוסיף א-היסטורית את הקבוצה "נשים" לקבוצות השוליים שהנביאים היו עסוקים ברווחתם. רק אז נוכל להשתמש בטקסטים המסורתיים כדי לטעון למען נשים. האם לדעתכם הקריאה שלכם במקורות יהודיים רגישה בכל הנוגע לטיפול/אזכור/ השמטה של נשים או של תפקידים נשיים? למה או למה לא? איך אתם קוראים טקסטים מסורתיים או מיזוגיניים? אילו אסטרטגיות יכולות לעזור לכם להפיק את המרב מטקסטים כאלו?

3. אם חלקים בתרבות האמריקאית מוכרים לכם: מה דומה ושונה בביטויי הסקסיזם בישראל ובארצות הברית? אפשר להרהר בתפקידים מגדריים, במערכות יחסים, בחוקי המס, בתמיכה משפחתית ובשירותים רפואיים.
אם אתם לא מכירים היטב את התרבות האמריקאית: עם מי תוכלו לדבר עליה? איפה תוכלו ללמוד עליה?

הערות

1. זומר, ב' (2015). התגלות וסמכות דתית במסורות סיני. י' ברנדס, ט' גנזל וח' דויטש (עורכים). **בעיני אלוהים ואדם: האדם המאמין ומחקר המקרא**. ירושלים: בית מורשה. ראו גם
Rachel Adler, "The Torah, Our Chavruta: Re/Constructing Truth in Sacred Texts," to be זמין לצפייה כהרצאה בקישור הבא: https://vimeo.com/325723235

2. פלג, ב', שפיגל, נ', רבינוביץ, א', חורי, ג', בן זכרי, א' וירון, ל' (2018, 4 דצמבר). "אנחנו דורשות מעשים": כ־20 אלף הפגינו בתל אביב במחאה על האלימות נגד נשים. **הארץ**;
Women Protest in Major Cities against Violence; Two Arrested in Tel Aviv," *Times of Israel*, December 12, 2018, https://www.timesofisrael.com/women-protest-in-major-cities-against-violence-two-arrested-in-tel-aviv

3. ירון לי (2018, 19 נובמבר). דו"ח: עלייה בתלונות על פגיעה מינית, בני נוער מדווחים מהר יותר מבעבר. **הארץ.**

4. Anna Ahronfeim, "Dramatic Rise in Number of IDF Soldiers Reporting Sexual Assault," *Jerusalem Post*, November 20, 2018, https://www.jpost.com/Israel-News/Dramatic-rise-in-number-of-IDF-soldiers-reporting-sexual-assault-572369

5. Elana Sztokman, *The War on Women in Israel: A Story of Religious Radicalism and the Women Fighting for Freedom* (Naperville, IL: Sourcebooks, 2015).

6. Samuel Thrope, "The War on Women in Israel," *Nation*, August 19, 2015, https://www.thenation.com/article/the-war-on-women-in-israel

7. שם.

פרק שמיני

"שויון זכויות חברתי ומדיני גמור [...] בלי הבדל [...] דת"

מיקי גיצין (ישראל)

והרב יהושע ויינברג (ארצות הברית)

מדינת ישראל תהא פתוחה לעליה יהודית ולקיבוץ גלויות; תשקוד על פיתוח הארץ לטובת כל תושביה; תהא מושתתה על יסודות החירות, הצדק והשלום לאור חזונם של נביאי ישראל; **תקיים שויון זכויות חברתי ומדיני גמור לכל אזרחיה בלי הבדל דת, גזע ומין;** תבטיח חופש דת, מצפון, לשון, חינוך ותרבות; תשמור על המקומות הקדושים של כל הדתות; ותהיה נאמנה לעקרונותיה של מגילת האומות המאוחדות.

מיקי גיצין

כמה יפה מנוסחת מגילת העצמאות שלנו. וכמה התרחקה ממשלת ישראל מהמסמך המכונן הזה, שגם אם מעולם לא נאכף במלואו, לפחות שימש פעם מצפן חברתי ומדיני.

מגילת העצמאות הייתה מתקדמת אפילו לשעתה. גם אם ברור שלניסוחים הפרוגרסיביים תרמו הסיטואציה ולקחי ההיסטוריה, ניכרת בה תפיסת עולם דמוקרטית וליברלית אמיתית. המדינה הצעירה אומנם הוגדרה כיהודית במגילה, אבל ערך השוויון נוכח לכל אורכה. בהבטיחה חופש דת ומצפון, היא מתחייבת למעשה גם לחופש מדת. באמצה את עקרונות מגילת האומות המאוחדות, היא מקבלת עליה גם את זכויות האדם ואת חירויות היסוד המעוגנות בה.

שנים של שלטון ימין, של כוח חסר פרופורציה לרבנות האורתודוקסית ושל התחזקות גופים ריאקציונרים ופופוליסטיים, כמו רוקנו את המסמך הזה מתוכן. בפרוס העשור השמיני לכינונה של המדינה, נראה שהם עושים כל אשר לאֵל ידם כדי לשנות את דרכיה, את תפיסותיה הבסיסיות, את עצם הגדרתה וזהותה. המילים שחיבר בן־גוריון ושאישרו בחתימתם מפ"ם והרוויזיוניסטים, הפועל המזרחי ונציגי אגודת ישראל, נשמעות כמעט זרות למציאות הישראלית בסוף שנות ה־20 של המאה ה־21. החדשות הטובות הן שיש מי שלא מוכן לוותר עליהן. במאבק נחוש שמובילים אישים, מפלגות וארגוני החברה האזרחית, ניתן להחיות מחדש את רוח המגילה ולנווט שוב את המדינה לאורה.

הרוב לא קובע, המיעוט לא נספר

יש להודות ביושר: האידיאלים הנשגבים של מגילת העצמאות נותרו לעיתים "על הנייר" בלבד כבר בתחילת הדרך. אפליה עדתית, אי שוויון בחלוקת המשאבים וכמובן הממשל הצבאי – כל אלה סתרו כבר אז את עקרונות המגילה. אולם ממרחק הזמן, ולאור ההתרחשויות בשלהי העשור השביעי, נראה כי המגילה פסקה אף מלשמש נקודת ייחוס לבחינה עצמית.

"אילוצי השעה", שלא אחת נטען (ולא תמיד בצדק) שהיו רלוונטיים בימים ההם, אין בהם משום תירוץ עוד. ממילא, לאור סיסמאות כמו "מפסיקים להתנצל"[1] ואזהרות כמו "הערבים נעים בכמויות אדירות לקלפי",[2] בעלי הכוח בישראל אינם חשים עוד צורך לתרץ.

תחת שלטון הימין, אשר לא נקטע מזה עשור שלם ונמשך כמעט ברצף מאז המהפך השלטוני של 1977, התרחקה ישראל כברת דרך מהשוויון ומהחירות. האזרחים הערבים, הסובלים מפערים מחפירים בכל מה שנוגע לחלוקת המשאבים ומצב התשתיות,[3] נתפסים כגורם חתרני שיש לחשוד בו תמיד ואין כמעט מקום לשתף עמו פעולה. הקהילה הלהט"בית אמנם קצרה הישגים דרך בתי המשפט, אולם המחוקק, בלחץ המפלגות הדתיות, מסרב להקנות לה זכויות ולעיתים אף מפלה אותה במוצהר. בגלל אותו לחץ ובצל הקונסטלציה הפוליטית הקבועה, עמדות הרוב אינן מכריעות סוגיות כמו גיור וגיוס לצה"ל, נישואים וגירושים, אופי יום המנוחה והמרחב הציבורי. בנוסף, עקב ההתחזקות הפוליטית של גורמים מהמחנה הימני־דתי, הדתה מעמיקה חדור למערכת החינוך הממלכתית, לבסיסי צה"ל ולרשויות המקומיות.

אם ההתפתחויות הללו היו בבחינת "סיפוח זוחל", צעד אחר צעד בכיוון השמרני, הרי שחוק הלאום הוא כבר שינוי דרסטי בהגדרת הישראליות עצמה. במובנים רבים, הוא הופך את מגילת העצמאות על פיה. ללא כל התייחסות לערך השוויון, ולו רק להלכה, הוא פורט את היות ישראל מדינת הלאום של העם היהודי בלבד ומרחיב את משמעות ההגדרה הזו לכל תחומי החיים. לראשונה מוגדרת העברית כשפת המדינה הרשמית והיחידה, בעוד שלערבית ניתן "מעמד מיוחד" (תוך הבהרה כי אין בכך כדי "לפגוע במעמד שניתן לה בפועל").[4]

הסתה מבית, בריתות לא־ליברליות מחוץ

ב־4 בנובמבר 1995 ספגה הדמוקרטיה הישראלית פגיעה אנושה משלוש יריות בגבה. רצח ראש הממשלה יצחק רבין בידי מתנקש יהודי, שקיווה לעצור בכך את תהליך הפיוס עם הפלסטינים, הוא כמובן אירוע מכונן בקורות המדינה. הוא חולל הלם וזעזוע,

אולם אלו לא הצמיחו את השינוי המיוחל ברמת השיח החברתי והפוליטי בישראל.

הביטויים הקשים שהופנו אז כלפי יצחק רבין ז"ל, מוטחים חדשות לבקרים במנהיגים ובפעילים בשמאל, המוקעים כ"בוגדים" וכ"עוכרי ישראל" אשר משתפים פעולה עם האויב וזוממים להשמיד את המפעל הציוני. ההסתה והכשרת האלימות, שסיפקו אז אישי ציבור ורבנים, לא פסו מן העולם. חשים אותן היטב הציבור הערבי, אוכלוסיית הפליטים והמהגרים וארגוני החברה האזרחית. בשנים האחרונות, בעקבות הפרשיות הפליליות בכיכובו של ראש הממשלה בנימין נתניהו, גם מערכת אכיפת החוק והתקשורת המסקרת מתויגות כ"שמאלניות", קרי: עוינות לנתניהו.[5]

קו ישיר מחבר בין מגמות ההקצנה והריאקציה בחברה בישראל לבין יחסי החוץ שלה. משטרים לא־ליברליים במזרח אירופה, מסוג ממשלתם של אורבן בהונגריה[6] ומורבייצקי בפו־לין,[7] הפכו ל"חבריה הטובים ביותר" של ממשלת ישראל, לצד ברזיל של בולסונארו והונדורס של ארננדס.[8] זאת במקביל למחלוקות קשות עם המעצמות הגדולות של אירופה ועם שאר העולם החופשי. ישראל שברה מסורת ארוכה של עבודה עם שתי המפלגות הגדולות בארצות הברית ושמירה על יחסיה המיוחדים עם וושינגטון לטובת זהות בינה לבין ממשל טראמפ, על אף התרעומת הקשה שהתעוררה בקרב 70 אחוזים מקהילת יהודי אמריקה.

ישראל מתגאה ב"שותפותה הטבעית" עם המשטרים האוטו־קרטיים האלו, ובאותו זמן מכריזה על עצמה הדמוקרטיה היחידה במזרח התיכון ומעוז של חירות וזכויות אדם - כפי שמבטאת מגילת העצמאות.

חופש דת לאורתודוקסים

אך לא רק בגלל הפוליטיקה הפנים־אמריקאית נתונים היחסים עם יהדות אמריקה במשבר קשה ומתמשך. מדינת ישראל, שהתחייבה לחופש דת, לסובלנות דתית ולפלורליזם, מתנערת דווקא מחלקים גדולים מקרב יהודי העולם. הזרמים הלא־אורתודוקסיים, המהווים את רוב יהדות ארצות הברית וקנדה,

אינם מוכרים כלל כיהודים בעיני הממסד הרבני הישראלי.
גיוריהם מוטלים בספק, תפילותיהם המשותפות לגברים ולנשים
מגונות, ובפי רבנים הם מוגדרים "זרם בנצרות".[9]

דוגמה מובהקת ליחס המפלה היא פרשת מתווה הכותל.
המתווה שנועד לאפשר תפילה שוויונית ברחבת הכותל הדרומית
(ב"קשת רובינסון", שאף סוכם כי תשודרג לשם כך), בוטל לאחר
שסוכם.[10]

עוד עניין מבזה הוא תופעת "פסולי החיתון". מאחר שמסלול
נישואים אזרחי אינו קיים בישראל, והאפשרות היחידה לני־
שואים מוכרים על ידי המדינה היא נישואים "כדת וכדין" דרך
הרבנות הראשית, הרי שעשרות אלפי זוגות אינם זכאים
להינשא.[11] מדובר בעולים ממדינות ברית־המועצות לשעבר
אשר הגיעו ארצה מכוח חוק השבות אולם לא הוכרו כיהודים
(למשל: יהודים מצד האב, או מי שהוטל ספק ביהדותו ונעדר
מסמכים או עדים להוכחתה), כמו גם בזוגות האסורים
בהלכה כמו כהן וגרושה או כהן וגיורת, בנשים עגונות, בילדים
"ממזרים" וביהודי או יהודייה שבזוגיות עם בן או בת דת אחרת,
וכמובן בנישואים חד־מיניים. הפתרון שנמצא לבעיה, "נישואי
קפריסין" – נישואים המתקיימים מחוץ לישראל ואז מוכרים
(מכוח אמנות בינלאומיות ופסיקת בג"ץ) על־ידי משרד הפנים
והרשויות בישראל – רק ממחיש את גודל האבסורד.

עיכובו לחקירה של ראש הקהילה המסורתית (קונסרבטיבית)
בחיפה, הרב דב חיון, בגלל חופה שניהל,[12] הוא כבר הרבה יותר
מאבסורד; ספר החוקים הישראלי כולל עונש של עד שנתיים
מאסר לחתן, לכלה ולכל מי שעורך חופה פרטית על פי ההלכה
מבלי לדווח לרשויות[13] (אם כי חוות דעת של היועץ המשפטי
לממשלה מורה שלא לפתוח בהליכים פליליים בנושא).

חקירת הרב, בעקבות תלונה במשטרה שהגיש בית הדין
הרבני בחיפה, הייתה אירוע חריג. אך לא כך החלטתם של בני
הזוג להינשא דרכו ולא דרך הרבנות הראשית. דוח שפרסם
לאחרונה המשרד לשירותי דת מצביע על ירידה תלולה במספר
המתחתנים דרך הרבנות.[14] עוד ועוד זוגות "מצביעים בטבעת",
כלשון קמפיין[15] שהעלינו בעמותת "ישראל חופשית" (שאותו
הובלתי בשעתו כמנכ"ל העמותה). תעשיית החתונות הפרטיות
משגשגת, ולא בכדי.

לחזור למגילת העצמאות

הדוגמאות שהוצגו כאן, ועוד רבות אחרות, ממחישות את גודל הפער שבין המסמך המכונן של מדינת ישראל לבין מדיניותה בפועל, וביתר שאת בשנים האחרונות. חופש הדת והמצפון נותר רלוונטי רק לזרם יהודי אחד; השוויון אינו ניכר בין בני הלשונות והלאומים השונים "בלי הבדל דת, גזע ומין"; ו"פיתוח הארץ" מתבצע על פי סדר עדיפויות ברור. חוק הלאום משלים את המהלך ומנסה למחוק אפילו את מראית העין. ולכל אלה מצטרפות 50 שנות כיבוש עם אחר, על שטחו ועל אוכלוסייתו. אם לרגע היה נדמה כי הכיבוש מגיע לקיצו, הרי כעת אג׳נדת הסיפוח (דה־יורה ודה־פקטו), שפירושה קץ הציונות כמהות המדינה היהודית והדמוקרטית, מתחילה לחלחל בימין הישראלי.

מול המגמות השליליות שתוארו כאן, ולנוכח הכיוון השגוי אליו פנה המפעל הציוני, דרושה כעת פניית פרסה. עדיין לא מאוחר. כמי שנלחם לאורך כל חייו הבוגרים (דרך הפוליטיקה המפלגתית והעירונית, דרך ארגוני החברה האזרחית ובדרכים אחרות) למען פתיחות, סובלנות ופלורליזם בחברה הישראלית, אני משוכנע שניתן להחזיר את הגלגל לאחור. ניתן לעשות עוד הרבה יותר מכך, בשיתוף היהדות על כל גווניה ובשיתוף המיעוטים בישראל. הפתרון טמון באותו מסמך מכונן עצמו.

אין כאן רומנטיזציה של העבר או "קריאת געוואלד" ביחס להווה, כי אם הבנה שלמסמכי יסוד וחזון יש תפקיד קריטי בחברה. ביחס אליהם, גם מצב פוליטי מתמשך – שלחלקנו נדמה כבר כנצח – הוא בר חלוף. מגילת העצמאות יכולה להיעשות, ככתבה וכלשונה, לחוק הלאום שלנו. כדאי רק שהפעם, מעבר למילים היפות ולהיותה מצפן חשוב, נזכור גם ליישם אותה עד הסוף.

הרב יהושע ויינברג

"וּקְרָאתֶם דְּרוֹר בָּאָרֶץ לְכָל יֹשְׁבֶיהָ" (ויקרא כה, י)

ברל כצנלסון, מראשוני אנשי החזון הציוני, נשא את הדברים הבאים בפני כנס של מדריכי עליית הנוער:

> מי שבא לעקור את גאולת ישראל ממסכת ערכי המוסר והשחרור של האדם - איננו מגביר את גורמי הגאולה, כי אם הצדק והמשפט והחירות אינם יסוד מוסד, אזי מדוע עלִיָּה, מדוע התישבות, מדוע הצלת עם ותקומת ישראל? לא, הציונות לא הייתה קמה - ולא תקום - בעולם שכופר בצדק ובמשפט ובחירות לכל הנברא בצלם. והיא לא תתכחש לערכי־אדם אלה, כי בכך היא מוציאה את גזר־דינה על עצמה.[16]

אם ישראל איבדה את ערכיה - כלומר, את החירות, את הצדק ואת שלטון החוק - אז אין סיבה לקיום המדינה היהודית. זו הצהרה רבת עוצמה, ועדיין עולה השאלה למה הכוונה בצדק, חירות ושוויון.

התורה (ויקרא כה, י) משמיעה הצהרה נועזת באותה מידה. היא קוראת לחופש ולחירות לא רק ל"אזרחי המדינה", אלא לכל בני האדם החיים בריבונות יהודית או בחסותה של ממשלה יהודית. בזמנה, הייתה זו פסיקה מתקדמת ששינתה את המעמד של זרים ונוכרים שלא זכו להגנת החוק בעבר.

כמובן שהצהרה זו נכתבה שנים רבות לפני מגילת העצמאות, ועם זאת היא קובעת את עקרונות השוויון והחירות שזקוקים להגנה גם כיום. רש"י, בפרשנותו לפסוק, מצטט את רבי יהודה ששואל "מהו לשון דרור כמדייר בי דיירא (כגר במלון) וכו׳ - שדר בכל מקום שהוא רוצה ואינו ברשות אחרים" (תלמוד בבלי, מסכת ראש השנה, דף ט, עמוד ב). ההנחה היא שלאדם חופשי יש חופש תנועה וחופש ביטוי גם יחד.

ההוגים הרפורמים הראשונים, כמו גם ההוגים הציונים הראשונים, קראו את המקרא דרך עדשותיהם המודרניות וראו בנביאים מי שמדגישים את נטיותינו המוסריות על פני הפולחן והאדיקות האישית. אבל אם נדמה לנו שהתורה ונביאי ישראל

ייצגו מבצר של ליברליזם ואוניברסליות, איש מדעי המדינה הישראלי פול איידלברג מציע תגובה מפכחת:

> תחת התורה, מעמדו של לא־יהודי שגר במדינת ישראל יהיה של גר תושב; אמנם הם ייהנו מזכויות אזרחיות ואחרות, אך איש מהם לא יוכל לשמש בממשלה. הנביאים לא היו ליברלים דמוקרטים או פלורליסטים מוסריים. הם לא התייחסו ל"חופש" באותו אופן שבו המודרניים רואים אותו, כחירות לחיות כפי שאדם רואה. הם גם לא עשו רדוקציה ל"צדק" וראו בו שוויון פשוטו כמשמעו. בכל מישור של הקיום הם ראו [...] הירכיה. ואשר ל"שלום", נביאי ישראל הבינו שהמשמעות היא "שלמות" או "מושלמות" שניתן להשיגה רק כאשר תחדור התורה לכל לב ולכל בית בישראל.[17]

ומה בנוגע לישראל של היום? ניתן להצביע על דוגמאות רבות להגבלת חירותם של מגזרים שונים באוכלוסייה ובהחלט בקרב הפלסטינים. אמנם יש הרבה מה לומר על משפט המפתח בהכרזת העצמאות של ישראל בהקשר לכיבוש, ממשל צבאי והיחס לאחר, אך המאמר הזה יעסוק בעיקר בשאלת חופש הדת והשוויון ליהודים.

לעולם לא אשכח את התמונה הזו: אישה נגררת מרחבת הכו־תל המערבי על ידי המשטרה מפני שפשעה והתעטפה בטלית.[17] בעקבות המציאות שנוצרה לאחר 1967 נחקקו תקנות השמירה על המקומות הקדושים וחוק המונע הפרה של הסטטוס קוו, במטרה למנוע פגיעה בנוהגים הדתיים הקבועים (ראו נספח לפרק זה, "חוק השמירה על המקומות הקדושים, תשכ״ז־1967").[18]

עם זאת, במונחים מערביים בלתי נתפס שאדם אחד העוטה טלית יכול לפגוע כה אנושות ברגשות האחר עד כדי כך שיש לסלקו מהמקום ולעצור אותו. התקרית הזו הדגישה את נושא חופש הדת ותפקיד הממשלה באכיפת החוקים הללו, והובילה לדיון בשאלה, מהי המשמעות של היות יהודי במדינה יהודית?

בלתי סביר להניח שכאשר הכריזו מחברי מגילת העצמאות שמדינת ישראל "תבטיח חופש דת", הם דמיינו מצב שבו שמירת חופש הדת תתנגש עם החוקים המגנים על הסטטוס קוו.

הרבנות הראשית – ובעיקר הרב הראשי של הכותל המערבי,

שמואל רבינוביץ׳ – אוסרת על נשים לעטות טליתות או תפילין באתר ולקרוא בקול רם בתורה, משום שזו הפרה של הנורמות היהודיות המסורתיות. מצד אחד, הרבנות הראשית מקיימת את סעיף 2־א בחוק, הקובע שמי שיוצר הפרעה ופוגע ב"נורמות יהודיות מסורתיות" מחלל למעשה מקום קדוש.

מצד שני, על ידי כך, הרבנות הראשית מפרה בו בזמן את סעיף 2־ב בחוק, בכך שהיא מסלקת מהמקום אישה המתפללת על פי נוהגה הרגיל. פעולות כאלו מפרות את "חופש הגישה של בני הדתות אל המקומות המקודשים להם או ברגשותיהם כלפי אותם מקומות". האירוניה היא שבזמן שהמדינה מנסה להגן על השוויון הדתי ועל החופש, היא בוחרת בהיבט אחד של החוק על פני היבט שני. לכישלון הזה להגן על חופש הדת השלכות לא פחות הרסניות על נושאים כמו גיור, נישואים וגירושים, קבורה ומשכורות רבנים במימון המדינה.

כמובן, ישראל אינה המדינה היחידה שמתמודדת עם נושאי דת ומדינה. בארצות הברית, התיקון הראשון לחוקת ארצות הברית קובע כי "הקונגרס לא יחוקק שום חוק בעניין ממסדה של דת, ולא כזה האוסר את הקיום החופשי של אף דת",[19] עיקרון שמכונה היום "הפרדת הדת מהמדינה". הפרשנות הנפוצה לעיקרון זה טוענת שהממשלה אינה יכולה להשתתף בענייניה של קבוצה דתית, להקים כנסייה, לסייע לדת אחת על פני אחרת או להעדיפה, או לסייע לדת על פני חוסר־דת או להעדיפה.[20] לצד זאת, ניתן לחשוב על דוגמה מסקרנת בהקשר זה – חוק מס הנוגע לכמרים ולאנשי דת אחרים, הידוע בשם "parsonage". הקלת המס הזו מאפשרת לכמרים, בכל הנסיבות, לגור בבית מבלי לשלם עליו מס.

רבים קראו תגר על חוקיותו של חוק המס הזה, אבל בואו נדמיין שכדי למנוע שימוש לרעה בו, על רשויות המס לבחור שרירותית מוסד מרכזי אחד מכל דת גדולה שייפה את כוחו של כל איש דת או "כומר" להגיש בקשה לקבל את ההקלה במס. לשם כך יהיה עליהם להוכיח שהם הוסמכו על ידי בית ספר מוכר ומשרתים בפועל בתפקיד הנדרש. ובואו נאמר שרשויות המס פונות למוסד אורתודוקסי שיאשר את כל הרבנים

המבקשים לזכות בהקלת המס הזו. ניתן לומר בבטחה שכל הרבנים הלא־אורתודוקסים יתקוממו וימחו כנגד הבחירה הזו ויראו בה אפליה בוטה של הרשויות.

המדינה היהודית סובלנית לאפליה דומה, על אף שמסמך החזון מלא השאיפות שלה קורא לחירות ולשוויון. ועם זאת, מגילת העצמאות אינה חוק,[21] והיא אינה יכולה להוות בסיס לפעולה משפטית כנגד המדינה. למעשה, המונח "דמוקרטיה" לא נכלל בחוק הישראלי עד שנת 1992, אז נחקק חוק־יסוד: כבוד האדם וחירותו.[22] אמנם חוק־היסוד הוא הישג נכבד שסייע לממש את השאיפות הבסיסיות לחירות, צדק ושלום, אך גם הוא אינו מספיק.

פרופסור אליעזר שביד, פילוסוף יהודי מודרני בולט, מסביר שהפגם נפל ב"חוק שנוסח על פי הדגם החוקתי של הליברליזם האמריקני המתבסס על אידיאולוגיה נאו־קפיטליסטית חומרנית־תחרותית וזהו מקור השראתו ומגבלתו".[23] החוק הזה אינו מגיע לדרגת הערכים של רבי עקיבא ועמנואל קאנט, על פי שביד: "משה כונן את המשטר וחקק את חוקיו, אך לא על ידי הגדרת 'זכויות' כי אם על ידי הטלת 'מצוות' שהן חובות שאדם מקבלן על עצמו מרצונו".[24]

לאחר שיתרחש תהליך הדמוקרטיזציה של הדת והשוואת כללי המשחק של הביטוי והאדיקות היהודיים, אולי יהיו מי שירגישו שהדבר מאיים על קיומם כיהודים, אבל לאחרים זו תהיה הדרך היחידה שבה יוכלו לחיות במדינה יהודית ודמוקרטית. אני לא טוען שעל ישראל לנסות ולחקות את המערכת הג'פרסונית של הפרדת הדת והמדינה, אלא שעל המדינה להתייחס בצורה שוויונית מבחינה חוקית לכל ביטויי האדיקות. ישנן דוגמאות להצלחת הגישה הזו במדינות אירופאיות כמו גרמניה,[25] אם כי מעמדה של ישראל כמדינת הלאום היהודית מציב אתגרים ייחודיים.

פשרת מרחב התפילה השוויוני בכותל מ־2016 נהגתה פחות בשל השלכותיה המעשיות ויותר בשל הדחיפה שיכלה להעניק ההכרה בנציגים לא־אורתודוקסים כמנהלי אתר קדוש, בפעם הראשונה בהיסטוריה הישראלית. הקמת מרחב תפילה שוויוני

הייתה יכולה להוות תקדים, וזו בדיוק הסיבה שהיא נתקלה בהתנגדות עקשנית מצד המפלגות החרדיות.

אולי היה קל יותר לבטא את ערכי הדתיות השוויונית אם מדינת ישראל הייתה שומרת על ניטרליות, בדומה לדגם שנהוג בארצות הברית, אבל גם כעת המדינה עדיין אחראית לקיים את עקרונות החירות, הצדק והשוויון. ישראל אינה יכולה להפגין סובלנות כלפי מי שמפר את החוק או חותר תחת עקרון השוויון לכל האזרחים. תפקידנו לקיים את ערכי הטקסטים המקודשים שלנו (התורה ומגילת העצמאות), ועד שיגיע אותו היום אולי יִקָּרֵא דרור בארץ, אבל לא לכל תושביה.

מרטין בובר אמר פעם:

ואין חירות דבר שתוכל לקיימו כאוות נפשך, מתוך שרירות לב; עיקר משמעותה ותכליתה הגשמת היעוד. חירות שבהיסטוריה היא החירות לעמוד בניסיון ההיסטוריה [...] [בובר ממשיך עם הערות בנוגע לייעודו של העם היהודי.]
ישראל נרתע מפני יעודו לאחוריו, ובגלל זה נגזרו עליו גלות ושעבוד. אך הוא נתבשר, כי ישוב לכשינוקה מעוונותיו. לא אל ארצו בלבד ישוב ולא אל עצמאותו ואדנותו בלבד, כי אם אל חירות של אמת, שהייתה לו ושהוא איבדה בידיים; היא החירות לפתוח בהגשמת יעודו.[26]

לכולנו יש חלק בעתידה של ישראל ובהבנת ייעודה. המחויבות לצדק, לחירות ולשוויון תהיה גם המסע וגם היעד שלנו.

שאלות להרחבה:

1. מיקי גיצין מתאר את השלכותיה של הדומיננטיות האורתודוקסית בחוק הישראלי על ההגירה ועל הדין האזרחי. האם החוקים האלו השפיעו על חייכם או על חיי הקרובים אליכם? באילו נסיבות הרגשתם את השפעתם?
2. גיצין מצייר תמונה אפלה בנוגע להשפעת הדומיננטיות האורתודוקסית על החברה הישראלית. עם זאת, הוא גם כותב שלא מאוחר מדי לשנות אותה. אילו דרכים ניתן לנקוט, לדעתכם, בכדי לשנות את המצב הנוכחי?
3. הרב יהושע ויינברג כותב על הדעה הקדומה המושרשת בטקסטים מקראיים ורבניים נגד לא־יהודים ועל הני־סיונות הרבים של הוגים יהודים מודרניים ועכשוויים לאזן את הנטיות האלו. האם אתם יכולים לדמיין כיצד ייראה פלורליזם יהודי בישראל? אלו שינויים צריך לקדם בכדי לממש את החזון הזה? כיצד תוכלו לסייע בהעלאת המודעות להשפעות השליליות של החוקים האלו על אזרחי ישראל ועל יהודי התפוצות?

נספח

החוק הישראלי המוכר כ"חוק השמירה על המקומות הקדושים", נחקק פחות משלושה שבועות לאחר ניצחונה של ישראל במלחמת ששת הימים ב־1967, וקובע כך:

חוק השמירה על המקומות הקדושים

המקומות הקדושים יהיו שמורים מפני חילול וכל פגיעה אחרת ומפני כל דבר העלול לפגוע בחופש הגישה של בני הדתות אל המקומות המקודשים להם או ברגשותיהם כלפי אותם המקומות.

(א) המחלל מקום קדוש או הפוגע בו בכל דרך אחרת, דינו – מאסר שבע שנים.

(ב) העושה דבר העלול לפגוע בחופש הגישה של בני הדתות אל המקומות המקודשים להם או ברגשותיהם כלפי אותם מקומות, דינו מאסר חמש שנים.

חוק זה בא להוסיף על כל דין ולא לגרוע ממנו.

שר הדתות ממונה על ביצוע חוק זה, והוא רשאי, לאחר התייעצות עם נציגים של בני הדתות הנוגעות בדבר או לפי הצעתם. ובהסכמת שר המשפטים, להתקין תקנות בכל הנוגע לביצועו.

תחילתו של חוק זה ביום קבלתו בכנסת.

הערות

1. "מפסיקים להתנצל" הייתה סיסמת הבחירות של מפלגת "הבית היהודי", בראשות נפתלי בנט – מפלגת הימין הדתי־מתנחלי, בבחירות 2015. ראו סרטון בערוץ היו־טיוב של בנט (2014, 16 דצמבר). אוחזר מתוך https://www.youtube.com/watch?v=PBNonqQX5xo
2. את ה"אזהרה" כי "הערבים נעים בכמויות אדירות לקלפי" שיגר בנימין נתניהו על מנת לדרבן את מצביעיו ביום הבחירות לכנסת במרץ 2015, אמירה שלאחר מכן התנצל עליה. ראו סרטון בערוץ היו־טיוב של נתניהו (2015, 17 מרץ). אוחזר מתוך: https://www.youtube.com/watch?v=Q2cUoglR1yk
3. ראו שחר, א' (2016, 11 אוקטובר). האפליה של המגזר הערבי גוררת את כל המשק לאחור. **כלכליסט**. אוחזר מתוך https://www.calcalist.co.il/local/articles/0,7340,L-3699649,00.html
4. חוק־יסוד: ישראל – מדינת הלאום של העם היהודי, התשע"ח־2018, ס"ח 2743. אוחזר מתוך https://fs.knesset.gov.il//20/law/20_lsr_504220.pdf
5. אזולאי, מ׳ (2017, 10 אוגוסט). נתניהו: השמאל והתקשורת מנסים לבצע הפיכה שלטונית. **ynet**. אוחזר מתוך https://www.ynet.co.il/articles/0,7340,L-5000823,00.htm
6. על ביקורו של ויקטור אורבן בישראל, ראו קוזין, י' (2018, 19 יולי). נתניהו נפגש עם אורבן: "ישראל היא קו החזית שמגן על אירופה". **מעריב**. אוחזר מתוך https://www.maariv.co.il/news/politics/Article-652007
7. בדבר ההצהרה המשותפת לראשי ממשלות ישראל ופולין על אחריותם של פולנים להשמדת יהודים בשואה ראו לנדאו, נ' ואדרת, ע' (2018, 4 דצמבר). נתניהו וראש ממשלת פולין בהצהרה משותפת: שתי הממשלות מגנות אנטישמיות – וגם אנטי־פולניות. **הארץ**. אוחזר מתוך https://www.haaretz.co.il/news/world/europe/1.6219544
8. נתניהו היה אורח כבוד בטקס השבעתו של נשיא ברזיל. על ביקורו שם ועל פגישתו גם עם נשיא הונדורס ראו קוזין, י' (2019, 1 ינואר). נתניהו נפגש עם נשיא הונדורס, דן בפתיחת השגרירות בירושלים. **מעריב**. אוחזר מתוך https://www.maariv.co.il/news/politics/Article-678287
9. ראו למשל את דברי הרב יגאל לוינשטיין, ראש המכינה הקדם־צבאית בעלי. כהן, ג' (2016, 18 יולי). ראש המכינה בעלי, שכינה הומואים "**סוטים**", יוצא נגד חינוך חיילים לשמירה על חיי חפים מפשע. **הארץ**. אוחזר מתוך https://www.haaretz.co.il/news/politics/.premium-1.3009796
10. אזולאי, מ' וחשוני, ק' (2017, 25 יוני). ניצחון לחרדים: מונופול הגיור יישמר, "מתווה הכותל" בוטל. **ynet**. אוחזר מתוך https://www.ynet.co.il/articles/0,7340,L-4980550,00.html
11. ראו למשל את סדרת הכתבות מאת ברוך קרא, "נשואים לרבנות: הסיוט של פסולי החיתון". אוחזר מתוך ערוץ היו־טיוב של **טקסים** https://www.youtube.com/watch?v=0lytq2XZ5Ms.
12. אדמקר, י', איתיאל, י' והורודניצ'יאנו, מ' (2018, 19 יולי). רב נחקר לאחר

שערך חופה קונסרבטיבית: "לא רוצח ולא עבריין". **וואלה!**. אוחזר מתוך https://news.walla.co.il/item/3174598

13. אתר חדו"ש (2013, 6 נובמבר). **מחטף: חתונה אורתודוקסית מחוץ לרבנות? עד שנתיים מאסר**. אוחזר מתוך https://bit.ly/2VTVtkH
14. אתר השירותים והמידע הממשלתי, המשרד לשירותי דת (2019, 8 ינואר). **נתוני המשרד לשירותי דת חושפים**. אוחזר מתוך https://www.gov.il/he/Departments/news/ata_from_the_ministry_of_religious_services_reveald
15. ראו סרטון בערוץ היו־טיוב של "ישראל חופשית" (2015, 27 נובמבר). סיפור אהבה ישראלי. אוחזר מתוך https://www.youtube.com/watch?v=FoPWPDDyYGY
16. ברל, כ' (1948). בזכות המבוכה ובגנות הטיח - דברים בכינוס מדריכי עליית הנוער (1940, 8 יולי). בתוך **כתבי ב. כצנלסון** (כרך ט', עמ' 262). תל אביב: הוצאת מפלגת פועלי ארץ ישראל.
17. איידלברג, פ' (2014). בתוך **מסכת עצמאות**, הוצאת שומרי משפט – רבנים לזכויות אדם.
18. פורסם בס"ח 499. אוחזר מתוך https://www.nevo.co.il/law_html/Law01/P224K1_001.htm#_ftn1
19. The Bill of Rights: A Transcription," National Archives, https://www.archives.gov/founding-docs/bill-of-rights-transcript.
20. Separation of Church and State," Legal Information Institute, https://www.law.cornell.edu/wex/separation_of_church_and_state.
21. מחברי מגילת העצמאות היו מודעים לכך היטב. במסמך עצמו ישנה קריאה לכתיבת חוקה: "אנו קובעים שהחל מרגע סיום המנדט, הלילה, אור ליום שבת ו' אייר תש"ח, 15 במאי 1948, ועד להקמת השלטונות הנבחרים והסדירים של המדינה בהתאם **לחוקה שתיקבע על־ידי האספה המכוננת הנבחרת לא יאוחר מ־1 באוקטובר 1948** – תפעל מועצת העם כמועצת מדינה זמנית, ומוסד הביצוע שלה, מנהלת־העם, יהווה את הממשלה הזמנית של המדינה היהודית, אשר תיקרא בשם ישראל." (ההדגשה אינה במקור)
22. פורסם בס"ח תשנ"ב, 1391. אוחזר מתוך https://main.knesset.gov.il/Activity/Legislation/Laws/Pages/LawPrimary.aspx?t=lawlaws&st=lawlaws&lawitemid=2000046
23. שביד, א' (2016). **רעיון העם הנבחר והליברליות החדשה** (עמ' 35). ירושלים: הקיבוץ המאוחד.
24. שם, עמ' 39.
25. סעיף 137 בחוקת ויימאר טוען כי למדינה עצמה אין כנסייה, ושעל ארגונים דתיים לנהל את ענייניהם בעצמם ולפקח עליהם, ובכך יוצר למעשה הפרדה בין דת למדינה. המדינה הגרמנית צריכה לציית לעקרון ניטרליות המדינה, שמשמעו הוא שהמדינה אינה רשאית להעדיף זרמים מסוימים או להפלות זרמים מסוימים ואינה יכולה להגדיר מהי דת

או מהי התנהגות דתית. מצד שני, חוק היסוד אינו קובע הפרדה ברורה
בין המדינה ובין הארגונים הדתיים אלא שיתוף פעולה ביניהם. למשל,
הוא מתיר שיעורי דת כחלק מתכנית הלימודים בבתי הספר הציבוריים
(חוק-יסוד, סעיף 7, פסקה 3), הקמתם של בתי ספר פרטיים של זרמים
שונים (חוק-יסוד, סעיף 7, פסקה 5), וארגונים דתיים רשאים להגיש
בקשה להירשם כחברה ציבורית (סעיף 120 לצד סעיף 137 סעיף 5) וכך
להטיל מסים על החברים בארגון (סעיף 140 לצד סעיף 137, פסקה 6).
ארגונים שמטרתם לעודד תפיסה אוניברסלית של היקום זכאים למעמד
דומה לאלו של ארגונים דתיים (ארגונים אידיאולוגיים) (סעיף 140 לצד
סעיף 137, פסקה 7).

26. בובר, מ' (1934). חירות ויעוד. בתוך **תעודה ויעוד** (כרך א', עמ' 216).
ירושלים: הוצאת הספריה הציונית.

אחרית דבר

לאן ממשיכים מכאן?

הרב גלעד קריב (ישראל)
והרב ריק ג'ייקובס (ארצות הברית)

הרב גלעד קריב

בתחילת 1948, דנה מנהיגות התנועה הציונית בשאלת ההמנון הלאומי של המדינה שבדרך. בו בזמן, היא עמלה על הצהרת הקמתה של מדינת ישראל, והתמודדה עם ניסיונות אלימים לסכל את מימוש החלטת האו"ם.

מזמור תהלים קכו עלה כאפשרות להמנון העתידי - "שִׁיר הַמַּעֲלוֹת בְּשׁוּב ה׳ אֶת שִׁיבַת צִיּוֹן הָיִינוּ כְּחֹלְמִים" - הוא מתאר את שיבתו של העם היהודי לארצו לאחר גלות בבל. מילות המזמור מדגישות את הקשר בין האומה שנולדת מחדש לבין ההיסטוריה העתיקה של העם היהודי, ואם מזמור התהלים היה נבחר הוא היה ממחיש את הקשר הנצחי בין התנ"ך לכלל המסורת היהודית. גם אם ההצעה המרתקת הזו נדחתה לטובת "התקווה", מילות המזמור פותחות את ברכת המזון בשבת ובחג ומוכיחות את עצמן כרלוונטיות וכמעוררות מחשבה גם כיום.

רוב הפרשנים הקלאסיים טוענים כי המילים הראשונות של המזמור מתארות באופן אלגורי את תחושתם של שבי ציון כמי ש"בתוך חלום". אחרים הציעו שהכוונה הייתה לצייר את ההימלטות מהגלות כהתרחשות פתאומית ודרמטית, בדומה לתחושת התעוררות פתאומית מסיוט שאחריה מגלים מציאות בטוחה ומנחמת. עם זאת, פרשנים אחרים טוענים שהפסוק הראשון של מזמור התהלים אינו מדבר כלל על חלומות. הם שמו לב שהשורש העברי שממנו לקוח הפועל "לחלום" זהה לזה של המילה "החלמה". הפרשנים האלו מציעים שכוונת המזמור היא לתאר את החזרה לארץ ישראל לאחר שנות ניתוק ארוכות, כתחילתו של תהליך החלמה וחיזוק.

שתי הגישות הקלאסיות האלו למזמור התהלים - האחת מדברת על המעבר המהיר ממציאות אחת להיפוכה, והאחרת על תהליך החלמה הדרגתי - רלוונטיות היום יותר מתמיד כאשר לוקחים בחשבון את ההזדמנויות ואת האתגרים הגדולים שניצבים מול מדינת ישראל. העובדה ששלוש שנים בלבד לאחר תום מלחמת העולם השנייה הצליח העם היהודי להקים מדינה ריבונית היא נס; באמת, חלום שהתגשם. ספק אם יש דוגמה

נוספת בהיסטוריה האנושית למעבר כה דרמטי מתהומות
הדיכוי ורצח העם לשיאי העצמאות, החירות והריבונות.

שבעים ואחת שנים חלפו מאז הכריז בן־גוריון על הקמתה
של מדינת ישראל, וכבר ברור שהקמת המדינה אינה מסמנת
את סוף המסע של העם היהודי אל "הארץ המובטחת",
אלא את תחילתו של שלב חדש במסע הזה. בתחילת העשור
השמיני לקיומה של ישראל, אנחנו מבינים היטב שכינון מדינה
עצמאית ומשגשגת – כזו שמצליחה לקיים חברת מופת ולממש
את ערכי הנביאים ברוח חזון מגילת העצמאות – הוא תהליך
ממושך ומסובך, בדומה להתאוששות הדרגתית ממחלה כרונית
מחלישה.

ההבנה שאנחנו לא מתמודדים עם נס פתאומי, אלא עם
תהליך רב־דורי ארוך־טווח מובילה לשלוש תובנות חשובות
ולאסטרטגיות שיעצבו את דרכנו בעשורים הבאים:

1. אנחנו באמצע תהליך ארוך. לכן לסבלנות ולפר־
   ספקטיבה היסטורית חשיבות עצומה.

2. כמו בכל תהליך התאוששות, ישנם רגעים רבים של
   התקדמות והצלחה, לצד רגעים רבים של מאבק,
   התמודדות ורגרסיה. אנחנו לא יכולים להתייחס לאף
   אחד מהרגעים האלו בקלות ראש וגם אל לנו להתעלם
   מהם, אבל גם אסור לנו לתת להם לרפות את ידינו או
   להובילנו לייאוש. האופטימיות, הנחישות והאמונה
   שנוכל לשוב לדרך ההתקדמות גם ברגעים של רגרסיה
   הם מרכיבים הכרחיים בתהליך הארוך הזה.

3. כמו בכל תהליך התאוששות, התמיכה וההדרכה
   שמספקים בני משפחה וחברים לאדם החולה הם
   תנאי להצלחה, לא פחות מכוח הרצון של האדם עצמו.

שבעים ואחת שנים חלפו מאז נוסדה מדינת ישראל, ורבים
מאתנו זכו לגדל ולחנך דור רביעי או חמישי של ישראלים. כמובן
שאנחנו חווים מספר אין־סופי של רגעי גאווה, שמחה והצלחה.
אבל לצדם נרשמים רגעים רבים של דאגה, תסכול וחרדה מהעתיד.
על אף עוצמתה הצבאית, מדינת ישראל ממשיכה להתמודד עם
איומים חיצוניים רציניים ומסכני חיים. בו בזמן, אנחנו ניצבים

למול אתגרים מהותיים מבפנים. החברה הישראלית עומדת על ספם של מספר נתיבים מתפצלים אשר יקבעו את אופייה לדורות הבאים. אנחנו לא יכולים להתעלם מהאיומים ומהאתגרים הפנימיים האלו. אסור לנו להתעלם מהם. עם זאת, גם אל לנו להתייאש בגינם.

התמזל מזלנו שכולנו, יהודים החיים בישראל ויהודים החיים בתפוצות, חיים בתקופה שבה לעם היהודי מדינה עצמאית חזקה, ושבה רוב יהדות העולם חיה בחברות דמוקרטיות. עם זאת, כמו בדור המייסדים של מדינת ישראל, העבודה עוד רבה. תפקידנו להקדיש את עצמנו בהתמדה לשיקומו ולחיזוקו של העם היהודי. דור המייסדים של ישראל בנה מדינה ומוסדות ממשלתיים, הגן על גבולות הארץ, פיתח כלכלה, וקלט מיליוני מהגרים מהמזרח ומהמערב. הדור הנוכחי נקרא להמשיך את המשימות האלו, ולתקף את ערכי היסוד של החברה הישראלית; לעצב את אופייה כחברה דמוקרטית הטרוגנית ורב־תרבותית; לפתור את הבעיות ביחסינו עם העם הפלסטיני ועם האומות הערביות השכנות; ולהתמודד עם פערים חברתיים רציניים ועם איומים על יסודות מדינת הרווחה, על אופייה של היהדות הישראלית, ועל הקשר שלנו עם יהודי התפוצות.

אין זה מפתיע שהחברה הישראלית, בעשור הריבוני השמיני שלה, מתמודדת עם החלטות גורליות הדומות לאלו שעמדו לפני דור המייסדים. נהוג לומר ששנת כלב שווה לשבע שנות אדם. יכול להיות ששנת אדם אחת שווה לשבע שנות ריבונות וממלכתיות. ניתן להשוות את החברה הישראלית העכשווית למתבגר שרק מתחיל להעמיק בעיצוב אופיו וערכיו. קריאה בספרי עזרא ונחמיה מלמדת אותנו שזאת הייתה גם מנת חלקה של המדינה היהודית השלישית. שבעים שנה לאחר השיבה מבבל, בעת של מאבקים פנימיים קשים, פנה הדור השני והשלישי של השבים לעיצוב אופייה ואמונתה של המדינה, וזאת לצד הפרקטיקות והערכים של חברתם. הנתיב ההיסטורי הזה מוכר לאזרחי ארצות הברית המודעים להיסטוריה של ארצם. הדור השלישי לעצמאות שהושגה במהפכה האמריקאית הקים את המדינה הריבונית ונלחם במלחמת האזרחים. אין הם שונים מהדור השלישי של ישראלים בני ימינו, שמוצאים את עצמם בדיון מתמשך ובמאבק על ערכים ועל הנתיב העתידי.

אין זה סוד שבשנים שעיצבו את מדינת ישראל, הייתה ליהדות הרפורמית נוכחות זעירה בארץ ישראל, על אף שמנהיגים רפורמים מובילים כמו הרב אבא הילל סילבר והרב סטיבן שמואל וייז שיחקו תפקיד מרכזי בהנעת המנגנונים הבין־לאומיים שהובילו להקמת המדינה. משתנים רבים תרמו למציאות הזו - משתנים הראויים למחקר היסטורי - אבל משתנה אחד היה העובדה שבשנים הקשות והמאתגרות האלו, הוקדשו רוב המאמצים להקמתה הפיזית של המדינה ולהישרדותה. הציבור הישראלי הלא־אורתודוקסי, שהקדיש את עצמו למימוש ולהגשמת חלום הדורות, הביע את זהותו היהודית באמצעות הקמת המדינה, והסתפק בזה. כשמודעים לכך, אין זה מפתיע שבזמן המנדט הבריטי האחריות לפולחן היהודי־דתי ניתנה לרבנות האורתודוקסית. כיום יותר ויותר ישראלים מבינים שהדור שלנו חייב להקדיש תשומת לב רבה לעיצוב אופי המדינה והיהדות הישראלית, כמו גם לטיפוח ערכי היסוד בחברה הישראלית. הישראלים הללו מבינים שאם אין לקחת כמובן מאליו את הקיום הפיזי של המדינה, אין לקחת כמובן מאליו גם את טבעה ואת ערכיה של המדינה היהודית והדמוקרטית.

בשנים האחרונות הובילה ההבנה הזו אלפי ישראלים לראות בקהילות הרפורמיות בישראל את ביתם הרוחני והתרבותי, ולבנות יחד איתנו קהילות רפורמיות חדשות ברחבי ישראל. הקהילות האלו מספקות מרחבים לישראלים לא־אורתודוקסים שצמאים לקשר משמעותי למסורת היהודית בחייהם, ושואפים לטפח את ערכי השוויון, הכוללנות, הפלורליזם ותיקון העולם בקהילה ובציבור. אף על פי שהחזון של קהילה רפורמית חזקה ומלאת חיים בכל עיר מרכזית בישראל נראה בלתי ניתן להשגה בדור הקודם, אנחנו הופכים את החלום הזה למציאות.

לפני עשרים שנה, נהגנו להיאסף לחגוג את הסמכתו של רב רפורמי ישראלי אחד מדי כמה שנים. לאחרונה, חגגנו את הסמכתו של הרב המאה בתכנית הישראלית לרבנות בהיברו יוניון קולג׳ בירושלים. במשך שנים רבות האמנו שרק שינוי רדיקלי במערכת היחסים בין דת למדינה וסופה של המדיניות המפלה של ממשלת ישראל כלפי התנועות הלא־אורתודוקסיות

יוכלו להוביל לשגשוגה של התנועה הרפורמית בישראל. עכשיו אנחנו יודעים שההפך הוא הנכון. רק יהדות רפורמית משגשגת תבטיח את חופש הדת והמצפון בישראל ואת חיזוק אופייה הדמוקרטי. אנחנו הערובה למציאות שבה מדינת הלאום של העם היהודי תתייחס לכל הזרמים ביהדות ולכל אזרחי המדינה בשוויון ובכבוד. יותר ויותר ישראלים מכירים בכך שהיהדות הרפורמית (יהדות פתוחה, כוללנית ושוויונית, המחויבת לתיקון עולם) מספקת להם הזדמנות לתרום לעתיד מדינת ישראל. ההכרה הזו היא אולי ההישג הגדול ביותר של התנועה הרפורמית במאה ה־21. בישראל, היהדות הרפורמית היא מקור לחיוּת מלאת גאווה, יצירתית ומעשית. היא מציעה תחושת שייכות ליהודים ליברלים בישראל ובתפוצות.

במשך שנים רבות, סייעה יהדות התפוצות להפריח את השממה על ידי נטיעת עצים ברחבי ישראל. כיום יש לנו הזדמנות היסטורית לנטוע עוד ועוד קהילות רפורמיות, תכניות חינוך למבוגרים, גני ילדים, בתי ספר, קבוצות לנוער וארגונים הפועלים למען תיקון עולם – ובסופו של דבר הם יבנו את האופי הליברלי העתידי של החברה הישראלית ושל היהדות.

אני משוכנע שהכרחי לקיים תנועה רפורמית ישראלית חזקה לא רק למען החברה הישראלית, אלא גם למען יהודים ליברלים ברחבי העולם. הדבר נכון במיוחד בנוגע לקהילות שנתוניהן הדמוגרפיים מחזקים פוליטית וארגונית את הממסד האורתודוקסי (הווה אומר, רובן המכריע של הקהילות מחוץ לצפון־אמריקה). חיזוק היהדות הרפורמית בישראל יעזור ליצור לגיטימציה ולחזק את הקהילות הרפורמיות בתפוצות, הסובלות בקביעות מאפליה ומהדרה בדומה לאחיותיהן בישראל. בו בזמן, אני רוצה להדגיש את חשיבות המאמץ לבנות עתיד מלא חיים ליהדות הרפורמית בצפון־אמריקה. העשורים האחרונים הדגימו עד כמה העיקרון של "כלל ישראל" חשוב לזהות היהודית הליברלית בצפון־אמריקה. בתקופה שבה נשחק הקשר של יהודים אמריקאים צעירים לישראל (הן בשל מגמות ארוכות טווח ביהדות האמריקאית והן בשל מצב העניינים בישראל), היהדות הרפורמית הישראלית יכולה לרסן

את השחיקה הזו ואפילו להפוך את המגמה. גידולה של התנועה הרפורמית בישראל מעביר מסר ברור שעל אף ההשפעה ההולכת וגדלה של הכוחות הלאומניים והתיאוקרטיים בישראל, ישנה מחויבות ציבורית רחבה לערכים דמוקרטיים ולקריאה ליברלית בנרטיבים יהודיים. אחד ממאפייני התקופה הנוכחית הוא סירוב לכל סוג של שיוך אוטומטי לקבוצה נתונה. במקום, קשרים בין-אישיים מספקים את עיקר המוטיבציה להזדהות, להשתייכות ולהשתלבות של פרט בקבוצות גדולות יותר. מספרם הגדול של הישראלים הרואים ביהדות הרפורמית ביטוי לזהות היהודית שלהם יצר הזדמנות נהדרת ליצור תחושה חדשה של עמיות יהודית, המבוססת על קשרים בין-אישיים ועל תפיסות עולם משותפות.

נקודת המבט האופטימית הזו על העשורים הקרובים אינה נאיבית או תמימה. היא מכירה הכרה מלאה באתגרים שעומדים לפני החברה הישראלית, כמו לפני חברות דמוקרטיות אחרות ברחבי העולם (ביניהן ארצות הברית). אין זה סוד שתפיסת העולם הליברלית והמתקדמת מותקפת על ידי כוחות פוליטיים ואידיאולוגיים אולטרה-שמרנים שאימצו סדרי יום תיאוקרטיים ולאומניים. עלינו להכיר בכך שעליית הכוחות האלו היא תגובה להישגים המשמעותיים של התנועות הליברליות והמתקדמות בכלל, ובעולם היהודי בפרט. זיכרון ההצלחות האלו צריך להזכיר לנו את יכולתנו להשפיע על המציאות ולעצבה על פי ערכינו – אם נהיה חכמים, אם נרחיב את קהלנו, אם נפעל ברגישות ובפתיחות וכדי לקדם הכללה. חשוב מכך: עלינו לפעול יחד מתוך הערכה הדדית לתרומתו של כל צד.

הקמתה של מדינת ישראל; תחיית השפה העברית; שגשוגה של מדינת ישראל; הקהילה היהודית-אמריקאית האיתנה; והעובדה שהיהדות הרפורמית הפכה לכוח מוביל בעולם היהודי – נראה כי ההישגים האלו הם הוכחה מספקת לכך שההיסטוריה שייכת לחולמים, ולאלו שאינם מתייאשים למול תהליכי החלמה ארוכי טווח. לפני 2,600 שנה, חתם מחבר תהלים את תהלים קכו במילים אלו: "הָלוֹךְ יֵלֵךְ וּבָכֹה נֹשֵׂא מֶשֶׁךְ הַזָּרַע בֹּא יָבוֹא בְרִנָּה נֹשֵׂא אֲלֻמֹּתָיו", "הַזֹּרְעִים בְּדִמְעָה בְּרִנָּה יִקְצֹרוּ".

הרב ריק ג'ייקובס

עמוס עוז המנוח אמר: "פנאטים חיים את חייהם בסימן קריאה.
אני מעדיף לחיות את חיי בסימן שאלה." מאמינים צדקנים
רודפים את עולמנו וחושבים שהם יודעים בדיוק מה אלוהים
רוצה, ולכן זכותם לכפות על אחרים לנהוג בהתאם. בניגוד להלך
רוח זה, אקטיביסטים אמיצים ובעלי מחשבה ביקורתית עיצבו
את הספר הזה מתוך רצון להפגין רוח פלורליסטית וסובלנית
בכל הנוגע לאמונות ולפרקטיקות דתיות, ועדיין להתמודד עם
שאלות מסובכות הנוגעות לאהבתנו לישראל.

סקרים מאשרים שהמתחים בין יהדות צפון־אמריקה
לישראל הולכים וגדלים; וחשוב מכל, שצעירים חשים ניכור הולך
וגדל. המגמות האלו חייבות להדליק נורת אזהרה אצל אוהבי
ישראל שתומכים באחדות העם היהודי ובביטחונה וברווחתה
של ישראל. המגמות האלו מוזנות על ידי הדינמיקה שמנהיגים
מישראל ומצפון אמריקה פרשו לפנינו במאמרי הספר הזה:

- האפליה המתמשכת של יהודים, רבנים ומוסדות לא־
  אורתודוקסים (שהם רובם המכריע של יהודי ארצות
  הברית וגם רוב הישראלים).
- הלחץ ההולך וגובר על מוסדות ישראל הדמוקרטיים.
- האתגרים המוסריים והפוליטיים המתמידים שבכי־
  בוש המתמשך - לא פחות מאיום קיומי על ישראל
  כמדינה יהודית ודמוקרטית.

איך הגענו לרגע שקורא להוצאת ספר כזה? זו לא תעלומה:
ממשלה ישראלית שמרנית, אשר שולטת יותר מעשור, מפגינה
סובלנות כלפי המגזר השמרני בחברה הישראלית ומחזקת
אותו. חוסר סובלנות, בין אם בספרה הציבורית או הדתית, נוגד
את ערכי היסוד ואת העקרונות של רוב יהודי אמריקה.

המחויבות של יהודי צפון־אמריקה לישראל מתבטאת בתנועה
היהודית הרפורמית שלנו - ללא ספק הזרם הגדול ביותר של
חיים יהודיים בצפון־אמריקה - שלה שורשים עמוקים יותר
מכל ממשלה, כפי שהדגימו המאמרים בספר זה. וזו הסיבה

לכך שביוני 2018, הוועד המנהל בצפון־אמריקה של "האיגוד ליהדות רפורמית" (המייצג כמעט תשע מאות בתי כנסת שלנו, ובהם כמיליון וחצי חברים) תמך בעוז ב"תכנית ירושלים" של "ההסתדרות הציונית העולמית". התכנית מחזקת את חשיבות העלייה לישראל, את מרכזיות העברית בחינוך היהודי בצפון־אמריקה, את התמיכה בישראל כמדינה יהודית, דמוקרטית ופלורליסטית, ואת התמיכה בעמיות יהודית. בשנים הקרובות, התנועה הרפורמית בצפון־אמריקה תמשיך לעגן את הציונות שלה בעמיות יהודית ובערכים שעל בסיסם הוקמה המדינה היהודית.

דווקא בתקופה של מתחים הולכים וגדלים בין ישראל ובין יהדות התפוצות, שזכו לתיאור נוקב במאמרי הספר הזה, עלינו לשאוף להמשיך מדי יום את מאמצינו ארוכי השנים לעורר השראה בקהלינו להתאהב בישראל – באנשיה המגוונים והבלתי רגילים, בחזון מייסדיה, ובהישגיה המדעיים, הכלכליים והתרבותיים. כדי להשיג כל זאת, עלינו להביא אלפי יהודים רפורמים לישראל מדי שנה. אנחנו שולחים בני נוער למגוון טיולי קיץ ולתכנית הלימודים הגבוהים על שם הלר, הנמשכת כסמסטר; אנחנו מעודדים את כל הצעירים שפנויים לכך לצאת למסע "תגלית"; ואנחנו מלווים מאות חברי קהילה מכל הגילים לטיולים במסגרת בתי הכנסת שלנו. כדי למשוך עוד משתתפים, אנחנו מרחיבים את סוגי המסעות לישראל המיועדים לבני נוער ומציעים כעת אפשרויות בתחומי המדע והטכנולוגיה, הספורט ו/או תכניות לימוד עברית.

בו בזמן, אנחנו לוקחים ברצינות את מחויבותנו לחיזוק הקשר עם ישראל בצפון־אמריקה. המדריכים שלנו במחנות הקיץ משתתפים בהכשרות בישראל כדי לוודא שאלפי ילדים המשתתפים מדי שנה במחנות הקיץ בצפון־אמריקה יקבלו את התכניות המרתקות ביותר הנוגעות לישראל. אנחנו משתפים פעולה עם הסוכנות היהודית ומביאים מאות שליחים ישראלים למחנות האלו ולקהילות שלנו. בתמורה, השליחים הישראלים חווים את היהדות הליברלית - לעתים קרובות לראשונה בחייהם - ומגלים שהיא מושכת, רלוונטית ומשנה חיים. אנחנו חוגגים את המציאות המאתגרת שהיא יחסי ישראל־תפוצות,

ושוודאי גם תמשיך להיות, שכן היחסים חייבים להתקיים מתוך שותפות מלאה בין שווים. שני השותפים מלאי חיים, וכל שותף חייב ללמוד מהאחר. אלוהים, שאינו סובל אי־צדק, קורא לנו לחיות חיים יהודיים עמוקים ומחויבים. בשל הקריאה הזו אנחנו לא נפסיק להיאבק למען אותה ישראל שמגילת העצמאות מבטיחה. לא נשתמט מחובתנו להתנגד למדיניות השוללת שוויון דתי ויחס שווה לכל זרמי היהדות ולכל היהודים; למדיניות שמחלישה את ליבתה היהודית־דמוקרטית של ישראל וחותרת תחת הזדמנויות לשלום בין הישראלים לפלסטינים.

תפיסת העולם הנפלאה "כלל ישראל" שכנה בלב העמיות היהודית במשך מאות שנים. עם זאת, לא נאמץ יהדות שהיא שבטיות ריקה. בהתאם להגות הציונית של אחד העם, א. ד. גורדון, הנרייטה סאלד והרב יהודה מאגנס, אנחנו נמשיך לתמוך בצדק חברתי ובמחויבות יהודית אתית ולהיאבק למענם בישראל ובצפון־אמריקה גם יחד, ונפעל למען מדינה יהודית שתהיה "לְאוֹר גּוֹיִם" (ישעיהו מב, ו; מט, ו).

בדיוק כפי שערכינו הציוניים נטועים במילותיהם הנבואיות של המנהיגים הציונים הנביאיים המוקדמים, הם נטועים גם באמונתנו בצורך לחזק את הדמוקרטיה, את זכויות המיעוטים, ואת יכולתו של כל אדם לחיות את חייו במלואם. בארצות הברית ובקנדה ידע העם היהודי יותר זכויות, חירויות והזדמנויות מבכל היסטוריית החיים היהודיים בתפוצות. לחיים היהודיים התרבותיים, הדתיים והאקדמיים האיתנים בצפון־אמריקה יש הרבה מה להציע ליהודים ברחבי העולם ובישראל. תרומתן של קהילות התפוצות אינה תופעה חדשה. במשך אלפיים השנים האחרונות, בתקופות השונות בהיסטוריה של עמנו, יותר יהודים חיו מחוץ לישראל מאשר במולדת. ההישג האינטלקטואלי היהודי הסמכותי ביותר, התלמוד הבבלי, נערך בבבל, במאה החמישית לספירה.

אם כך, הגיע הזמן להפסיק לחשוב שישראל צריכה לקבוע חד־צדדית את סדר היום של יהדות העולם ושעלינו בתפוצה רק ליישר קו אתה. הפרדיגמה הזו נשברה.

כמו כן הגיע הזמן שיהודי צפון־אמריקה יפתחו את לבם ואת ראשם וילמדו יותר על הניסיון והחוויה הישראליים

ועל הישראליות הבאה לידי ביטוי בחיי היום־יום שם. כאשר מאות שליחים מגיעים למחנות הקיץ ולקהילות שלנו מדי שנה, עלינו לנהל אתם דיאלוג רציני; ללמוד על חששותיהם, על חייהם ועל שאיפותיהם. כאשר אנחנו נוסעים לישראל, עלינו להקדיש זמן לא רק לתיירות אלא גם להיכרות עם ישראלים ועם החברה הישראלית. יש לנו יתרון ייחודי בתנועה הרפורמית האמריקאית: השותפות שלנו עם התנועה הרפורמית היש־ראלית. ישנה רשימה גדלה והולכת של רבנים ישראלים שלמדו והוסמכו במכללה שלנו בירושלים, ההיברו יוניון קולג׳, וקהילות רפורמיות צומחות בערים הגדולות בישראל וביישובים הקטנים יותר. התנועה הרפורמית הישראלית שלנו גדלה ובונה קהילות שעונות לצרכי הישראלים ומגשימות להם חלומות. אנחנו, יהודים רפורמים אמריקאים, יכולים ללמוד ואכן נלמד משותפינו הישראלים.

סולידריות היא היבט מרכזי בשותפות ההדדית המלווה באחריות הדדית בין יהודי ישראל ויהדות צפון־אמריקה, ויש לחזק את הסולידריות הזו. כאשר הקהילה היהודית בצפון־אמריקה התאבלה לאחר הירי בבית הכנסת "עץ חיים" שבפיטסבורג, ביקורי הניחומים והסולידריות מצד מנהיגים ישראלים זכו להערכה. לא הערכנו את ההטפות לפיהן ממשל טראמפ אינו האחראי לעלייה הדרמטית בשנאה ובדעות הקדו־מות - כולל אנטישמיות - על אף שעובדות מראות את ההפך. כאשר ישראל סופגת מטחי טילים ששורפים את שדותיה, פוצעים את אזרחיה ומותירים אותם בטראומה, ישראלים רוצים תמיכה וסולידריות ממשפחתם בצפון־אמריקה, לא דרשות על העיכוב בתהליך השלום.

המאמרים בספר הזה - שעוסקים בנושאים משותפים, שמחפשים מכנה משותף היכן שקיים כזה והבנה מעמיקה יותר כאשר מתגלעים חילוקי־דעות - מוכיחים שיהודים ולא־יהודים החיים בישראל ויהודים החיים בצפון־אמריקה אכן יכולים לעבוד יחד בדרך רגישה ומשמעותית, תוך ביטוי דאגותינו ההדדיות וההבדלים בינינו.

והנה דוגמה עכשווית: גם כמגיני ישראל העזים בצפון־אמריקה, אי אפשר לצפות מאתנו לתמוך בחוק הלאום. קודמי

בתפקיד נשיא האיגוד ליהדות רפורמית, הרב אריק יופה, כתב:

> בעודו טוען כי ישראל היא מדינת הלאום של העם היהודי, הוא מתקף את זכותה של ישראל להתערב בענייני התפוצות ובאותה נשימה מכחיש את זכותן של התפוצות להתערב בענייניה של ישראל. אירוניה נאה טמונה בכך שחוק שכוונתו לקדם אחדות יהודית הצליח בראש ובראשונה להרחיק את המדינה היהודית מיהודי העולם.

דוגמה נוספת: בצפון־אמריקה לא נשתוק למול התרבותן המהירה של ההתנחלויות ברחבי הגדה המערבית. ההתנחלויות האלו מסכנות כל אפשרות לפתרון שתי המדינות ההכרחי להסכם שלום מציאותי, והן חותרות תחת הפרויקט הציוני השואף למדינה יהודית ודמוקרטית בטוחה ומוגנת. אני לא תמים; גם אם איננו קרובים כלל לפתרון שתי המדינות, דבר אחד ברור: כל מדינה יהודית לגיטימית חייבת להיות דמוקרטיה. פתרון המדינה האחת שימנע מהפלסטינים כל תביעה לריבונות, ייטוש או את המהות היהודית או את המהות הדמוקרטית של ישראל המודרנית. קשה לי לדמיין אובדן של כל אחת מהן. אריאל שרון, שאי אפשר לומר שהיה ציוני שמאלני קיצוני, הזהיר בשנת 2003: "אפשר לא לאהוב את המילה, אבל מה שקורה הוא כיבוש - מחזיקים 3.5 מיליון פלסטינים תחת כיבוש. אני מאמין שזה דבר נורא לישראל ולפלסטינים". אפשר להתחייב לביטחונה ולרווחתה של ישראל ולתמוך במלואה בזכות הפלסטינים למולדת ליד ישראל.

הרב לוי ויימן־קלמן מזכיר לנו את הציווי המקראי לקיים "מִשְׁפַּט אֶחָד" לגר ולאזרח. הכיבוש שוחק את הציווי האתי היהודי הבסיסי: "בשטחים [...] חיים יהודים שחוקי מדינת ישראל חלים עליהם ומצביעים בבחירות הישראליות, לצד פלסטינים שאין להם זכות הצבעה או כוח פוליטי להשפיע על חייהם". אנחנו בצפון־אמריקה לא יכולים ולא צריכים לקבל החלטות בנוגע למדיניות הישראלית. יחד עם זאת, אנחנו שותפים במפעל הציוני ויכולים וחייבים לספק נקודות מבט ביקורתיות.

לתנועה הרפורמית היסטוריה ארוכה של תמיכה במטרות

ליברליות. בחוגים יהודיים מתקדמים, אנחנו לעתים קרובות אלו שמשמיעים קול נגד הבי־די־אס. אבל המדיניות הישראלית בגדה המערבית, כולל הכיבוש עצמו והרחבת ההתנחלויות, מקשה מאוד על מאמצינו. עצוב לנו לגלות שצעירים תומכים בבי־די־אס, מכיוון שבלבה, תנועת הבי־די־אס היא אנטי־ישראלית. היא מכוונת לפתרון המדינה האחת שיפגע אנושות בחלום הציוני על מדינה יהודית ודמוקרטית. אנחנו, היהודים הרפורמים, חייבים להזמין את הצעירים שלנו להצטרף לתהליך ביקורתי התובע מכולנו לחקור, להתדיין, לבחון ולאתגר את האופן שבו המדינה היהודית והדמוקרטית יצרה חברה משותפת אמיתית בישראל, ולהבטיח שישראל שומעת את הקול הרפורמי שלנו דורש שוויון לכל הזרמים ביהדות. אין זה מפתיע שמגמות לא דמוקרטיות בישראל מטרידות את הצעירים שלנו, ושכתוצאה מכך רבים מהם מתרחקים. תפקידנו להיאבק על תמיכתם, אך בו בזמן הדבר תלוי בנכונותה של ממשלת ישראל להכיר בכך שיהודים רפורמים ויהודים לא־אורתודוקסים מזרמים אחרים זכאים לדין שווה במדינה היהודית והדמוקרטית. פעולות כאלו המכריזות על שותפות יביאו את הדור הבא של היהודים האמריקאים לצעוד צעד חשוב וגדול קדימה במסע לאהבת ישראל.

התנועה הרפורמית מתכננת להביא עוד צעירים לישראל, לבנות מערכות יחסים בין יהודים ישראלים וצפון־אמריקאים, ולהמשיך לתמוך בישראלים הנאבקים למען מדיניות אנושית ויעילה יותר. הרב שמולי ינקלביץ׳ צודק באמרו שיש לחזק את הקשרים בין ישראל לבין צפון־אמריקה "על ידי התמקדות מחודשת וביסוס ליבת מערכת היחסים הישראלית־אמריקאית על ערכים אתיים כמו צדק, חירות וכבוד. כך ננוע אל מעבר לאומנות הטמונה בעבודה הזרה של האדמה שמעוותת את הציונות העכשווית." פלורליזם ושוויון אינם "טובות" שיכולות להינתן או להישלל על ידי מנהיגים ישראלים נדיבים. אלו זכויות יסוד בדמוקרטיה. לא נסכין למכירת הזכויות שלנו תמורת תועלתנות פוליטית. ישראל לא יכולה להישאר הדמוקרטיה היחידה בעולם שבה אנחנו, יהודים רפורמים וקונסרבטיבים ורקונסטרוקציוניסטים (וגם יותר ויותר אורתודוקסים

מודרניים), לא יכולים לערוך טקסי מעגל חיים רשמיים שיוכרו
על ידי המדינה. בשנים האחרונות, היבט אחד של המאבק
הזה התמקד בכותל, שבו קיווינו ליצור מרחב תפילה שוויוני
ופלורליסטי. ניצחון שוויון הזכויות בכותל חשוב מהותית
וסמלית גם יחד. אם הכותל המערבי יהפוך לדוגמה מוחשית
לשוויון בתחום הדת, הדבר יכול לייצר מומנטום שיצעיד את
המדינה היהודית לקראת שוויון זכויות דתי בכל התחומים -
נישואים, גיור, תמיכה בבתי כנסת, תמיכה ברבנים ובבתי ספר -
לכל הזרמים ביהדות וליהודים חילונים. הספר הזה הוא קריאה
לשותפות בין שווים במטרה להשיג את היעדים הללו.

בסתיו 2018, "המכון למדיניות העם היהודי" פרסם מחקר
שביצע דן פפרמן, שסקר את הגידול הדמוגרפי של התנועה
הרפורמית והקונסרבטיבית בישראל. שמונה אחוזים מיהודי
ישראל מזדהים כיום עם התנועה הרפורמית וחמישה אחוזים
עם התנועה הקונסרבטיבית. 13 אחוזים מיהודי ישראל מזדהים
עם היהדות הלא־אורתודוקסית – יותר ממספרם של היהודים
החרדים בישראל. המספרים האלו הם תוצאה של החוויות
ושל המפגשים החיוביים של ישראלים עם היהדות השוויונית
והפלורליסטית. המפגשים האלו משפיעים על האופן שבו הם
חושבים, חיים את יהדותם הלכה למעשה ומצביעים.

אנחנו עם מגוון וחזק. אנחנו נהנים מהריבוי שבתוכנו,
וחוגגים את עוצמת המחויבות שלנו לערכים הדמוקרטיים
שאפשרו לעמנו לשגשג לאורך הדורות. ציווים מוסריים ואתיים
מנחים את דרכנו. העם היהודי הגיע לעולם עם מטרה ברורה.
הציונות חייבת להיות יותר ממה שפוליטיקאים ישראלים
עושים ואומרים. בין אם אנחנו חיים בישראל או במקום אחר
בעולם, כולנו נושאים אתנו מסורת חכמה ותובענית הקוראת
לנו לפעול בחסד, בצדק ובשוויון. יחד, נוכל לחגוג את שני
המרכזים הגדולים של החיים היהודיים, אשר עיצוב גורלו של
העם היהודי מחבר ביניהם וערכי היסוד המקודשים במגילת
העצמאות של ישראל מחזקים ומרוממים אותם.

שאלות להרחבה:

1. הרב קריב כותב שהיהדות הרפורמית שיחקה תפקיד קטן בשנים הראשונות של מדינת ישראל. כיום הוא רואה שהדבר משתנה. מה יכולה להיות ההשפעה של יהדות ליברלית פעילה יותר בישראל על החברה הישראלית? חשבו על ההשפעה על החברה האזרחית, על הפולחן הדתי ועל החגים.

2. הרב קריב והרב ג'ייקובס כותבים שהם לא נאיביים. למה רבים מאנשי חזון הליברלים מכונים "נאיביים"? מה החזון ה"נאיבי" ביותר שלכם למדינת ישראל? באילו דרכים עליכם לשנות את החזון שלכם כדי שיהיה פחות "נאיבי"?

3. הרב ג'ייקובס והרב קריב כותבים על חשיבותם של קשרים אישיים ומערכות יחסים הן עם מדינת ישראל, והן בין ישראלים ליהודים אמריקאים. באילו דרכים יכולה קהילתכם לסייע לכם ביצירת מערכות היחסים האלו? מה אתם יכולים לעשות בעצמכם?

על המשתתפים

הרבה ד״ר רחל אדלר, פרופסור לפילוסופיה יהודית מודרנית בקתדרת אלנסון בהיברו יוניון קולג׳ בלוס אנג׳לס. בין הראש־ונות שהחילה את הפרספקטיבה הפמיניסטית על טקסטים יהודיים ועל ההלכה היהודית. ספרה **פמיניזם יהודי: תיאולוגיה ומוסר** (2008) הוא הספר הראשון שנכתב על ידי תיאולוגית שזכה בפרס הספר היהודי הלאומי האמריקאי למחשבה יהודית.

עו״ד הדיל עזאם־ג׳לאג׳ל, נולדה וגדלה בנצרת, היא מנהלת שותפה של ״המרכז לנפגעי גזענות״, ועורכת דין בעלת משרד פרטי. עזאם־ג׳לאג׳ל היא בוגרת הפקולטה למשפטים באוניברסיטה העברית בירושלים. היא התמחתה בארגון זכויות האדם ״המוקד להגנת הפרט״, ומאז הסמכתה כעורכת דין במרץ 2014 עסקה במשפט חוקתי ומנהלי. עזאם־ג׳לאג׳ל היא אקטיביסטית חברתית ופוליטית, וחברה בהנהגה הארצית של התנועה היהודית־ערבית ״עומדים ביחד״ הפו־עלת למען קידום שלום, שוויון וצדק חברתי, בה היא גם מועסקת כמנהלת תוכן עברי וערבי.

ד״ר רות קלדרון, חברת כנסת וסגנית יושב ראש הכנסת לשעבר מטעם מפלגת ״יש עתיד״, אשת חינוך וחוקרת תלמוד. ייסדה בשנת 1989 את בית מדרש ״אלול״ והקימה בשנת 1996 את ״עלמא – בית לתרבות עברית״. כיהנה כראש אגף תרבות וחינוך בספרייה הלאומית, וכאשת סגל ב״מכון מנדל למנהיגות״. את לימודיה לתארים מוסמך ודוקטור השלימה בחוג לתלמוד של האוניברסיטה העברית. בוגרת המחזור הראשון של בית ספר מנדל למנהיגות חינוכית. זכתה על פועלה בפרס אבי חי לחינוך יהודי, בפרס רוטברג לחינוך יהודי ובתארי דוקטור של כבוד.

הרבה איילת ס׳ כהן, מנהלת בכירה ב״קרן החדשה לישראל״ בניו יורק. הרבה כהן כיהנה במשך עשור בבית הכנסת ״בית שמחת תורה״, בית הכנסת הלהט״בי שבקהלו יהודים מכל הנטיות המיניות והזהויות המגדריות. הייתה המנהלת הראשונה של ״המרכז לחיים יהודיים״ ו״המרכז לישראל״ בג׳יי־סי־סי במנהטן. הוסמכה לרבנות בסמינר היהודי התיאו־לוגי של אמריקה, כתבה את הספר *Changing Lives, Making History: Congregation Beit Simchat Torah, The First Forty Years*, והייתה עורכת־שותפה של הסידור ״בכל לבבך״. הרבה כהן חברה בוועד המנהל של ״תרועה״, ארגון רבני למען זכויות אדם. לה ולבן זוגה, הרב מרק מרגוליוס, חמישה ילדים, והם גרים בניו יורק.

הרב סטנלי מ׳ דיווידס, ד״ר כבוד לתיאולוגיה, בוגר אחוות פי־בטא־קפא מאוניברסיטת קייס ווסטרן רסרב, ומוסמך לרבנות מההיברו יוניון קולג׳ משנת 1965. לאחר שירותו כצ׳פלין בצבא ארצות הברית, שימש כרב בכיר בקהילות במסצ׳וסטס, בניו יורק ובג׳ורג׳יה, לפני פרישתו בשנת 2004 כרב אמריטוס מקהילת ״טמפל עמנואל״ שבאטלנטה־רבתי. כיהן כיו״ר ועדת ישראל ב־CCAR, כיו״ר של כבוד במועצת הרבנים ״יזראל בונדס״, כחבר לכל החיים בנפט״י, כנשיא הבין־לאומי באחוות אלפא־אפסילון־פאי, וכיו״ר לשעבר ב״ארצה״. לאחר עלייתו לישראל, שירת במשך שנים רבות בחבר הנאמנים של הסוכנות היהודית וכחבר בהנהלת ההסתדרות הציונית העולמית, וממשיך לשרת בוועד המפקח של ההיברו יוניון קולג׳ בלוס אנג׳לס. יחד עם הרב לורנס אנגלנדר ערך את הספר *The Fragile Dialogue: New Voices of Liberal Zionism*. לריסה ולסטנלי דיווידס שלושה ילדים ושמונה נכדים.

ד״ר רות גביזון, פרופסור אמריטה בקתדרה לזכויות האדם באוניברסיטה העברית בירושלים, וחברה באקדמיה הישראלית למדעים. ממייסדי ״האגודה לזכויות האזרח״; חיברה יחד עם הרב מדן, את **מסד לאמנה חברתית חדשה בין שומרי מצוות וחופשיים בישראל** (2003); אינטלקטואלית

ציבורית הכותבת רבות על החברה הישראלית ואתגריה; נשיאת "מציל"ה: מרכז למחשבה ציונית, יהודית, ליברלית והומניסטית".

מיקי גיצין, מנכ"ל המשרד הישראלי של "הקרן החדשה לישראל". לפני הצטרפותו לקרן החדשה ייסד וניהל את "ישראל חופשית", עמותה הנאבקת להפרדת הדת מהמדינה בישראל. לפני כן, שימש גיצין דובר לחבר הכנסת אילן גילאון (מרצ) והיה סמנכ"ל "פסטיבל בשקל", עמותה לקידום התרבות והאמנות בפריפריה. לאחר שהשלים את שירותו הצבאי כקצין מודיעין, שימש שליח הסוכנות היהודית בסאות׳ בנד, אינדיאנה. לגיצין תואר שני במדיניות ציבורית מיוניברסיטי קולג׳ שבלונדון. בשנת 2013 קיבל גיצין את פרס זכויות האדם מ"הקרן החדשה לישראל" שבבריטניה, וב־2015 את פרס גלטנר למנהיגים חברתיים צעירים בישראל.

ענת הופמן, מנהלת "המרכז הרפורמי לדת ומדינה" משנת 2002. לפני כן, שימשה הופמן חברת מועצת עיריית ירושלים במשך 14 שנה, ועסקה במאבק מתמיד למען צדק ושוויון. היא הקדישה את חייה הבוגרים לעקרון היהודי בדבר "תיקון עולם". המחויבות הזו לפעילות חברתית וצדק חברתי עיצבה את הקריירה שלה: הופמן היא בין מייסדות "נשות הכותל", ומשמשת חברת הנהלה בשדולת הנשים בישראל, באגודה לזכויות האזרח, ובארגונים רבים אחרים לשינוי חברתי.

הרבה ג'יל ג'ייקובס, מנכ"לית "תרועה" - ארגון המניע יותר מאלפיים רבנים, חזנים וקהילותיהם להגן על זכויות האדם בצפון־אמריקה, בישראל ובשטחים הפלסטיניים הכבושים. כתבה את הספרים *Where Justice Dwells: A Hands-On Guide to Doing Social Justice in Your Jewish Community; There Shall Be No Needy: Pursuing Social Justice through Jewish Law and Tradition*. לרבה ג'ייקובס הסמכה רבנית ותואר שני בתלמוד מהסמינר היהודי התיאולוגי כמו גם תואר שני בתכנון עירוני מהַנטר קולג׳. היא גרה בניו יורק עם בן זוגה, הרב גאי אוסטריאן, ושתי בנותיהם.

הרב ריק ג׳ייקובס, נשיא ״האיחוד ליהדות רפורמית״, התנועה היהודית הגדולה ביותר בצפון־אמריקה, הכוללת כמעט תשע מאות קהילות ומיליון וחצי חברים. מנהיג משפיע ויצירתי, איש חזון דינמי ומייצגה של היהדות הפלורליסטית, הרב ג׳ייקובס כיהן עשרים שנה כמנהיג הרוחני של קהילת וסטצ׳סטר רפורם טמפל בסקרסדייל, ניו יורק. מסור כולו לנושאי צדק חברתי ברחבי העולם, הוביל משלחות סיוע לדרפור ולהאיטי.

הרב גלעד קריב, נשיא ומנכ״ל ״התנועה ליהדות מתקדמת״ בישראל. למד בתכנית הישראלית לרבנות בהיברו יוניון קולג׳ והוסמך כרב רפורמי בשנת 2003. לפני כן, שירת הרב קריב בצה״ל בתכנית ״תלפיות״. בוגר תואר ראשון במשפטים ובפילוסופיה יהודית מהאוניברסיטה העברית בירושלים ותואר שני במשפט בין־לאומי וציבורי מאוניברסיטת נורת׳ווסטרן. היה חבר בוועדת החוקה של מדינת ישראל, ומכהן עכשיו בוועד המנהל של ארגון ״פנים״, ארגון גג לקידום יהדות פלורליסטית בישראל. לאחרונה הוביל הרב קריב את המשא ומתן בעניין מתווה הכותל, שהוביל להחלטה ההיסטורית לבנות בו מרחב תפילה פלורליסטי. הרב קריב גר ברמת גן עם אשתו נועה ושלושת ילדיהם.

הרב לוי ויימן־קלמן, הרב המייסד של קהילת ״כל הנשמה״ בירושלים ונשיא ארגון ״שומרי משפט: רבנים למען זכויות האדם״.

צחי מזומן, מנהל ״המרכז לנפגעי גזענות״, בשותפות עם הדיל עזאם־ג׳לאג׳ל. מזומן הוא עורך תוכן ועורך מדעי בתחומי מדעי הרוח. הקים וערך את כתב העת ״דעות״ של ״נאמני תורה ועבודה״ לצד פרסומים אקדמיים ופופולריים רבים. ניהל את מחלקת התרגום במרכז לבחינות בגרות במכון סאלד, וריכז את כתיבת הבחינות בתלמוד ובתורה שבעל פה. מאז 2015 מזומן שותף למאבק בגזענות במסגרת ״המרכז הרפורמי לדת ומדינה״, וב־2017 הקים את ״המרכז לנפגעי גזענות״.

ממקימי ארגון ״שב״ל״, הפועל לסובלנות ולקבלה של להט״ב בחברה האורתודוקסית. פעיל ויו״ר לשעבר של ״האגודה להבנה בין־דתית״, וחבר מזכירות ״תג מאיר״ למאבק בפשעי שנאה גזעניים.

הרב אורי רגב, נשיא ומנכ״ל עמותת ״חידוש - לחופש דת ושוויון״, שנוסדה בשנת 2009, ומקבילתה, עמותת Freedom Of Religion for Israel, הפועלת בתפוצות לקידום יחסי ישראל־תפוצות דרך חינוך. לפני כן, שימש במשך שבע שנים נשיא ״האיגוד העולמי ליהדות מתקדמת״, ארגון גג עולמי לתנועות הרפורמיות, הליברליות והרקונסטרוקציוניסטיות. בוגר מצטיין בפקולטה למשפטים באוניברסיטה העברית ובהיברו יוניון קולג׳ בירושלים, שם הוסמך לרבנות בשנת 1986. הרב רגב שירת בצה״ל כעוזר ליועץ משפטי ברצועת עזה ובסיני, וכתובע משפטי בחיל הים. הוא פרש בדרגת סגן־אלוף, והמשיך לשרת כיו״ר המייסד, ואחר כך כמנכ״ל וכיועץ המשפטי ל״מרכז הרפורמי לדת ומדינה״. רגב מתגורר בירושלים עם אשתו, גרי. בנם, יונתן, וכלתם, לארה, הם רבנים המשרתים קהילות בצפון קליפורניה, ובתם, לירון, היא שפית־קונדיטורית בדרום קליפורניה.

הרב ג׳ון ל׳ רוזוב, רב אמריטוס בקהילת טמפל יזראל בהוליווד. שירת כיו״ר ״ארצה״ (2016-2018) וכיו״ר משותף במועצת הרבנים והחזנים של ג׳יי־סטריט משנת 2012 עד 2016, ושוב החל מ־2019. זכה בפרס ״האיגוד העולמי ליהדות מתקדמת״ לפעילי זכויות אדם ברמה הבין־לאומית (2002) ובציון מיוחד לשבח מ״סטייט אוף יזראל בונדס״. בשנת 2013 זכה לאזכור של כבוד בחגיגה השנתית של ג׳יי־סטריט בלוס אנג׳לס. הרב רוזוב כתב את הספר *Why Judaism Matters—Letters of a Liberal Rabbi to His Children and the Millennial Generation*, שיצא בהוצאת Jewish Lights Publishers, (2017), כמו גם את *Why Israel and its Future Matter—Letters of a Liberal Rabbi to his Children and the Millennial Generation*, העתיד לראות אור בשנת 2020 בהוצאת Ben Yehuda Press. הרב רוזוב כותב בלוג המתפרסם בקביעות

באתר *Times of Israel*, בכתובת https://blogs.timesofisrael.com/author/john-l-rosove, ומתחזק בלוג פרטי בכתובת http://rabbijohnrosove.wordpress.com.

הרב נועה סתת, מנכ״לית ״המרכז הרפורמי לדת ומדינה״, הזרוע החברתית והמשפטית של התנועה הרפורמית הישראלית. הרב סתת מובילה את הצוות הארגוני, מפתחת ומיישמת אסטרטגיות לשינוי חברתי בתחומי הפרדת הדת מהמדינה, זכויות נשים והמאבק בגזענות. לפני תפקידה זה שימשה הרב סתת כמנכ״לית ״הבית הפתוח לגאווה ולסובלנות״, מרכז קהילתי להט״בי בירושלים. היא שימשה גם כמנכ״לית עמותת MEET, המשתמשת בטכנולוגיה כדי לבנות שפה משותפת בין מנהיגים צעירים ישראלים ופלסטינים. לפני כניסתה למגזר השלישי, עבדה הרב סתת כמנהלת בתעשיית התוכנה הישראלית. היא בעלת תארים מהאוניברסיטה העברית וממכללת גרץ. היא הוסמכה לרבנות בהיברו יוניון קולג׳ בשנת 2014, וחברה בקהילת ״כל הנשמה״ בירושלים.

הרבה ג׳ודית שינדלר, פרופסור למדעי היהדות בקתדרת סקולט ומנהלת מרכז גרינספון לשלום ולצדק חברתי באוניברסיטת קווינס שבשרלוט. החל מ־2016 היא רבה אמריטה של קהילת ״טמפל בית־אל״ בשרלוט, שם שימשה כרבה בכירה (2003־2016) וכרבה עמיתה (1998־2003). היא לומדת לדוקטורט בהיברו יוניון קולג׳, שם קיבלה תואר שני בשנת 1993 והוסמכה לרבנות בשנת 1995.

הרב יהושע וויינברג, סגן נשיא האיגוד ליהדות רפורמית בנושאי ישראל וציונות רפורמית, ומנכ״ל ״ארצה״. בן התנועה הרפורמית, שעלה לישראל בשנת 2003 והוסמך לרבנות בהיברו יוניון קולג׳ בירושלים. הרב וויינברג ניהל את התכנית הישראלית בקולג׳ לרבנים של התנועה הרקונסטרוקציוניסטית. הוא נשוי למארה גץ שפטל, ולהם ארבע בנות.

הרב ד״ר שמולי ינקלביץ׳, נשיא ודיקן בית המדרש ״ואלי״, מייסד ונשיא ״עורי לצדק״, מייסד ומנכ״ל מכון ״שמיים וארץ״, מייסד ונשיא ״יתום״, ומחברם של שישה־עשר ספרים על אתיקה יהודית. העיתון ״ניוזוויק״ מנה את הרב ינקלביץ׳ בין חמישים הרבנים המובילים בארצות הברית, וה״פורוורד״ בין חמישים היהודים המשפיעים ביותר.

הרב אריק ה׳ יופה, נשיא האיגוד ליהדות רפורמית בין השנים 1996־2012. מרצה וכותב על ישראל ועל המזרח התיכון, על יהדות רפורמית ועל החיים הדתיים בארצות הברית, ובעל טור דעה קבוע בעיתון ״הארץ״. ניתן למצוא מכתביו באתר ericyoffie.com.